读懂投资 先知未来

大咖智慧
THE GREAT WISDOM IN TRADING

成长陪跑
THE PERMANENT SUPPORTS FROM US

复合增长
COMPOUND GROWTH IN WEALTH

一站式视频学习训练平台
WWW.DUOSHOU108.COM

时空模型

万物有周期　涨跌有规律

透过时空共振

找准下一个买卖点

梁　威　李华军　著

山西出版传媒集团　山西人民出版社

图书在版编目（CIP）数据

时空模型 / 梁威，李华军著 . — 太原 : 山西人民
出版社，2022.7
ISBN 978-7-203-12062-9

Ⅰ.①时… Ⅱ.①梁… ②李… Ⅲ.①股票投资
Ⅳ.① F830.91

中国版本图书馆 CIP 数据核字（2021）第 281533 号

时空模型

SHIKONG MOXING

著　　者：梁 威 李华军
责任编辑：孙宇欣
复　　审：贺 权
终　　审：张文颖
装帧设计：**周周設計局**®

出 版 者：山西出版传媒集团·山西人民出版社
地　　址：太原市建设南路 21 号
邮　　编：030012
发行营销：0351-4922220　4955996　4956039　4922127（传真）
天猫官网：https://sxrmcbs.tmall.com　　电话：0351-4922159
E-mail：sxskcb@163.com 发行部
　　　　　sxskcb@126.com 总编室
网　　址：www.sxskcb.com

经 销 者：山西出版传媒集团·山西人民出版社
承 印 厂：廊坊市祥丰印刷有限公司

开　　本：710mm×1000mm　1/16
印　　张：25.5
字　　数：390 千字
印　　数：1—5000 册
版　　次：2022 年 7 月　第 1 版
印　　次：2022 年 7 月　第 1 次印刷
书　　号：ISBN 978-7-203-12062-9
定　　价：98.00 元

序　言

　　股票、期货、外汇投资是一门很深和很玄的学问，它不像考试，满腹经纶学习数十年的投资者不一定能成功，"一招鲜"不一定就会失败。资本市场考验的不单是知识，还需要投资者具备高超的技能、先进的工具、果断的执行力、良好的心态，最重要的是还需拥有一双发现时机的慧眼，清楚如何在市场中去获取利润。

　　我们先来看一则德国建楼的故事：

　　德国人一般只在柏林、汉堡、法兰克福建高楼。且有一个条件，这种高楼从任何方向倒下来时，不能压到另一栋楼。所以，越高的楼房，周边留有的空地就越大。德国人建房子时，是一定要考虑到当它倒下时会发生什么事情的。

　　这就是确定长期战略，从而清晰地知道什么是可以做的，什么是绝对不可以做的，什么是行不通的，什么时候该干什么。在这种思想指导下，在德国，鲜有哪家企业是一夜暴富迅速成为全球焦点的，他们有许多专注于某个领域、某项产品的小公司、慢公司，却极少有差公司。

　　树有根，水有源，一切存在都有一个源头，一切现象都有一个起因。在股市，我们应该探求事物的本质，追溯股价运行的根源。掌握市场的本质和规律，方可预判未来，更科学地进行交易。

掌握规律的五个步骤：
发现→总结→求证→应用→预测

　　规律的掌握分为五个过程：发现规律，总结完善，求证有效，应用推广，预测未来。掌握规律之后，最终目的是应用。笔者坚信，只要找到了股市规律，是可以预测股市的。

　　预测是始，交易是终，预测是对未来的预判，在事物发生之前做出判断。预测不是无端地猜测，毫无依据地论述。那么，预测是什么呢?

预测是一种信仰，不是神学

　　不要错误地认为预测无所不包。预测是基于数据、推理、逻辑的一门学科。预测是一种信仰，是对自己的理念、模型和方法的坚定信仰，把自己坚信正确的东西通过预测的方式表达出来。知之才会信，信才会坚持，坚持才会有结果。马云说过，企业家都是因为相信所以才能看见。有人祈祷，今天去买一张彩票，如果中500万就信佛。这是因证而信，非真信。

预测是一门自然科学

　　人类的行为会受到自然界的影响，太阳东升西落，昼夜交替，四季更替，年年循环，自然有其规律，掌握了就可以进行预测。这种自然界的规律，我们称为自然定律，它是最好的老师，是预测的根源。股市、期货、外汇市场的价格走势亦遵循自然定律。想要让预测更有效，我们就必须遵循自然定律，顺势而为。

预测是一门关于时间和空间的规律学

　　上下四方为宇，古往今来为宙。宇宙由能量、时间和空间三部分所组成。万事万物都会遵循自然界的规律，事物之间存在着时间和空间的制约，以及能量的守恒，时间、速度、空间、位置和物质都是具体的客观现实。

股市四维"价""量""时""空"四者中，投资者研究最多的是量和价，时间和空间因太神秘，晦涩难懂，因而人们很少去研究，故而知之甚少。通过研究后，笔者发现时间尤为重要，应居首位。预测大师威廉·江恩就认为时间是最重要的，超越了成交量、价格和空间。在本书中，透过时间的维度，笔者探索了多种预测未来的方法。

黄石公在《素书》中有一段文字，对笔者的启发比较大，与君共赏。

> 贤人君子，明于盛衰之道，通乎成败之数，审乎治乱之势，达乎去就之理。故潜居抱道，以待其时。若时至而行，则能极人臣之位；得机而动，则能成绝代之功。如其不遇，没身而已。是以其道足高，而名重于后代。

我们既要有专业技能，还需要等待时机，投资更需要如此。时是什么呢？时也，势也；时也，机也；时也，周期循环也；时也，规律也；时也，命也。

把握机会分为四部曲：识机、握机、运机、生机。想成功，首先需了解市场的本质，这就是识机。时机，是给有准备的人，是为握机。让机会发挥更大的作用，为运机。通过机会再制造机会，为生机。

股票、期货、期权投资的是未来和预期，本书从时间和空间角度出发，结合市场的规律，通过各种时空模型预测股价未来的时间拐点和空间目标位，从而更有远见地进行预测和交易。本书通过十三章来进行详细阐述：

第一部分，正确认知预测理念。包括第一章和第二章。第一章从以下几方面进行阐述：历史会不断重演，以史为鉴可知兴衰，历史是预测的根基。预测建立在数和模型之上，数是预测的灵魂。预测分为三大境界：过去预测未来，未来预测现在，未来预测未来。预测是对时间和空间进行测算，时间和空间是预测的依托。第二章讲述时空之间的三种关系：独存、共振和相互转化。

第二部分，周期循环是市场的主旋律，影响股价的运行轨迹和秩序。本部分由第三章到第五章组成。第三章从天体运动出发，重点讲述了10年、7年以及1年循环规律。第四章从节气周期的角度预测股价变化。第五章以每月为研究对象，找到每月的变盘日。

第三部分，时空让常规技术得到升华。笔者一直坚信，一个有效的方法，用的人越少越有效。创新一直是笔者所追求的。第六章主要是巧用妙用斐波那契数列。第七章大胆创新，一把尺子打天下，将趋势线与量、价、时、空四个因子相结合，颠覆趋势线常规应用，赋予了趋势线时空变盘点，通过一根趋势线就能预测未来的时间变盘点。如果说第七章是对线的颠覆，那么第八章则是从斐波那契数列单一使用到全方位开发，对量能创新。

第四部分，笔者的预测绝技，独创诡异战法。第九章讲述的遗忘式3-3-4法则，是一种神奇的波动数字密码。第十章讲述方圆预知变盘模型，主要用来预测波段的顶底时间点和空间目标位。第十一章是十二生肖预测法，从生肖演变到"十面埋伏勇者胜""回眸一笑百媚生"，从右侧交易到左侧交易，先知先觉与机构同步。

第五部分，定位变盘方向与资金管理。第十二章讲述变盘方向定位，当我们预知了时间变盘日和空间的目标位，本章的要点是解决是否变盘问题，从而验证变盘。第十三章讲述怎样进行资金管理和风险控制。昔之善战者，先为不可胜，以待敌之可胜。不可胜在己，可胜在敌。故善战者，能为不可胜，不能使敌必可胜。求得生存和取得巨大利润的秘密就在于资金管理。

本书包括了价格模型、量能模型、时间模型和空间模型。活到老，学到老。面对股市，投资者要永远保持学习的态度、探索的精神，只要功夫深，铁棒磨成针。

坚持十二字方针：
大胆预测，小心求证，严格执行

　　首先，根据自身掌握的有效规律，大胆地预测。其次，建立自己的交易系统，用来跟踪和验证我们的预测，及时改正错误的预测。最后，严格执行交易规则。我们用一句话来总结：大胆预测，小心求证，严格执行。

　　最后，祝各位读者好运常在，也由衷希望《时空模型》能够帮助各位走上成功之路。

致　谢

　　感谢弘历集团，感谢弘历集团董事长冯钢先生、副董事长梁威先生和总经理孙国生先生，他们是我在股市中的领路人，也为我提供了研究股市的舞台。弘历集团致力于股民教育培训事业，不断引入先进的投资理论和技术，并开发了先进的软件，培训基地遍布中国、新加坡、马来西亚、泰国、加拿大，帮助无数股民找到了成功之路。

　　感谢弘历的讲师团队，他们丰富的知识、多年的股市成功经验以及无私奉献，让我避免了很多弯路。也感谢李德顺先生和李波先生给我提供的珍贵资料。

　　感谢多年以来一直参加我的培训的股民，是他们的亲身经历让我更加了解股市，是他们的血和泪让我更清楚股市的本质。他们于股市的实践，是我不断地总结股市成功方法的源泉，正是他们让我的投资理念不断得以完善。

　　还必须感谢我爷爷和父亲的抚养和教育之恩，他们是我坚强的后盾，给了我在股市中拼搏的勇气。感谢我的爱人——张敏女士，是她在背后默默鼓励，让我一直不断地前进。

　　最后，感谢读者对我的包容。衷心谢谢你们！

目　录

第一章　认知预测

长期从事证券交易的投资者，不管是投资股票、期货还是外汇，大家对预测都会有自己的理解，其中不少人心存怀疑和批判：市场可以预测吗？预测是不是具有所谓的科学性？预测是不是一种欺骗？预测到底是什么，如何才能正确地进行预测？

第一节　历史重演定律

英国哲学家和科学家弗朗西斯·培根在《论学习》中强调：读史使人明智，读诗使人灵秀，数学使人周密，科学使人深刻，伦理学使人庄重，逻辑修辞之学使人善辩。凡有所学，皆成性格。

历史定律

历史是人类生活中非常重要的一部分，在人类文明发展过程中功不可没。有一种规律，称为历史定律。不同的学者，通常会从不同的出发点和角度阐述历史定律。如查尔斯的道氏理论，艾略特的波浪理论，江恩的江恩理论，等等。正所谓条条大路通罗马。

市场的历史发展如同陀螺的运动，不停地旋转，周而复始，却始终存在某种恒定的东西保持不变。历史是过去传到将来的回声，将来是对过去的回应。

历史会重演

我们为什么要去研究历史，这对我们在证券市场的操作又有什么指导意义？

太阳底下没有新鲜的事物，以前发生的以后还会发生，以后发生的以前已经发生。

所以，了解过往，有利于了解未来。技术分析就是以历史数据为依据对市场行为进行研究，从而判断出市场价格发展的未来趋势。通过以往的历史，总结出发展的规律，以此提前做好策略，最终实现获利。这种周期性不断重现。比如说：股市谚语"五穷六绝七翻身"就是一种历史重演，说明每年的5月份股市容易见高点下跌，6月份容易使人绝望，7月份容易反弹。

案例解析

图 1.1　上证指数日线图（2018 年 1 月 8 日至 2018 年 7 月 30 日）

上证指数在 2018 年的 5 月 21 日（图 1.1 中的 A 处）出现反弹的高点，在 5 月份下旬开始下跌，形成一个次级高点的转折点，其后股指快速下跌。6 月 19 日（图 1.1 中的 B 处）上证指数跳空加速下跌。直到 7 月 6 日，股指止跌，反弹开始，一直到 7 月 26 日才结束反弹。5 月份下跌开始"变穷"，6 月份暴跌变"绝望"，7 月份则反弹开始"翻身"。

一次是偶然，二次是巧合，如果多次出现就是规律。图 1.2 统计了 2008 年到 2018 年每年 5 月份和 6 月份的涨跌情况。

案例解析

2008 年 5 月份跌（−7.03%），6 月份跌（−20.30%）；

2009 年 5 月份涨（6.27%），6 月份涨（12.40%）；

2010 年 5 月份跌（−9.70%），6 月份跌（−7.47%）；

2011 年 5 月份跌（−5.77%），6 月份涨（0.67%）；

图 1.2 上证指数月线图（2007 年 7 月份至 2018 年 10 月份）

2012 年 5 月份跌（−1.00%），6 月份跌（−6.18%）；

2013 年 5 月份涨（5.63%），6 月份跌（−13.90%）；

2014 年 5 月份涨（0.63%），6 月份涨（0.44%）；

2015 年 5 月份涨（3.82%），6 月份跌（−7.25%）；

2016 年 5 月份跌（−0.73%），6 月份涨（0.45%）；

2017 年 5 月份跌（−1.18%），6 月份涨（2.24%）；

2018 年 5 月份涨（0.43%），6 月份跌（−8.02%）。

从 2008 年至 2018 年，每年的 5 月份和 6 月份，只有在 2009 年出现两个月中阳，在 2014 年出现两个月小阳，在 2017 年一阴一阳略涨。其他年份在这两个月总体是下跌。由此可见，"五穷六绝"绝不仅是简单的口号，而是一种规律。如果我们再详细研究两次收阳的原因，还可以在原有规律的基础上进一步提高成功的概率。

投资大师重历史

历史走势是非常重要的，会不断地重演。股市投资大师在他们的理论中，都用不同的方式呈现和阐述过。

技术分析的奠基人查尔斯·亨利·道，在他的《道氏理论》中讲述了技术分析的三个基本假定，其中有一条就是历史会重演。只有重演，技术分析才有意义。为什么会重演？市场行为与人类心理学有着千丝万缕的联系。股市反映的就是投资者的心理和心态——贪婪和恐惧。人的本性是难以改变的，所以股市在不同阶段的表现特征也很相似。比如说价格形态，它们通过一些特定的图表表现价格，而这些图表表示了人们对某市场看好或看淡的心理。

约翰·墨菲认为历史会重演，打开未来之门的钥匙隐藏在历史里，将来是过去的翻版。

威廉·江恩对此也有自己独特的见解。他曾经说过：时间是决定市场走势的最重要因素，经过详细研究极个别的股票的历史记录，你将可以自己证明历史确实重复发生，而了解了过去你就可以预测未来。

与相对论、量子力学同被列为 20 世纪最伟大发现和科学传世之作的混沌理论，则提出了事物的自相似性理论：一个系统的自相似性是指某种结构或过程的特征从不同的空间尺度或时间尺度来看都是相似的，在整体与整体之间或部分与部分之间，也会存在自相似性。

波浪理论的创始人拉尔夫·尼尔森·艾略特在其理论中提出了八浪循环。上涨分为五浪，下跌分为三浪。不管大浪还是小浪同样遵循八浪循环，如图 1.3。掌握了八浪结构及浪与浪的秘密，就等于找到了股价未来的密码。

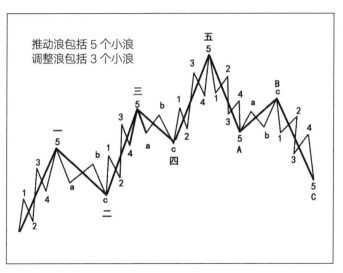

图 1.3 波浪理论八浪循环

以铜为鉴，可正衣冠；以古为鉴，可知兴替；以人为鉴，可明得失。

鉴于如此多的大师推崇，不难看出，历史定律是投资的根基，历史确实会重复发生，而了解了过往就可以预测未来，以前出现的以后还会出现，以后将发生的现在已经出现。在下次重演前，若我们提前掌握了其中规律，就可以实现提前预测，从而做到先知先觉，先人一步，赢在他人之前。

第二节　预测是时间空间规律学

什么是空间？股市的空间不同于物理学中三维或四维的概念，而是指价格上涨和下跌的目标、涨幅、比例。时间反映了物质运动过程的持续性（时间长短）和顺序性（状态先后）。时间是很抽象的，并不是具体存在的东西，但是却以自己的方式影响并作用于我们的生活和投资。万事万物必然受到时间的制约。

可以说，时间是一种秩序、一个路径。我们可以假设时间按一定速度直线行驶，而价格都在时间的进程中涨跌起伏，多空双方博弈此消彼长。那么只要把握住时间行进路线，就可以预测出事情发展中的节点。这就是预测的一个原理。

威廉·江恩认为时间是决定市场走势的最重要因素。经过详细研究极个别股票的历史记录，你将发现，历史确实会重演。了解了过去，你就可以预测未来。

股市如人生，人生如股市。为了更好地阐述时间的重要性，我们通过下面的方式进行说明。

比如，一个人出生时间点为 A，20 岁这个时间点为 B。如图 1.4 所示。

那么 B 之前是过去的时间，B 之后是未来的时间。

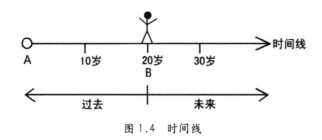

图 1.4　时间线

把 A 点作为一个基础时间对象，这个人不管活到多少岁，这个基础时间是不会变化的。运动中的时间会时时刻刻跟 A 点发生联系，即初始条件与未来的走势存在因果关系。

通过大量观察总结，可以得出每个时间点对未来都起到引导作用，影响未来发生的事情。根据这种因果逻辑，就可以推断 B 到未来的命运走势。

如此说来，运用这种时间规律学完全可以提前知道未来，提前进行预测。通常，市场每四年就是一个周期。

在特定时间内，股票的高低点遵循一定的时间规律，并且不断重复出现，引发市场的转折，这种重演称为时间重演。

时间重演可分为固定时间重演和数列时间重演。我们所熟悉的等距时间窗就属于固定时间重演，如本书中的方圆时间变盘、每月神奇四变盘都属于固定时间重演规律。最著名的三组数列斐波那契数列、卢卡斯数列、螺旋历法等就属于数列重演。

案例解析

2010 年 4 月 16 日，股指期货正式上市交易，意味着做空机制开始，4 月 19 日沪深两市大跌，两指数双双低开收大阴，一轮单边做空行情诞生了。从 4 月 15 日 3181 点高点（即图 1.5 中的 A 点）开始，于 2010 年 7 月 2 日的 2319 点止跌，即图 1.5 中的 B 点，下跌 52 个交易日，形成股指期货上市之后的第 1 个时间周期密码 52。

从 7 月 2 日开始，上涨 52 个交易日，为 9 月 14 日，即图 1.5 中的 C 点，在箱体高点附近受阻回落。国庆之后，跳空大阳线突破矩形上沿，开始新一波上升，上涨至 2010 年 11 月 11 日的 3186 点，即图 1.5 中的 D 点。从 B 点到 D 点整波上涨 86 个交易日，指数转折快速下跌，下跌 5 个交易日，上证指数下跌就达到 -8.67%，如果此时不卖，真的就变成"光棍"了。

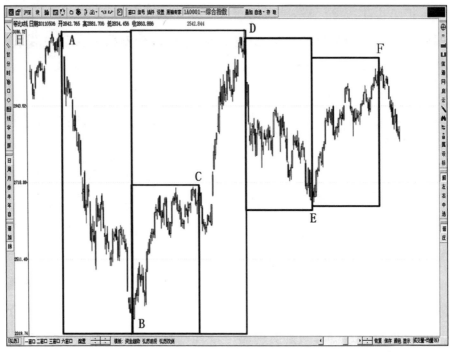

图 1.5　上证指数日线图（2010 年 3 月 11 日至 2011 年 5 月 6 日）

从 D 点开始下跌，按照前面的时间密码 52 再次预测，预测未来变盘日为 2011 年 1 月 25 日，图 1.5 中的 E 点，市场正好在当日出现了转折，在 1 月 27 日大阳线的出现，再次确定了股指的转折。DE 正好为 52 个交易日，此时 "52" 已重演四次，是否还会延续？猜对了，EF 上涨时间为 52 个交易日。确实很奇妙。

我们需要牢记的是，只有新的规律形成，才意味着原有规律的结束。只要新的规律不出现，股价规律就将延续下去，这也是股市重演的魅力所在。

2011 年 4 月 18 日上证指数转折向下，股指出现了一波单边快速下跌，因为下跌速度加快，所以，下跌时间变短，时间转换成空间。形成新的时间周期密码 43，打破了原有密码 52。后续行情又是如何实现时间重演的呢？图 1.6 为图 1.5 后续行情。

案例解析

图 1.6 为上证指数 2011 年 3 月 29 日至 2012 年 3 月 6 日日线图，上证指数从 2011 年 4 月 18 日加速下跌，时间缩短，打破了原有的"52"规律，形成新的时间密码 43。图 1.6 中的 FG 下跌之后，于 G 点开始反弹 20 个交易日，在 H 点（2011 年 7 月 18 日）出现了反弹阶段高点 2826 点，其后因为经过两波下跌，达到 I 点，下跌时间为 64 个交易日，在 10 月 24 日出现了反弹，反弹到 J 点。市场再次下跌，根据新的时间重演密码，提前预测，股指下跌为 43 个交易日。在后期，多次的高点和低点时间与新密码 43 有关联。具体如下：

FG=43

GH 为 20 个交易日，约等于 43 的 0.5 倍

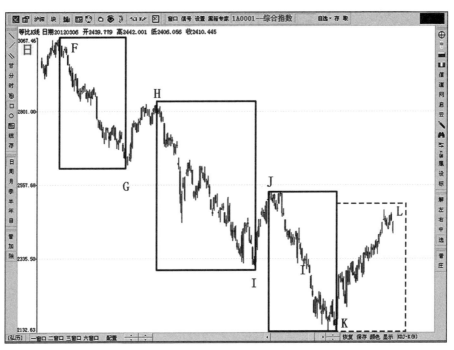

图 1.6　上证指数日线图（2011 年 3 月 29 日至 2012 年 3 月 6 日）

HI 为 64 个交易日，约等于 43 的 1.5 倍

JK 为 43 个交易日

图中 K 为 2012 年 1 月 6 日，指数转折向上，其后上涨 31 个交易日就转折向下，中断了 "43" 的时间变盘，新的密码诞生。

在很多情况下，市场的重演不是单一出现的，而是多重叠加，它们相互影响，形成一个共同体。既有相互抵消，也有共振增强。第一时间发现重演，发觉其中的规律，我们就能第一时间预测未来的走势。当然，博学是让你提前发现规律的最好办法。

第三节　预测因数而证

数，作为人类思维的表达形式，反映了人们积极进取的意志、缜密周详的推理及对完美境界的追求。预测不是妄想，也不是无端猜测，而是要通过历史数据应用数学模型探讨出市场的规律，最终通过数学模型来预测未来。数有三种含义：数字、数据及数学。

数的第一含义为数字

股市中数字无处不在，价格、成交量、K 线的四个价、涨跌幅度和时间、公司的财务状况等，这些都离不开数字。主力、机构也常会利用一些特殊数字传递信息，比如通过数字暗语表达自己的特殊语言，我们把这些称为数字语言或盘口语言。在过去的走势中，上证指数的顶底价格、关键时间点也呈现了很多有意思的数字暗语。

案例解析

上证指数在 2012 年 12 月 4 日当日最低点触及 1949 点，紧接着探底上涨，当日收阳，形成了"解放底"，如图 1.7 所示。为什么称为"解放底"？1949 年，中华人民共和国成立了。所以，1949 点寓意非常明显，其后，上证指数真出现了一波快速、单边上涨行情。数字语言通常有以下几类：

单数：只有一个数字。比如说 9.99。

整数：小数部分的数字为 0。比如说 12.00。

顺码：连续的数字。比如说 45.6 或 8.76。

重码：即相同数字重现。这种情况分为两种：abab 型和 abba 型。比如说，19.91 为 abba 型，21.21 为 abab 型。

图 1.7　上证指数日线图（2012 年 10 月 12 日至 2013 年 2 月 18 日）

案例解析

旺能环境经过连续暴跌，在 2018 年 10 月 19 日收小阳线，当日的最低点为 8.88 元，非常巧的一个价格，为单数密码，888 意味着"发发发"，在其后的第二天和第三天就连续两个涨停，这就是主力做出的数字。

顺码通常也是底部启动的密码，例如 123、456、789 往往形成阶段低点或者历史底部，在机构资金建仓推动下股价开始走高，出现大幅上涨或连续涨停行情。

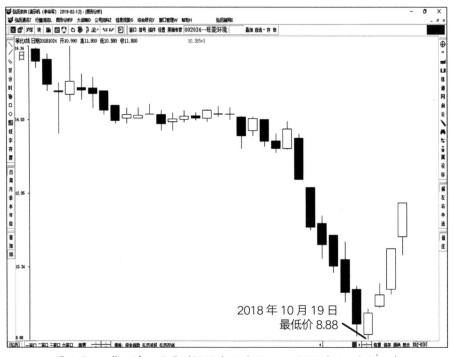

图 1.8　旺能环境日线图（2018 年 8 月 31 日至 2018 年 10 月 24 日）

案例解析

图 1.9 为曙光股份 2014 年 4 月 23 日至 2014 年 7 月 14 日日线图，5 月 16 日为曙光股份低点转折点，亦为每月四变盘之月中变盘。516 意为"我要留"，最低价为 3.45 元，为顺码。3.45 元成为转折密码，暗语寓意明确、清晰，后期开始一波大涨行情。

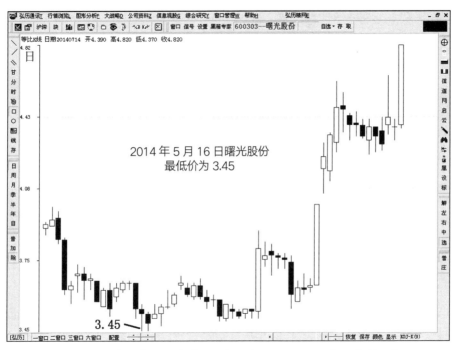

图 1.9　曙光股份日线图 (2014 年 4 月 23 日至 2014 年 7 月 14 日)

主力在操盘时，也常通过音译、谐音等做一些数字密码，下面我们把数字所代表含义做一个简单诠释：

0　您、动、懂

1　要、你

2　让、爱、哎

3　上、想、闪、升

4　速、死、是

5　悟、无、我

6　溜、留

7　吃、起、弃

8　发、拜、吧

9　求、救、久

历史的重要高低点多次出现了密码。例如：

2245　哎—哎—死—无

6124　留—你—让—死

998　　救—救—吧

1949　解放底

2014 年 5 月 21 日低点 1991　我爱你，要救救你

168　一路发

158、1558、1588　要我发

5858　悟发悟发

案例解析

廊坊发展在这段时间的高低点非常有意思。2014 年 4 月 14 日当日最高价为 13.88 元，什么意思呢？ 1388 的意思是"要闪，拜拜"！时间是 4 月 14 日，意思是"死要死"。结束了始于 4.55 元的这波上涨，进行了中期调整。在 5 月 9 日最低价为 9.06 元，收盘价为 9.5。当日收盘价的意思为"救我"。9.06 的最低价意为"救您、留"。在 6 月 17 日的最高价为 14.15 元，又是什么意思呢？ 14.15 的意思是"要死要悟"。617 是"一起溜、一起跑"的意思。主力通过数字暗示市场行为，非常有意思。

数的第二含义为数据

数据，是指存储在某种介质上能够识别的物理符号，是信息的载体，这些符号可以是数、字符或者其他。若描述事物的符号为数据，

图 1.10　廊坊发展日线图（2014 年 3 月 11 日至 2014 年 7 月 14 日）

那么根据数据进行的预测就称为数据推理预测。例如宏观经济数据中 GDP 和 CPI、市盈率（PE）的数值、新开户的账户数等，找到这些数据规律就可以预测顶底部。笔者曾经在 2014 年通过市盈率成功预测了牛市底部。

» 通过市盈率预判牛市顶底

市盈率（price earnings ratio，即 PE ratio）也称"本益比""股价收益比率""市价盈利比率"，简称 PE 或 PER。市盈率是最常用来评估股价水平是否合理的指标之一，由股价除以年度每股盈余（EPS）得出（以公司市值除以年度股东应占盈利，亦可得出相同结果）。

市盈率（静）也叫作静态市盈率，是一只股票现在的价格，除以按照上一个季度（年度）折算的每股年收益。单位是"倍"。

市盈率（动）又称动态市盈率，是用静态市盈率除以下一个年度的利润增长率。

市盈率所反映的是公司按有关折现率计算的盈利能力，是研判大盘的一个重要工具，图 1.11 为上证指数 1999 年 1 月份至 2014 年 5 月份每月市盈率。

年月/PE	1月	2月	3月	4月	5月	6月	7月	8月	9月	10月	11月	12月
1999	34.03	33.50	34.30	34.39	35.30	45.37	43.93	43.89	42.52	40.84	40.09	38.14
2000	42.82	47.99	49.92	51.13	54.02	55.22	58.21	58.13	54.93	56.31	59.89	59.14
2001	59.39	56.32	60.33	60.99	55.92	56.55	49.26	42.14	40.61	38.84	40.08	37.59
2002	34.31	35.11	37.16	39.08	38.75	44.47	42.40	43.02	40.40	38.23	36.46	34.50
2003	37.92	38.20	38.20	38.53	38.28	36.11	35.78	34.37	32.97	32.51	34.00	36.64
2004	38.91	40.89	42.49	38.95	28.73	26.65	26.49	25.68	26.75	25.34	25.69	24.29
2005	22.87	24.99	22.63	22.28	15.66	15.98	16.05	16.92	16.78	15.72	15.63	16.38
2006	17.61	18.00	17.72	19.42	19.69	19.91	20.03	20.38	21.41	22.86	26.13	33.38
2007	38.36	39.62	44.36	53.33	43.42	42.74	50.59	59.24	63.74	69.64	53.79	59.24
2008	49.40	49.21	39.45	42.06	25.89	20.64	20.93	18.13	18.68	14.09	15.23	14.86
2009	16.26	17.01	19.37	20.21	22.47	25.39	29.47	23.04	24.12	26.03	27.93	28.78
2010	26.24	27.54	27.54	25.42	19.93	18.47	19.86	19.85	20.00	22.61	21.51	21.60
2011	21.63	22.56	22.77	22.74	16.34	16.48	16.14	15.42	14.19	14.96	14.17	13.41
2012	14.01	14.86	13.86	14.70	12.66	11.90	11.28	11.03	11.25	11.17	10.71	12.29
2013	12.97	12.89	12.18	11.89	11.81	10.16	10.26	10.80	11.19	11.05	11.46	10.99
2014	10.58	10.73	10.66	10.65	9.76							

图 1.11　上证指数市盈率（1999 年 1 月份至 2014 年 5 月份）

市盈率和股价顶底关系的历史规律，可总结为四条：

1．每一次市盈率在破前低时，容易出现大底。在 2005 年 5 月份市盈率为 15.66 倍，而这个数字直到 2008 年 10 月（14.09 倍）才跌破。

2．平均市盈率极限位的出现往往是股指低点或高点出现的最准确的预兆。

3．上证指数顶部市盈率通常在 50 倍以上。

4．达到极限并转折才是真正的顶部和底部。2001 年 4 月份市盈率为 60.99 倍，达到了一个高点，次月（5 月份）降到了 55.92 倍，意味着要见顶了。2007 年的 4 月份 PE 为 53.33 倍，超过了 50 倍，次月 PE

下降，当月就出现"5·30"事件。然后在 2007 年 10 月份市盈率创出了历史新高 69.64 倍，次月下调，形成了 6124 点的历史大顶，至今未突破。

案例解析

从 1990 年开始，中国股市不断上涨，市盈率也不断地创新高。在图 1.12 中的 A 处，市盈率达到了 23 倍，最低为 325 点，为重要的底部。

A. 第 1 个低点是 23 倍，出现在 1994 年，当时上证指数 325 点。

B. 第 2 个低点是 1996 年 1 月 19 日的 512 点，市盈率 20 倍左右。

C. 第 3 个低点是 16 倍，出现在 2005 年 6 月 6 日，上证指数 998 点。

D. 第 4 个低点是 10.09 倍，出现在 2008 年 10 月份，上证指数 1664 点。

E. 2014 年 5 月份市盈率跌到了 9.76 倍，创出了第 5 次新低，当时笔者预测新的底部已经来临。

图 1.12　上证指数月线图（1990 年 1 月份至 2018 年 10 月份）

未来股市的底部何在？根据市盈率进行研判，跌破前面的 9.76 倍，有望成为历史大底，就算不创新低，也要达到 10 倍左右，才是真正大底。

» 中国股市对美国股市跟跌不跟涨

中国股市和美国股市是世界上市值最大的两大股市，美国股市对中国市场有很大的影响。中国股市对美国股市跟跌不跟涨，如果美国股市出现了大跌，中国股市次日往往会跟着下跌，出现的概率非常高。美国股市涨，中国股市不一定上涨。

中国用的是东八区时区，美国用的是西五区时区，中美时差为 13 个小时。若采用夏令时，美国当日收完盘，中国已经到了翌日的凌晨 4:00，美国当日大跌，会在翌日中国市场中反映出来。

案例解析

道指 2018 年 10 月 10 日当日大跌 3.17%，次日上证指数跟风大

图 1.13　上证指数和道琼斯工业指数（2018 年 8 月 17 日至 2018 年 10 月 13 日）

幅低开，当日惨跌 5.22%，创出当时数年下跌之最。

当然这也不完全准确，在特殊时间段会打破这个规律。比如说，在 2014 年，当时"熊"遍全球，中国独"牛"。在牛市中，中国股市的跟风效果相对来说比较弱，在大幅盈利的刺激下，非理性投资反而打破了这种规律。

美国股市大跌，中国上证指数不跌反涨。如何看待这种异常现象？该跌不跌必上涨，该涨不涨必下跌。

美国股市大跌，中国股市跟跌，此为正常情况。

美国股市高位大跌，中国股市低位不跌，并多次出现，说明中国股市要见底，美国股市有大跌或中期调整。

数的第三含义为数学

数学是研究自然界数量关系和空间形式的科学，也是研究数量、结构、变化以及空间模型等概念的一门学科。它用数量关系和空间形式谱写自然界的内在旋律，用简洁的、优美的公式与定理揭示世界的本质，用严谨的语言和逻辑整理人们的思维秩序。股票就是一张图表，而数字通过模型、公式、方程式归纳总结图表的规律。

高斯说：数学是科学之王。

毕达哥拉斯说：数支配着这个宇宙。

伽利略说：给我空间、时间及对数，我可以创造一个宇宙。

今日，数学被使用在不同的领域，包括科学、工程、医学和经济学等。数学在这些领域的应用通常被称为应用数学。

数学模型预测

数学模型是针对、参照某种事物系统的特征或数量依存关系，采用数学语言，概括地或近似地表述出的一种数学结构。这种数学结构是借助于数学符号刻画出来的某种系统的纯关系结构。

　　数学模型所表达的内容可以是定量的，也可以是定性的，但必须以定量的方式体现出来。因此，数学模型法的操作方式偏向于定量形式。正因为数学模型的科学性，才保证了预测的有效性。

　　江恩先生认为在世间只有数字可以永垂不朽，数学可以揭示真理，解决所有的问题。大师又说："我们使用三个几何图形：圆、正方和三角形。我们在一个圆圈中得到的正方形和三角形的点，用以确定该点的时间、价格和空间阻力，我们使用 360° 循环来衡量时间和价格。"

　　下面我们先做一个游戏：

　　用一些简单的数字与股市相联系，看看两者之间有何紧密的关系。有些数字会在股市中起到神奇作用。譬如，笔者以小螺旋密码 1.272 作为代表进行运算，就能精确预测股市的点位。

　　图 1.14 为 2008 年 9 月 5 日至 2010 年 12 月 10 日上证指数周线图。

图 1.14　上证指数周线图（2008 年 9 月 5 日至 2010 年 12 月 10 日）

案例解析

1. 以 2007 年历史高点 6124 点，乘以 0.272（0.272 为 1.272 减去 1 所得。1.272 为小螺旋密码）等于 1666 点。在 2008 年 10 月 28 日最低点为 1664 点，两者相差仅 2 个点。

计算：$6124 \times 0.272 = 1666$

2. 我们先找到两个重要的低点，2008 年 10 月 28 日的 1664 点低点及 2008 年 12 月 31 日的回调最低点 1814 点。把两数字相加，1664 点加上 1814 点，等于 3478 点，正好与 2009 年 8 月 4 日的最高点 3478 点相等。

计算：$1664 + 1814 = 3478$

3. 高点 3478 点，除以 1.272，等于 2734 点（a 点）。从指数上来看，与 9 月 1 日最低点有点误差，但是，2734 点是在 9 月 1 日前一日才达到的，也就是说，股指达到 2734 点之后，次日股指就见低点。

计算：$3478 \div 1.272 = 2734$

4. 把 2009 年 3478 点高点，除以 1.5，等于 2319 点（b 点），股指从 3478 点运行，2010 年 7 月 2 日形成了最低点，最低点正好为 2319 点，与计算完全一致。或者以 2010 年 4 月 15 日阶段高点 3181 点，乘以 0.728，等于 2316 点，离最低点 2319 点，只相差 3 个点。

计算：$1 - 0.272 = 0.728$

　　　　$3181 \times 0.728 = 2316$

5. 如果用低点 2319 除以 0.728，等于 3185 点，离最高点 3186 点只相差 1 点。

计算：$2319 \div 0.728 = 3185$

数学模型预测的三个基本原则

» 简化原则

现实世界的原型都是具有多因素、多变量、多层次的比较复杂的系统，对原型进行一定的简化即抓住主要矛盾，数学模型应比原型简单，且数学模型自身也应是简单的。

» 可推导原则

由数学模型可以推导出一些确定的结果，如果建立的数学模型在数学上是不可推导的，得不到确定的可以应用的结果，这个数学模型就是无意义的。

» 反映性原则

数学模型实际上是对现实世界的一种反映，因此数学模型和现实世界的原型就应有一定的相似性，抓住与原型相似的数学表达式或数学理论是建立数学模型的关键性技巧。

期货、商品和股票通过数字来描述，有了数字就可以建立数学模型，有了数学模型，就可以预测未来。

第四节　预测的三大境界

预测并不曲高和寡，其实每个投资者都很熟悉。投资投的是预期，买股买的是股票的未来。预期代表的是一个大方向、一个期望值。预测是利用数据、规律、模型作为推理依据，把未来预期具体化、数字化、精准化。所以，预测精准度由它的推理依据所决定。

过去、现在和未来，对应的是三个不同维度，它们永远不能在同一维度上同时出现。

本书中，预测可以分为三大境界：过去预测未来，未来预测现在，未来预测未来。如图 1.15 所示。

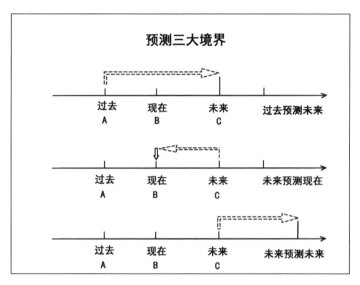

图 1.15 预测三大境界

第一境界：过去预测未来

通过原有和已经出现的数据或者规律来预测现在或未来市场的走势，这个境界称为过去预测未来。如以股价重要的高点或者低点作为起点，时间运行到斐波那契节点就会产生变盘。我们所寻找的起点，是市场已经出现的高低点，这是通过过往的数据来预测未来。

第二境界：未来预测现在

该境界是以未来将会出现的重要事件、时间或数据为依据，通过事物的规律来预测现在。比如说斐波那契数列的使用方法分为顺数列和反数列预测。何为反数列？就是股价以一个重要的高（低）点为起点，开始往左算 K 线，当时间达到斐波那契数时股价便发生变盘。假设我们现在提前预测到了未来重要的低（高）点将出现的日期，那么，以未来的这个低（高）点时间点，向左计算 K 线数量，当达到 13、21、34 和 55 等神奇数字，将是重要的日期。这就是第二境界，即通过未来预测现在。

第三境界：未来预测未来

第三境界在第二境界上更进一个层次，首先也是找到未来的重要点，然后，通过它去预测未来，即以较近的未来预测更远的未来。假设今天是 2 月 10 日，未来的 3 月 21 日是立春，立春是一个非常重要的日期，在这个日期往后的第 13 个和第 21 个交易日将可能出现高低点转折，而这些时间点我们完全可以提前计算得出。这就是以未来预测未来。

预测的三个境界，简单来说，第一境界相当于找到已有点，预测现在和未来。第二境界相当于找到一个未来点，根据这个点来预测它至现在期间的走势。第三境界是找到未来点，以未来点作为支点，预测更远的未来。

预测的三个境界，一个比一个高深，初次接触难以理解，但是，却非常实用。预测的三个境界就像下棋一样：通过现在的棋局情况，然后预测对手如何下，再决定自己如何走，此为第一境界。在下棋前，在脑海已经有一个棋谱，通过布局、引诱、利逼、迷惑等手段，从而让对手跟随脑海中的棋谱走，此为第二境界。棋手脑海中不但有了棋谱，还知道棋谱后期如何赢得对手，此为棋中高手，即为第三境界。

第二章 时空模型

第一节 时空模型的关键因子

《文子·自然》中讲道:"往古来今谓之宙,四方上下谓之宇。"宇宙是由空间、时间、物质和能量所构成的统一体,是一切时间和空间的综合。一般理解的宇宙指我们所存在的一个时空连续系统,包括其间的所有物质、能量和事件。

时间和空间是物理学和哲学的基本概念。时间和空间是什么呢?是运动着的物质的存在形式。空间反映了物质存在的位置及它的广延性(大小);时间反映了物质运动过程的持续性(时间长短)和顺序性(状态先后)。

物理学研究的发展表明,科学理论的重大变革往往以现有的时空观为突破口,并伴随新时空观的产生。时空观的变革往往是科学理论重大变革的基本标志。

意大利科学家伽利略曾经说过:给我空间、时间及对数,我可以创造一个宇宙。根据伽利略的观点,宇宙是由时间、空间及对数所组成。相比宇宙,期货、股票、外汇等就显得简单多了。我们相信,也坚信,用时间和空间及数学模型构建精准模型,可以此来实现精确预测。

股票、期货、外汇是由量（成交量）、价（价格）、时（时间）和空（空间）四维组成。传统的技术指标，无论是均线，还是简单的摆动类指标，或者趋向类指标，它们所研究的，更多的是股市中价格的最高价、开盘价、最低价和收盘价四个价位，或者是成交量与价格之间的关系。对大多数投资者来说，股市的四要素量、价、时、空中，只研究了量价关系，因为时空复杂难懂而放弃了股市中的时空概念研究。

价格是一个点，可归属空间。物质运动中遵循的长短周期和先后次序最容易形成市场的重演，以时间维度来建模是最理想的。其次是空间和价格的建模。成交量主要用来反映供求关系，体现在力度上，是衡量价格变化速度和加速度的重要依据。

江恩认为时间是决定市场走势的最重要因素。经过详细研究指数及个股的过往记录，你将可以证明历史确实会重演。了解了过往，你将可以预测未来。

时间和空间是市场最重要的因素，把时间和空间的规律通过数学模型加以运用，可以来预测未来高点和低点的时间和价位。

第二节　时空独存

时间坐标系和空间坐标系是完全脱离物质而独立存在的。股票图谱由时间横坐标和空间纵坐标所组成，在这个二维平面坐标中，时间和空间两者相互关联相互影响。两者的关系主要体现为三种情况：时空独存、时空共振和时空互换。

时空独存，即时间与空间彼此之间可以分离而独立存在。时空独存可分为时间独存和空间独存两种。时间和空间都能够单独影响股价，又都可以自己独特的方式显示股市的奥秘。首先学习时间独存。

时间特征

时间是非常神秘的一种力量，看不见摸不着，影响力却无处不在。时间的主要特征包括：唯一性、单向性、均匀性、同时性和无限性。

唯一性：具体的时间有且只有一次，既不会提前到，也不会延后到。

单向性：事物的不可逆性。过去的已经过去，再也回不去。

均匀性：时间间隔的不变性，体现市场的对称性。

同时性：时间对于每一个人是平等的，万事万物的时间是同时同步的。不管你是否关注。

无限性：时间是有起点的，但是没有终点。

时间分析方法

时间主要反映物质的周期循环和秩序，市场（对股票、期货、外汇等的统称）中的主要研究方向体现在周期、循环、数列、比例、转折等方面。时间周期循环、斐波那契数列规律、卢卡斯数列规律等这些都是时间独存的表现形式。本书将介绍周期循环、每月四变盘、节气周期、方圆预知变盘等时间预测方法。

时间影响价格的顶底，顶底之间有时间数列关系，也有比例关系。最著名的数列有斐波那契数列、卢卡斯数列、嘉路兰历法数列等。

斐波那契数列又称黄金分割数列，由意大利的数学家列奥纳多·斐波那契发现。斐波那契数列从第三个数字开始前两个数字相加等于后一个数字，依此类推。斐波那契数列包括：1，1，2，3，5，8，13，21，34，55，89，144，233，…

卢卡斯数列是由法国数学家卢卡斯发现的，是在斐波那契数列的基础上发展起来的。把斐波那契数列相隔的两个数字相加，就形成了卢卡斯数列。卢卡斯数列包括：1，3，4，7，11，18，29，47，76，123，199，322，521…

嘉路兰历法数列是用斐波那契数字的开方乘以月球围绕地球一周的天数（29.5306），从而得出的一组数列。数列包括：29.53，41.76，51.15，66.03…

数列时间变盘点

市场的顶底之间的时间通常遵循三组数列规律，从一个重要性的高点或低点开始，每逢三组数列（如斐波那契数列）的时候，往往产生市场价格的变盘。

案例解析

图 2.1 为上证指数 2009 年 8 月 13 日至 2010 年 5 月 7 日日线图，上证指数从 3478 点开始下跌，到 2009 年 9 月 1 日的最低点 2639 点，市场结束了快速下跌，展开了一波次级上涨行情。以 9 月 1 日最低点作为起点，如图中所示，当时间运行到斐波那契数 13—21—34—55—144 附近时，分别产生了 3068—2712—3123—3361—3165 等顶点或

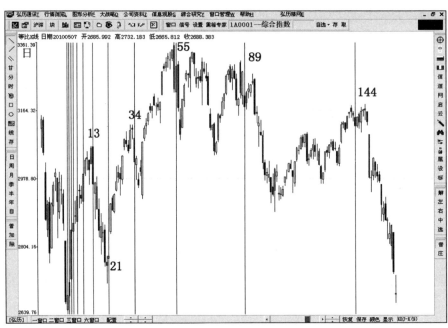

图 2.1 上证指数日线图（2009 年 8 月 13 日至 2010 年 5 月 7 日）

者低点。

在上面的案例中完全没有考虑到成交量、价格和空间，但是，却能准确把握市场的高点和低点所出现的位置。可见时间可以完全独存。

空间独存

空间反映了物质存在的地位（位置）及它的广延性（大小）。空间预测主要研究股价的目标位、空间大小、幅度比例等。空间独存方面的研究手段特别多，如江恩的波动法则、波浪理论浪与浪之间的空间比例关系、顶底数学模型等。本书中的空间测算包括：螺旋测算、趋势线空间测算、方圆预知变盘等。

案例解析

图 2.2 为上证指数 2008 年 8 月 29 日至 2011 年 4 月 22 日周线图，上证指数顶点和低点之间有非常密切的关系。规律非常明显，主要体现了一个数字：黄金分割率 0.618。

上证指数在 2008 年 10 月 28 日，创出历史性低点 1664 点。在国家对十大振兴行业扶持下，振兴的板块轮流拉升，指数在 2009 年最高涨到了 3478 点。如果我们计算这波上涨的 0.618 的位置，就意味着我们找到了一个低点。

计算公式：

未来回调低点：3478－（3478－1664）×0.618＝2357

2357 点离 2010 年 7 月 2 日的历史低点 2319 点，只相差 38 点。

3478 点至 2319 点之间出现了 2 个高点和 2 个低点，第 1 个低点为 2009 年 9 月 1 日最低点 2639 点，第 1 个高点为 11 月 27 日的 3361 点。再次根据回调黄金分割率 0.618 来计算，回调的低点为：

3361－（3361－2639）×0.618＝2915

在 2010 年的 2 月 3 日走出了阶段性低点 2890 点，两者只相差 25 点，其后产生了 2 个月的反弹行情。

图 2.2　上证指数周线图（2008 年 8 月 29 日至 2011 年 4 月 22 日）

　　市场的这种规律不仅仅体现于这一部分，我们再往后分析。上证指数从 2010 年 7 月 2 日上涨到 11 月 11 日的 3186 点，又一次走出了阶段性高点。在经过 2 个月的下跌后，在 2011 年 1 月份走出了一个低点，其后，市场产生了接近 3 个月的上涨行情。那么，这个低点与前面的高点和低点又有什么规律呢？

　　不错，我相信大家都猜中了，还是黄金分割率 0.618。

　　计算：3186-（3186-2319）×0.618=2650

　　在 2012 年 1 月 25 日走出阶段性最低点 2661 点，与计算目标位 2650 点只相差 11 点，误差非常小，再次通过 0.618，我们又神奇地把握了下跌的阶段性低点。

　　从上面来看，我们只应用了一个数字 0.618，对于成交量、时间、指标等都没有进行分析和参考，通过已知历史高点和低点，我们就提前预测到了低点的目标位。所以，空间也可以作为单独的分析手段。时间和空间方面的分析方法在金融市场非常实用，值得重点去学习和研究。

第三节 时空共振

时间空间彼此密切相关，在此我们先引入一个概念——闵可夫斯基空间。"时空"整体为物质存在的形式，时间坐标轴（ict）与空间坐标轴（x,y,z）想象为彼此垂直，构成统一的四维坐标，称为闵可夫斯基空间。在四维时空中，物体某一运动用一段四维矢量代表，其长度为 ds。四维矢量在四个坐标轴上的投影即表示时间间隔 cdt 和空间间隔 dx,dy,dz，它们的关系是：

$$ds^2=dx^2+dy^2+dz^2-d(ct)^2$$

时间和空间放在一起时，两者就不再是单独的个体，它们将相互影响、密不可分，形成一个新的整体。股票市场由横坐标和纵坐标组成，由时间和空间来组成，属于二维，记为 $a(x,y)$，二维才能描述清楚一个点。

美国航空航天局科学家艾伦·霍尔特额的时空场共振理论，阐述宇宙中每一个时空点的结构和电磁场干扰形式有关，它们之间有谐和关系存在。然而，由于时空谐波的作用，很难发现天体物理体系的谐和关系。

当石头扔进池塘，会产生波纹。声音的传播也会产生音波。何为时空共振？就是时间点产生的波与空间点产生的波之间产生了交集，交点就是时空共振点。时间和空间产生的是谐波。

时空谐波的显示与强度依赖其自身能量，大的谐波支配小的谐波，就像恒星与银河这两种高能量的时空谐波，会支配其他的谐波。

我们可以做一个实验，把一块石子和一块铁片同时扔进一个池塘，在石子和铁片落水的位置都将产生波纹，水波不断向外传递。虽

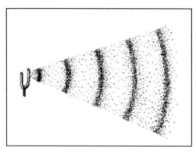

图 2.3 声音的传播

然这两点所产生的波的频率和振幅各不尽相同，但通过一段时间的传递，两种波纹终于相遇，产生了交点，这些交点就是它们的共振点。若把石子看成股票二维图谱中的横坐标时间，铁片看成纵坐标空间，那么，股价的高低就是时间和空间的共振点。

共振点与时间和空间所产生的频率、波幅和传播速度有关。当时间和空间的频率相同时所产生的共振，称为完美的时空共振。频率、传播速度不同，就会产生力度不同的共振点，因而时空共振可分为强势共振、弱势共振和平衡共振。

股价回调的低点所形成的时空共振通常表现为三种类型。

第 1 种类型：强势回调共振。

此类回调是空间和时间都达到前波的 0.382 的位置产生的共振。因为回调幅度小，时间短，故为强势回调共振。

计算公式：

回调时间 = 上涨时间 × 0.382

回调低点 = 高点 − (高点 − 低点) × 0.382

第 2 种类型：平衡回调共振。

此类回调是空间和时间都达到前波值 0.5 的位置产生的共振。因为回调幅度和时间正好为前面的中间值，故为平衡回调共振。

计算公式：

回调时间 = 上涨时间 /2

回调低点 = 高点 −（高点 − 低点）/2

第 3 种类型：弱势回调共振。

此类回调是空间和时间都达到前波的 0.618 的位置产生的共振。因为回调幅度大，时间长，故为弱势回调共振。

计算公式：

回调时间 = 上涨时间 × 0.618

回调低点 = 高点 −（高点 − 低点）× 0.618

时空共振口诀

如股价回调到前波上涨时间的一半的时候，价格同时达到上涨幅度的 50%，两者产生了时空共振，而股价正好产生了转折，出现新的上涨。那么，这就形成完美的时空共振点。时空共振分为两种：上涨的时空共振和下跌的时空共振。

时空共振口诀：

狙击上涨卖点：时间到，空间到，不再上涨要抛掉。

狙击下跌买点：时间到，空间到，不再下跌底部到。

案例解析

图 2.4 为宁波富达 2011 年 1 月 7 日至 4 月 8 日日线图。宁波富达在图中 A 处（2011 年 1 月 27 日）最低价为 5.41 元，上涨 20 个交易日到图中 B 点处（3 月 3 日），最高价达到 6.95 元。在 20 个交易日上涨了 1.54 元。如果回调的时间按照上涨的 1/2 来计算，回调应该为 10 个交易日，空间回调上涨 1/2 为（1.54÷2）+5.41=6.18 元。当时间回调到图中 C 点正好为回调的第 10 个交易日，最低价为 6.19 元，与目标位只相差 1 分钱，1/2 处的时间和空间产生了完美的时空共振。

图 2.4 宁波富达日线图（2011 年 1 月 7 日至 4 月 8 日）

» 强势回调共振案例

案例解析

图 2.5 为天士力 2012 年 1 月 11 日至 3 月 16 日日线图。天士力在 2012 年 1 月 18 日在 10.37 元止跌，在 2012 年 2 月 27 日最高价达到了 12.60，总共上涨天数为 23 个交易日。其后，随着大盘上涨力量的衰弱，开始下跌。

如果按照强势调整，调整时间为 8 个交易日（23×0.382＝8.79），强势回调价格则为 11.75 元。计算方法：

回调低点 ＝12.60－（12.60－10.37）×0.382＝11.75

在 3 月 7 日为下跌的第 7 个交易日，当日低开高走收小阳线，最低价为 11.74 元，止跌向上。计算的结果和实际情况相比相差很少，时间只相差一个交易日，价格只相差 1 分钱。这种调整属于强势回调共振。

图 2.5　天士力日线图（2012 年 1 月 11 日至 3 月 16 日）

» 平衡回调共振案例

案例解析

图 2.6 为上证指数 2009 年 9 月 17 日至 11 月 20 日日线图，上证指数从 3478 点开始下跌，到 2009 年 9 月 29 日终于出现了止跌，最低点为 2712.3 点。其后股指连续反弹了 12 个交易日，在 10 月 23 日最高点达到 3123.46 点，开始了回调。根据平衡回调共振：调整时间应该为 6 个交易日，调整空间应该为 2917.88 点。即

回调低点 =3123.46−（3123.46−2712.3）/2=2917.88

实际情况：在 10 月 23 日开始回调，最低点为 2923.5 点，出现在 11 月 2 日。下跌时间为 6 个交易日，正好为上涨时间的一半。计算的目标点 2917.88 与实际点 2923.5 只相差 5.62 点，当日的大阳线为一个非常好的介入时机。

图 2.6　上证指数日线图（2009 年 9 月 17 日至 11 月 20 日）

案例解析

图 2.7 为莱茵置业 2011 年 12 月 19 日至 2012 年 3 月 29 日日线图。莱茵置业在 2012 年 1 月 6 日形成了最低价，经过 30 个交易日的上涨，从 2.83 元上涨到 4.73 元，在 2 月 24 日提前于大盘走出高点。之后下跌到了 3 月 15 日，总共下跌了 14 个交易日，离上涨时间的一半只相差 1 个交易日。若根据平衡回调共振，回调的价格应为：

4.73−(4.73−2.83)/2=3.78 元

实际价格 3.65 元，两者只相差 0.13 元。

图 2.7　莱茵置业日线图（2011 年 12 月 19 日至 2012 年 3 月 29 日）

》弱势回调共振案例

案例解析

图 2.8 为永新股份 2009 年 8 月 26 日至 11 月 4 日日线图。永新股份在 2009 年 8 月 31 日最低价 2.52 元，经过 13 个交易日的上涨到 3.11 元，上涨了 0.59 元。根据弱势回调进行计算：

回调时间 $=13 \times 0.618 = 8.03$

回调空间 $=3.11-（3.11-2.52）\times 0.618 = 2.75$

实际情况，从 9 月 17 日到 9 月 29 日的下跌为 8 个交易日，与计算时间相同。回调低价为 2.73 元，与计算目标价位 2.75 元只相差 0.02 元。

图 2.8 永新股份日线图（2009 年 8 月 26 日至 11 月 4 日）

第四节 时空互换

根据牛顿第一定律，任何物体在不受任何外力的时候，总保持静止状态或匀速直线运动状态，直到有作用在它上面的外力迫使它改变这种状态为止。

在股市中，若不考虑外来因素的影响，时空共振就应该能做到预测何时达到何价。当股价受到外来因素的作用，时空之间将产生相互转换。时空转换分为两种形式：时间换成空间和空间换成时间。

时间换成空间

何为时间换成空间？即空间达到，时间缩短。也就是当股价在达到预定的空间（价格）时，所花费的时间比预定时间短。或者在预定的时间内，空间已经超出预定的目标价位。

我们现在举个例子说明。根据生产力的水平，生产 10000 辆汽车需要 100 天的时间。因为提升了生产机器的速度，最终只用了 90 天的时间就完成了任务。当时间达到 100 天的时候，生产的汽车已经达到了 11111 台，这就是时间换成了空间。此种情况在股价快速拉升的股票中经常出现，表示股价上涨力度非常强势。

价格先到，时间未到，可以分成三种情况，口诀如下：

暴涨口诀：空间先到，股价暴跳。时间一到，先行卖掉。

回调口诀：空间先到，时间未到。时间一到，低点来到。

反弹口诀：空间先到，时间未到。时间一到，高点来到。

案例解析

图 2.9 为深深房 A 2009 年 7 月 30 日至 10 月 21 日日线图。深深房 A 从 2009 年 8 月 19 日最低价 4.6 元开始上涨，上涨了 18 个交易日，

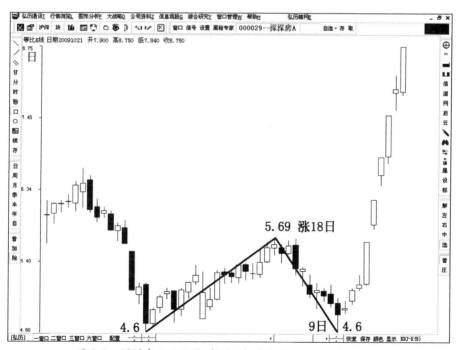

图 2.9　深深房 A 日线图（2009 年 7 月 30 日至 10 月 21 日）

达到上涨最高价 5.69 元,上涨了 1.09 元。之后股价开始回调。若按照原来的速度进行计算,下跌的时间若为上涨的 1/2,即 9(18/2)个交易日。股价回调的幅度应该也为一半才合理。即 5.69-(5.69-4.6)/2=5.145 元。

但是,回调价格却回到了 4.6 元,正好达到了 8 月 19 日的最低价 4.6 元,符合"双针探底",但时间却只用了 9 个交易日,本来是需要 18 个交易日的。所以,这种情况是时间变短,下跌的时间转换成了下跌的空间。或者说,下跌 9 个交易日,回调价格应该为 5.145元,结果达到了 4.6 元,下跌空间增大了,所以,空间换取了时间。

回调过程中的时变空的三种常见形态:

回调空间为上涨空间的 0.5 倍,回调时间为上涨时间乘以 0.382。

回调空间为上涨空间的 0.618 倍,回调时间为上涨时间乘以 0.382。

回调空间为上涨空间的 0.618 倍,回调时间为上涨时间乘以 0.5。

案例解析

图 2.10 为上证指数 2008 年 10 月 6 日至 2009 年 2 月 19 日日线图。上证指数从 6124 点见历史性高点,开始一轮快速、疯狂的下跌,经过一年的下跌,终于在 1664 点见历史低点。从 2008 年 10 月 28 日开始,经过一波三折,在 12 月 9 日达到了 2100 点,共经历时间为 30个交易日。2008 年 12 月 31 日为年度最后一个交易日,从 12 月 9 日算起,共下跌时间为 16 个交易日,接近上涨时间的一半。如果以平衡回调共振来计算空间,回调的点位为

平衡回调共振:2100-(2100-1664)/2=1882 点

但是,在 12 月 31 日最低点为 1814 点,非 1882 点。回调空间并没有回落到上涨空间的一半,却回调到了上涨空间的 0.618 位置。

2100-(2100-1664)×0.618=1831 点

1831 点离实际低点 1814 点只相差 17 点,不到 1% 的误差。其后,指数受到了支撑,在 2009 年的第 1 个交易日 1 月 5 日,高开收中阳线,

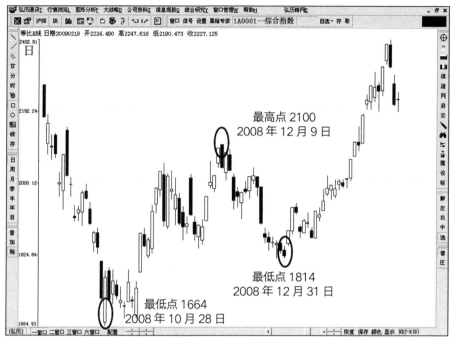

图2.10　上证指数日线图（2008年10月6日至2009年2月19日）

止跌上涨。意味着回调的结束、上涨行情的再次启动。

空间换成时间

何为空间换成时间？即时间到了，空间未到。也就是股票在预定的时间内，价格未达到预定的空间。或者在预定的空间内，时间已经超出预定时间。

回调过程中的空间变成时间有以下3种常见情况：

回调时间为上涨时间乘以0.5，回调空间为上涨空间的0.382倍。

回调时间为上涨时间乘以0.618，回调空间为上涨空间的0.382倍。

回调时间为上涨时间乘以0.618，回调空间为上涨空间的0.5倍。

案例解析

图2.11为鑫科材料2011年1月11日至3月28日日线图。鑫科材料在2011年1月25日的8.61元处走出下跌的最低价，反弹到2

图 2.11　鑫科材料日线图（2011 年 1 月 11 日至 3 月 28 日）

月 17 日，最高价为 10.45 元，总共 12 个交易日，上涨空间 1.84 元（10.45−8.61＝1.84）。从 2 月 17 日开始调整，最终调整了 10 个交易日，在 3 月 3 日最低价 9.94 元开启下波拉升行情。

此时，我们再来看时间和空间，股价上涨 12 个交易日，回调 10 个交易日，根据平衡原则，该跌到上涨幅度的 10/12 的位置，即 10.45−（10.45−8.61）×10/12＝8.92 元，而 3 月 3 日最低价才是 9.94 元，这种情况说明股价用下跌的空间换取了更多的时间，下跌的幅度很明显比较弱。

为了更好地说明空间和时间之间的转换，我们必须建立一个标准，一个平衡的位置：正常情况下的回调时间和空间平衡标准，即多长时间达到多少价位。

正常回调目标位计算：上涨的最高价−（上涨空间／上涨时间）×回调时间。

图2.12 深康佳A日线图（2008年9月23日至2009年2月25日）

案例解析

图2.12为深康佳A2008年9月23日至2009年2月25日日线图。深康佳A在2008年10月28日结束了一年的熊市，终于在2.51元止跌了。经过29个交易日的上涨，最高价达到3.8元，其后开始下跌，到12月31日正好为16个交易日，约为上涨时间的一半。如果按照正常的回调，回调价位应该也为上涨的一半，即：3.8-（3.8-2.51）/2=3.16，而在12月31日最低价为3.09元，只相差7分钱。此种情况属于正常的、标准的下跌，时间和空间产生了完美的共振。

总结

空间和时间是宇宙的两个重要组成部分，空间用以描述物体的位置，时间用以描述物体之间的顺序。时间和空间之间存在三种关系：

两者既可以独存，也可以共振，还可以相互转化。

　　若当股价时空出现转换的时候，价格的高低点的规律呈现为螺旋式扩张或者缩小，就会引发价格上的改变。方向是前进的，道路是迂回曲折的，事物发展是前进性与曲折性的统一，股价也是这样。

第三章　周期循环几度轮回

周期循环我们耳熟能详。天体运动有周期循环，事物的发展也有周期。周期理论最早是从古代天文学、历法中抽象出来的，周期循环概念在古代文明古国中皆有记载。为了讲述周期理论我们有必要提到中国古代历法。

历法是古代自然科学中的最初成果之一。历法分为阴历和阳历，阴历是以月球朔望月来计算一年的，阳历则是以太阳回归年来计算一年的，而阴阳合历则二者兼顾。它是无数古人世代不绝长期对大自然运动变化和天体运行状态进行观测、实践应用、归纳的结果，反映了太阳、月亮、星星等天体运行规律。一年为 365.25 日，每月初一为朔日，十五为望日。

自然界气候变化特点，是以 5 年、6 年、10 年、12 年、30 年、60 年等不同的运动周期交互显现的。这种周期也便形成了投资的超年节律。

第一节　10 周年循环规律

爱因斯坦认为，空间和时间是弯曲的，引力就是使它们弯曲的力量，时间并不会流动，它的存在就如同空间的存在，可以有这样一个地方，在那里过去的事尚未发生；也可以有这样一个地方，在那里未来的事已经发生。爱因斯坦对时间权威性的解释，其实质已揭示了股市的历史重现性。

世间万物皆有周期循环：太阳每天的升起、落下，白天黑夜的更替，一年四季循环往复，潮起潮落。股市正如万事万物一样，存在周期循环。

在中国古代历法中，用干支法来计算年。根据十天干和十二地支来计时，两者按固定的顺序互相配合，组成了 60 年的循环。

十天干：甲、乙、丙、丁、戊、己、庚、辛、壬、癸。

十二地支：子、丑、寅、卯、辰、巳、午、未、申、酉、戌、亥。

天干六轮，地支五轮，60 年为一周期，一个甲子，也叫六十花甲，如此循环。例如 2012 年为壬辰年，下一个壬辰年将为 2072 年。表 3.1 为干支表。

表 3.1　干支表

干 支 表									
1 甲子	2 乙丑	3 丙寅	4 丁卯	5 戊辰	6 己巳	7 庚午	8 辛未	9 壬申	10 癸酉
11 甲戌	12 乙亥	13 丙子	14 丁丑	15 戊寅	16 己卯	17 庚辰	18 辛巳	19 壬午	20 癸未
21 甲申	22 乙酉	23 丙戌	24 丁亥	25 戊子	26 己丑	27 庚寅	28 辛卯	29 壬辰	30 癸巳
31 甲午	32 乙未	33 丙申	34 丁酉	35 戊戌	36 己亥	37 庚子	38 辛丑	39 壬寅	40 癸卯
41 甲辰	42 乙巳	43 丙午	44 丁未	45 戊申	46 己酉	47 庚戌	48 辛亥	49 壬子	50 癸丑
51 甲寅	52 乙卯	53 丙辰	54 丁巳	55 戊午	56 己未	57 庚申	58 辛酉	59 壬戌	60 癸亥

时间周期循环基于事物发展的自然法则，就像月亮有望、朔、晦、弦，有圆有缺；又如一年四季春、夏、秋、冬周而复始，生生不

息。这种周期性存在于自然界，在经济运行中也存在着周期，在证券市场同样有周期再现。

循环周期在我国古代多都有阐述。《三国演义》中"话说天下大势，分久必合，合久必分"，指的是朝代兴替、周而复始；苏轼《水调歌头》中"人有悲欢离合，月有阴晴圆缺"也说明了自然界的循环现象。

循环的划分

循环有大循环、小循环，循环中还有循环，回旋往复。江恩认为如果把周期循环看成一个圆，从起点经过360°再次回到原点即30年，30年是一个超级循环圆周期，相当于中国60年轮回的一半时间。以30年的倍数来厘定长、中、短周期，循环圆的两等分、三等分、四等分以及八等分，都是重要的周期段。

按三角形划分循环圆：10年、20年和30年。

按四方形划分循环圆：7.5年、15年、22.5年和30年。

循环圆的1/3是10年，所以很重要。30年的1/8是3.75年，即45个月，也很重要，如图3.1所示。

根据循环时间长短，可将周期循环分为长期循环、中期循环和短期循环。

长期循环：90年、82年至84年、60年、49年、45年、30年及20年。

中期循环：15年、13年、10年、7年、5年、4年、3年及1年。

短期循环：1小时、2小时、4小时……18小时、24小时、3周、7周、13周、15周、3个月、7个月。

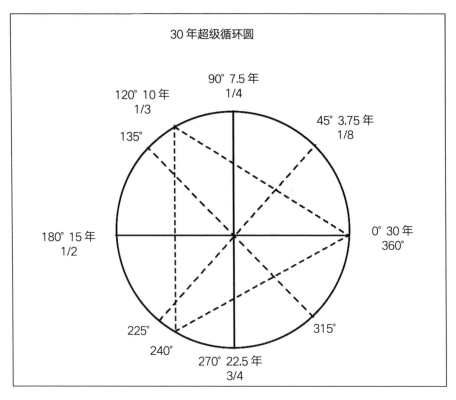

图 3.1　30 年超级循环圆

10 年的周期循环规律

市场经常每 10 年便重复类似的波动形态。在某些市况下，我们掌握了 10 年的周期循环规律，就相当于知道了股市的轮廓。10 年周期循环中到底有什么规律？

» 规律一：顶底交替出现

一个新的历史低点将出现在一个历史高点的 10 年之后，反之，一个新的历史高点将出现在一个历史低点 10 年之后。市场的重要的顶与底相隔 10.5 年至 11 年。

1991 年 5 月 17 日上证指数创出低点 104 点，10 年后，2001 年 6 月出现顶点 2245 点，时间为 10 年零 1 个月。1994 年 9 月 13 日顶点 1052 点，至 2005 年 6 月 6 日的低点 998 点，经历了 10 年零 9 个月。

表 3.2　中国 A 股之 10 年循环顶底

上证指数 10 年循环顶底					
顶底	时间	点数	顶底	时间	点数
底部	1991.05.17	104	顶部	2001.06.14	2245
顶部	1992.05.26	1429	顶部	2002.06.25	1748
顶部	1993.02.16	1558	顶部	2003.04.16	1649
底部	1994.07.29	325	底部	2003.11.13	1307
顶部	1994.09.13	1052	顶部	2004.04.07	1783
底部	1995.04.27	547	底部	2005.06.06	998
底部	1996.01.19	512	底部	2005.12.06	1074
顶部	1997.05.12	1510	顶部	2007.10.16	6124
底部	1999.05.17	1047	顶部	2009.08.04	3478
顶部	2001.06.14	2245	顶部	2011.04.18	3067
底部	2003.11.13	1307	底部	2013.06.25	1849
底部	2005.06.06	998	顶部	2015.06.12	5178
底部	2005.12.06	1074	底部	2016.01.27	2638
顶部	2007.10.16	6124	顶部	2018.01.29	3587
底部	2008.10.28	1664	底部	2019.01.04	2440
底部	2013.06.25	1849	顶部	预测 2023.06.06 至 2023.08.16	
顶部	2015.06.12	5178	底部	预测 2025.06.06 至 2025.08.16	
顶部	2018.01.29	3587	底部	预测 2028.01.04 至 2028.02.04	

» 规律二：5 年子循环

在 10 年循环中的顶点和低点不是独立的，两者存在着关联，在 10 年期间将会出现 2 至 3 个 3 至 5 年的子循环。一般情况下，由一个顶部计算，5 年后将会出现一个底部；同样由一个底部计算，5 年后将会出现一个顶部。

案例解析

图 3.2 为上证指数 1999 年 12 月份至 2015 年 3 月份月线图。上证指数在 2001 年走出非常重要的顶点 2245 点，以此点为 10 年循环的起点，在这 10 年，顶点分布形成了 3-3-4 规则。2001 年 6 月份的 2245 点至 2004 年 4 月份的 1783 点至 2007 年 10 月份的 6124 点至 2011 年 4 月份的 3067 点。在这 10 年内顶底之间也走出了几个 5 年周期：

① 2002 年 1 月份（低点）至 2007 年 10 月份（顶点）；

图 3.2 上证指数月线图（1999 年 12 月份至 2015 年 3 月份）

② 2004 年 4 月份（顶点）至 2009 年 8 月份（顶点）；

③ 2005 年 6 月份（低点）至 2010 年 11 月份（顶点）。

此外，从月线上来看，以 2001 年 6 月份为起点，运行 35 个月（至 2004 年 4 月份）见顶 1783 点，继续开始下跌，至 2005 年 6 月份的 998 点，总共运行了 49 个月。至 2007 年 10 月份的 6124 点为 77 个月。35、49、77 都是 7 的整数倍，可见在 7 的整数倍时，是重要的转折点。

》规律三：3-3-4 法则

10 年循环的升势过程中，不可能只有一个高点和一个低点，通常有 4 个重要的高点和 3 个重要的低点。前 6 年中，每 3 年出现一个顶部，最后 4 年出现最后的顶部。见图 3.3。

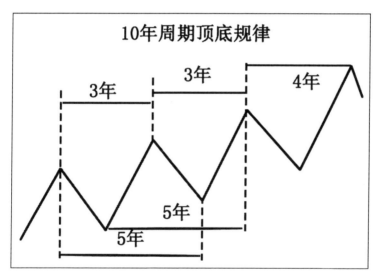

图 3.3　10 年周期顶底规律

上证指数已经有 30 年历史了，在这期间曾多次形成 10 年顶底循环的规律，笔者做出一张从 1990 年至 2018 年的顶底表以供参考，如表 3.3：

表 3.3　上证指数 3-3-4 顶和底

上证指数 3-3-4 顶和底			
时间与点位	时间与点位	时间与点位	时间与点位
1991.01.14 135	1994.09.13 1052	1997.05.12 1510	2001.06.14 2245
1992.05.26 1429	1995.05.22 926	1998.06.04 1422	2002.06.25 1748
1993.02.16 1558	1996.08.12 894	1999.06.30 1756	2003.04.16 1649
1994.09.13 1052	1997.05.12 1510	2000.08.22 2114	2004.04.07 1783
1995.05.22 926	1998.06.04 1422	2001.06.14 2245	2005.02.25 1328
1997.05.12 1510	2000.08.22 2114	2003.04.16 1649	2007.10.16 6124
1998.06.04 1422	2001.06.14 2245	2004.04.07 1783	2008.01.14 5522
1999.06.30 1756	2002.06.25 1748	2005.02.25 1328	2009.08.04 3478
2001.06.14 2245	2004.04.07 1783	2007.10.16 6124	2011.04.18 3067
2003.11.13 1307	2006.08.07 1541	2009.08.04 3478	2013.06.25 1849
2005.06.06 998	2008.10.28 1664	2011.04.18 3067	2015.06.12 5178
2005.12.06 1074	2008.12.31 1814	2012.01.06 2132	2016.01.27 2638
2007.10.16 6124	2010.11.11 3186	2014.01.20 1984	2018.01.29 3587
2008.10.28 1664	2011.04.18 3067	2014.06.20 2010	2019.01.04 2440
2015.06.12 5178	2018.01.29 3587	2021.02.18 3731	2025.06.06 预测

案例解析

图 3.4 为上证指数 1994 年 2 月 4 日至 2005 年 6 月 3 日周线图，且看在这 10 年循环中的顶底是如何分布的。以 1994 年 9 月 13 日的 1052 点为 10 年循环的起点顶点，3 年后在 1997 年 5 月 12 日的 1510 点见顶点，又在 2000 年 8 月 22 日的 2114 点走出阶段高点，同样是花了 3 年时间。其后，开始了长达半年的调整，后期股指略微创出了新高 2245 点，在其上只上涨了 131 点。2001 年的 2245 高点之后，股指进入了熊市。连续 3 年下跌后，在 2004 年 4 月 7 日形成了反弹高点 1783 点，然后继续熊市的下跌。在这 10 年的 4 个顶点 1994 年 9 月份—1997 年 5 月份—2000 年 8 月份—2004 年 4 月份，遵循了 3-3-4 的原则。

同时，1994 年到 2004 年的 10 年也出现了 3 个 5 年周期。

1.1994 年的 9 月份顶点 1052 点至 1999 年 5 月份低点 1047 点，

图 3.4　上证指数周线图（1994 年 2 月 4 日至 2005 年 6 月 3 日）

运行了 4 年零 8 个月，属于顶—底循环。

2.1995 年 2 月份低点 524 点到 2000 年 8 月份的 2114 顶点，共运行了 5 年零 6 个月，属于底—顶循环。

3.1997 年 5 月份的顶点 1510 点后，在 2002 年 1 月 29 日形成了 1339 点的低点，在熊市中出现了反弹，属于顶—反弹低点的循环。

» **规律四：包含 7 年循环**

10 年周期循环中通常包含 7.5 年和 2.5 年的组合，所以 7 年也是非常重要的（详见下节）。

10 年周期循环的轮廓概况分为两部分。其一为顶顶之间的关系，它们遵循 3-3-4 的周期密码。其二，顶和底之间遵循的是 5 年周期规律，在 10 年中有 2 个或 3 个 3 至 5 年周期转折点。通过 10 年周期循环我们可以大概知道牛市和熊市的顶底将出现的时间，更有利于投资者进行大势预测。

第二节　上指诡异 7.5 年

借用《周易》来阐述，易有太极，太极生两仪，两仪生四象，四象生八卦。如果把 30 年看成一个圆、一个整体，30 年的 1/2、1/3、1/4、1/8 都是重要的周期节点。其中，1/3 和 1/4 非常重要。也就是说，10 年和 7.5 年（或 7 年）是重要的周期循环。

7 象征权力

巴比伦纪元年代，7 是权力和名誉的象征。在西方文化中，7 普遍被视为幸运数字，有"Lucky 7"的说法。

7 与 142857 的循环

把 999999 除以 7 刚好是 142857，1/7 的循环节有六个数字，它们不停重复。

$1/7 = 0.142857142857\cdots$

$2/7 = 0.285714285714\cdots$

$3/7 = 0.428571428571\cdots$

$4/7 = 0.571428571428\cdots$

$5/7 = 0.714285714285\cdots$

$6/7 = 0.857142857142\cdots$

$7/7 = 1$

$8/7 = 1.142857142857\cdots$

$9/7 = 1.285714285714\cdots$

7 周年循环规律

7 周年在股市中非常重要，并且规律非常明显。7 周年的循环规律，对我们制定中长线的策略而言是一个重要依据。

» 规律一：7 周年变盘

以 30 年的时间循环来看，四分之一的循环时间为 7.5 年，共有 90 个月。若按照 7 年来分析，就是 84 个月，即股市在 7 周年的循环中第 90 个月和第 84 个月是最重要的变盘月。

» 规律二：7 的不同周期变盘

威廉·江恩非常喜欢 7 这个数字，他在股市中也经常运用 7 的变盘周期。他认为无论 7 天、7 周、7 个月还是 7 年，都是重要的市场转折点的时间。

» 规律三：70 个月变盘

股市中的重要牛熊顶底，甚至次级别的顶底，都符合 70 个月的变盘。当然，因为时间相隔太久，受国家的政策、外部因素的影响，可能会出现几个月的偏差。

表 3.4　70 月周期循环

70 月周期循环				
起始时间	顶底	结束时间	顶底	间隔月
起始月	顶底	结束月	顶底	间隔月
1992.05	大顶	1998.06	中顶	73
1993.02	大顶	1999.02	大底	72
1994.07	大底	2000.08	中顶	73
1995.05	中顶	2001.06	大顶	73
1996.01	大底	2002.01	中底	72
1997.05	大顶	2003.04	中顶	71
1999.05	大底	2005.06	大底	73
1999.12	中底	2005.10	大底	70
2001.06	大顶	2007.05	中顶	71
2002.01	中底	2007.10	大顶	69
2003.01	中底	2008.10.	大底	69
2004.04	中顶	2010.01	大顶	69
2005.06	大底	2011.04	中顶	70
2007.10	大顶	2013.06	大底	68
2008.10	大底	2014.07	大底	69
2009.08	大顶	2015.06	大顶	70
2013.06	大底	2019.01	大底	67
2015.06	大顶	2021.03	大底	69
2016.01	中底	2021.11	预测	70
2018.01	大顶	2023.11	预测	70
2019.01	大底	2024.11	预测	70
2019.04	中顶	2025.02	预测	70
2020.03	大底	2026.01	预测	70

案例解析

图 3.5 为 2004 年 8 月份至 2018 年 10 月份上证指数月线图。上证指数月线图中,以 2005 年 6 月份的 998 点的底部,往后计算 70 个月,正好为 2011 年 4 月份的 3067 高点。从 2007 年 10 月份的历史高点,至 2013 年 6 月份低点共 68 个月的时间,误差 2 根 K 线。以 2008 年 10 月大底 1664 点的低点往后的 69 个月为 2014 年 7 月份的牛市加速点。2009 年 8 月份顶部 3478 点,往后的 70 个月正好为 2015 年 6 月份的 5178 点顶部。

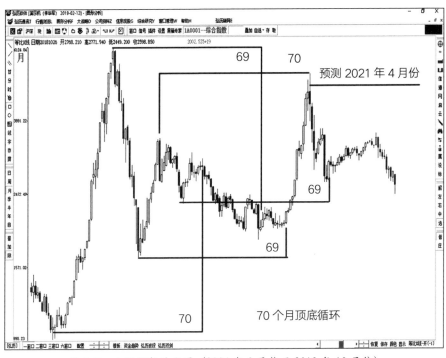

图 3.5　上证指数月线图 (2004 年 8 月份至 2018 年 10 月份)

未来预测

以 2015 年 6 月份大底预测,70 个月后的重要变盘时间为 2021 年 4 月份。

» 规律四：7 的倍数变盘

7 周年循环中最明显的规律就是每逢 7 及其倍数是重要的变盘点。7 的倍数变盘中，14 和 35 与斐波那契数列中的 13 和 34 很相近，所以，变盘时间衍生为 13 和 34。另外，有时 28 会转移到 29 才会变盘。77 也是一个重要的时间点。

在日线上，下跌趋势中的反弹时间多数为 7 日或 13 日，上涨趋势中的回调通常也以 7 日和 13 日居多。在周线上，下降趋势中期反弹时间为 7 周，上升趋势中期回调时间为 7 周，横盘整理的时间往往也是 7 周左右。

案例解析

图 3.6 为武汉中商 2014 年 3 月 7 日至 2015 年 3 月 12 日的周线图，武汉中商在 2013 年 7 月见低点 4.71 元，其后，股价进入上升趋势中，

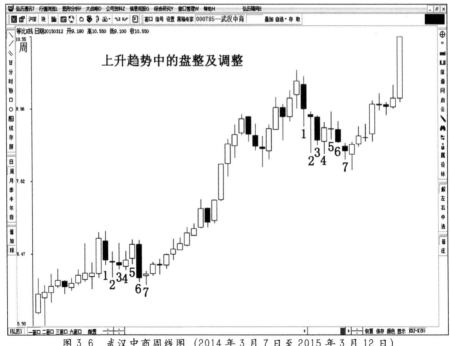

图 3.6　武汉中商周线图（2014 年 3 月 7 日至 2015 年 3 月 12 日）

在 2014 年 5 月份横盘整理，整理时间正好为 7 周，7 周之后，股价开始上涨。在 2014 年 12 月出现中期调整，调整时间也为 7 周。

案例解析

图 3.7 为上证指数 2000 年 5 月 31 日至 2009 年 7 月 31 日月线图，上证指数在 2001 年走出了历史性高点 2245 点。2001 年至 2007 年期间包括 5 年的熊市和 2 年的牛市。其间高点和低点出现的位置都在 7 的倍数时间产生变盘。

看懂周期，方可立足长远，展望未来。眼光越长远，胸怀越宽阔。了解周期，看懂周期，做好周期，这是三个层次。

看懂分时，抢个涨停。

看懂日线，做个波段。

看懂周线，赚个中线。

看懂月线，获利趋势。

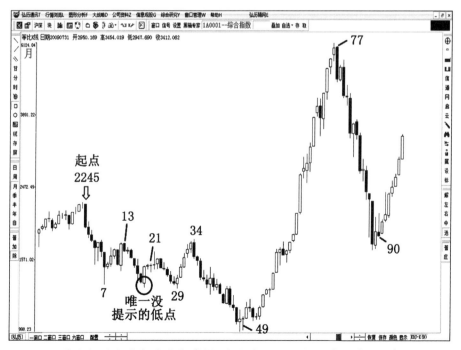

图 3.7 上证指数月线图（2000 年 5 月 31 日至 2009 年 7 月 31 日）

看懂循环，盈利一生。

现在，我们再来看中国股市历史上诡异的 7 年规律。按照一个超级循环为 30 年来计算，中国上证交易所从 1990 年 12 月 19 日开市，从时间来看，1990 年交易时间短，1991 年为股市真正的第一年。第 1 个 30 年的超级大循环为 1991 年至 2020 年，把它平分，分别为 15 年，以 2005 年为分界点。

现在来看上证指数的月线图，我们划分两个阶段分析，第 1 个阶段以 1991 年为起点，第 2 个阶段以 2005 年为起点。如图 3.8。

案例解析

图 3.8 为上证指数 1990 年 12 月份至 2015 年 3 月份月线图。图中 A 点和 a 点为前后半循环圆的起始时间，大家可以前后对比来看规律。AB 快速上涨，2 年时间从 95 点涨到 1558 点。ab 同样为快速上涨，同样经历 2 年的时间，从 998 点涨到 6124 点。BC 为单边快速

图 3.8　上证指数月线图（1990 年 12 月份至 2015 年 3 月份）

下跌，bc 快速下跌 1 年，从 6124 点跌到 1664 点。ac 为后半循环圆的第 1 循环，前后同属于急涨急跌。

CD 反弹未创 B 点新高，cd 反弹也未创出 b 点新高，两者相同。

DE 和 de 段点位回落，两者同样都未创新低，都接近前波上涨的 0.382 位置。

EF 点位再次上涨，但是，没有创出新高，其后，指数开始下跌。再来看 ef，我们发现同样没有创出新高。

FG 下跌，略微跌破前低点 E 点，fg 同样为下跌，跌破了前低点 e。

DG 和 dg 都是三浪调整，两者略有差别，前期是平台调整，后期是"之"字形调整。GH 正式拉开了上涨的序幕，那么，g 点的上涨会拉升上涨吗？

深入研究，C 点为上证指数前半循环圆的第 2 个循环起点。CJ 牛市上涨，Ja 熊市下跌。CJ 上升分为五浪上涨，Ja 为三浪下跌，Ca 组成了第 2 循环的八浪循环。在上涨五浪中，第二浪和第四浪都为平台三浪调整。如 CD 为第二循环的第一浪上涨，DG 为第二浪调整，GH 为第三浪的上涨，HI 为第四浪调整，IJ 为第五浪的上涨。其中第三浪 GH 比第一浪 CD 上涨时间更长，上涨的空间更大。

c 点为上证指数后半循环圆第 2 循环的起点，cd 为上涨趋势中的第一浪，dg 为第二浪调整。

图中正好为第 2 循环第三浪的上涨，上涨未结束，一旦牛市见顶，将如 Ja 的长期下跌。AJ 上涨了 10 年，Ja 下跌了 5 年。前半循环圆和后半循环圆已经重演 7 年了，后期还会继续重演吗？

据此预测：a 点所在的 2005 年往后 10 年将为高点，即 2015 年为牛市顶部，未来熊市下跌分三浪，并且一浪比一浪低，并且下跌 5 年，将于 2020 年见底。

现在我们还认为股市很神秘吗？当我们发现了重演规律，股市竟变得如此简单。面对股市的不断重演，股民醒悟的速度，决定了他是先知先觉、后知后觉，还是不知不觉。

周期循环在很多理论中都有描述，道氏理论讲到历史会重演，但不是简单地重复。当我们研究、分析、总结股票的以往历史记录，就可以根据以往的历史记录预测股票的未来。研究历史，总结规律，谁能第一时间发现历史定律，谁就能预测未来。

第三节 1年周期循环

自然界的万事万物都必须遵循规律。地球围绕太阳公转，运行一圈的时间为1年。月亮围绕地球转，运行一圈的时间为1个月。地球自转一圈的时间为1日。太阳、地球、月亮三者之间的运行，不断延续，并且所花费的时间也保持一定规律，于是自然界出现了季节性周期、规律和规则。这种波动主要体现在四方面：循环、和谐、韵律、比例。

1年周期循环规律

地球每围绕太阳公转一圈的时间为1年，年复一年。1年是重要的节点，上市公司以年报表为考核标准，股市中机构、主力等群体盈利也是以年利润来计算的，主力在操作股票时大多也以1年为周期。像中青宝在2013年涨了1年，涨幅为1200%，2014年就不再上涨。可见，股市中1年是非常重要的时间周期。掌握1年的周期规律，在投资中更能占先机。

10年可视为一个长期循环，非常重要，它的组成主要可以分为5加5年和2.5年加7.5年两种情况，而2.5年的走势，主要是以1年为周期，掌握了1年的规律，就等于把握了2.5年周期的市场。1年的周期循环有三个规律。

» 规律一：52是1年周期中重要的变盘数字

1年有365天，1周为7天，1年就有52周。52这个数字是1周年中非常重要的变盘数字。

当从一个高点或低点开始，运行"52"的时候，最容易产生股价转折。在1年周期中，除了52以外，还有13和42，也是重要的变盘数字。

案例解析

图3.9为上证指数2010年3月2日至2011年5月6日日线图。2010年4月16日股指期货出台交易，上证指数开始了大幅度下跌，如图3.9中的a点位置，在2010年7月2日见最低点2319点，为图3.9中的b点，下跌时间正好为52个交易日。从低点b点到c点正好为52个交易日。从c点到d点为34个交易日，约为52的5/8。低点b点到高点d点共86个交易日，约为52的（1+5/8）。从2010年

图3.9　上证指数日线图（2010年3月2日至2011年5月6日）

11月11日的最高点3186点（d）到2011年1月25日的2661低点（e），相隔时间也是52个交易日。从2661点（e）反弹到4月18日的3067点（f），反弹时间也正好为52个交易日。在这1年的时间内，出现了4次"52"的转折点。

》规律二：52的八等分是重要的时间窗

如果把1年52周的循环看成一个圆，把这个圆的360°按照二等分、三等分、四等分和八等分划分，1年的重要变盘时间周就比较明显了。其中，13周、26周、39周和52周为四等分点，八等分每份的时间为6.5周，大约32.5个交易日，接近于神奇数字34。具体如图3.10。

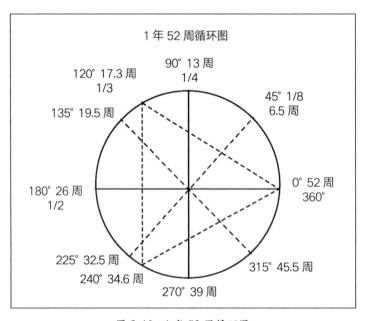

图3.10　1年52周循环图

上证指数2007年10月16日见顶6124点，之后在1664点见底，见底时间为2008年10月28日，两者相隔时间约53周。在其后的几年内，股指的有些高低点也非常有意思。如图3.11。

案例解析

图 3.11 为上证指数 2007 年 8 月 17 日至 2011 年 1 月 14 日周线图。1991 年开始至 2000 年为中国股市的第 1 个 10 年。2001 年至 2010 年为中国股市的第 2 个 10 年。上证指数从 2001 年下跌了 5 年，然后，上涨了约 2 年，至 2007 年 10 月份，形成了顶顶循环。那么，这个 10 年只剩下了 2.5 年时间，2.5 年的市场会遵循 1 年周期规律运行。

自 2007 年 10 月份的 6124 点开始一轮熊市下跌，在其后 4 年的顶底之间遵循一个规律：

从 6124 点开始到 1664 点，经历时间为 53 周。离 52 周只相差 1 根 K 线。

从 1664 点上涨到 3478 点顶点，股指上涨 39 周（52×3/4=39 周）。

从 3478 点顶点到 2890 点低点，两者相隔 26 周（52×2/4=26 周）。

图 3.11　上证指数周线图（2007 年 8 月 17 日至 2011 年 1 月 14 日）

从 3478 点顶点到 2319 点低点，两者相隔 46 周（52×7/8=45.5周）。

从 2319 点上涨到 3186 点高点，股票上涨 19 周（52×3/8=19.5周）。

2007 年至 2010 年三年期间，上证指数的高低点时间都与 52 相关。为什么是 52？地球绕太阳公转周期的时间为 365.24 天，为 52 周，周而复始。这个来自宇宙天体之间的运动规律，在股市中也显得非常神奇。

» 规律三：1 月份、4 月份、6 月份、7 月份和 11 月份是重要的转折月

地球围绕太阳按照椭圆形轨道旋转，两者之间必然存在最近和最远的距离，这就是地球公转中的近日点和远日点。近日点和远日点通常分布在 1 月份和 7 月份，这是两个极限位置，在这两个月份通常容易出现转折。

案例解析

图 3.12 为上证指数 2005 年至 2008 年日线图。上证指数在 2005年至 2007 年的大牛市中，从 998 点到 6124 点，出现了 5 次中级调整和 1 次反弹。这几次转折时间要么在 1 月份，要么在 7 月份，并且两者交替出现，每半年为一个调整周期。具体如图 3.12 所示。

除了 1 月份和 7 月份之外，4 月份和 11 月份出现的转折也比较多。具体会在后文章节详细讲解。

图 3.12　上证指数日线图（2005 年 4 月 4 日至 2008 年 1 月 29 日）

案例解析

图 3.13 为上证指数 2010 年 3 月 11 日至 2011 年 5 月 19 日日线图。在 2010 年 4 月份因股指期货上市交易，上证指数出现了阶段性高点，又因为股指期货的做空机制，市场出现了快速暴跌，此波下跌持续了约 3 个月的时间，下跌延续到了 7 月份，在 2319 点最终见底。其后，展开上涨行情，在 11 月 11 日"光棍节"出现了高点 3186 点。在 2011 年 1 月 25 日再次出现了阶段性的低点，在 4 月 18 日出现了阶段性高点 3067 点。在一年的时间中，出现了 5 个重要的高低点，它们出现的时间在 1 月份、4 月份、7 月份、11 月份，由此可见，这些月份是一年中重要的变盘月份。

图3.13　上证指数日线图（2010年3月11日至2011年5月19日）

第四节　主力操盘循环

年为周期，深入人心。很多机构、主力在操盘时，也经常利用这种节奏，以1年为周期操盘。

主力操盘的基本原理是利用市场运动的某些规律性，通过控制股价使自己获利。低吸高抛是所有主力都遵守的一种路线。

操盘过程通常分为建仓、拉升、出货三个大阶段。

第一阶段为建仓阶段，为主力吸筹建仓的过程。建仓之前主力通常利用大盘下跌和利空打压股价，在低位吸收市场中便宜的筹码。建仓完毕之后，通常会有一个洗盘的行为，主要目的是洗掉低位跟风的市场筹码。

第二阶段为拉升阶段。经建仓和洗盘后，主力大量买入，成交量放大，拉抬价格。K线图上低点依次抬高，高点也依次抬高。在短短数月时间内快速拉升股价，实现自己的利润，甚至出现涨停连板拉升。拉升和洗盘在此阶段会反复出现，经过数波的上涨拉升，打开上涨的空间，实现翻倍。

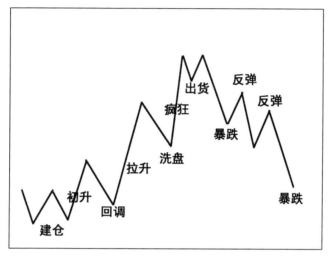

图3.14　主力操盘循环图

第三阶段出货。主力目的是高位派发筹码，将利润落袋为安。行情在绝望中产生，在犹豫中上涨，在疯狂中结束。主力利用上涨末期投资者疯狂做多的时候，反而在高位隐蔽性出货，且为能顺利、稳定出货，常在高位做出中期顶部形态，争取充足时间卖出股票。

主力为了实现自己的目标，通常会详细计划，制作操盘路线，并在不同的时间点、不同的阶段制订不同的操作策略，最终实现目标。下面我们以每月为研究节点，踩准节奏，与"庄"共舞。

1月份：过渡月。有些主力上年度获利了结，正在修整阶段。通常主力不会以大资金操盘，小部分主力可能会小试牛刀。通常，1月份为春节前期，为转折变盘月。通常前期下跌，转折上涨概率高。前期上涨，容易转折下跌。如果前期下跌，元旦后第一个交易日转折向上概率高，是买入好时机。变盘时间主要在月初和月底。

2月份：春节多在此月份。春节休市，主力会沿着1月份涨跌方向延续。股指不会出现大起大落，通常在春节前的1周至2周出现春节红包行情。

3月份：择股建仓月。是择股和建仓时的好时机，建仓完的主力拉抬价格。3月上半月是"两会"时间，这个阶段需聆听国家领导人讲话，关注国家政策消息，主力往往从政策中找到投资题材和概念。比如2018年"两会"期间领导层提出了独角兽概念，相关概念股连续涨停。

4月份：变盘月。主力完成建仓后初步拉升，转而调整，清洗跟风筹码。此时间段通常是主力完成初升阶段末期，多数股票容易见高回落。主力拉升后准备洗盘，故4月易见高点，为重要转折月。

"五穷六绝七翻身"：洗盘月。5月份、6月份通常容易下跌，而这种下跌通常要到7月份才结束。主力借助价格回撤，洗掉跟风筹码，同时，将追高投资者套牢于高位，提前锁死追高投资者筹码，利于后期股价上涨和拉升。7月是最重要的转折月，7月前下跌，就是买点，7月前上涨就是卖点。

8月份至10月份：拉升月，主力拉升股价的最佳时机。俗话说：金九银十。金秋收获时，8月份至10月份是涨停连板高峰期，"妖股"频现，这3个月是捉"妖股"的好时节。

11月份和12月份：出货月，主力获利了结阶段。经前10月的操盘，主力达成了上涨空间，准备派发出货，落袋为安，功成身退，待第二年择股再操盘。其间常出现利润不够理想的主力趁年度最后时机加速拉升股票，完成目标。部分主力在此期间提前建仓第二年的股票。

因时而进、因势而新，先大后小，主力在操盘时也会进行操盘计划修改和调整，操盘时间上可能提前或延后，以此来更好地顺势而为。不同主力操作习惯各异，具体实施上略有差异。

综上，主力操盘总体分为四个阶段：

第一阶段（第一季度）：选股建仓阶段。

第二阶段（第二季度）：初始拉升阶段，小荷才露尖尖角。

第三阶段（第三季度）：疯狂拉升阶段，涨停连板成"妖"时。

第四阶段（第四季度）：获利派发阶段。

在主力运作中，真作假时假亦真，假作真时真亦假。主力操盘不是一味拉升价格，会伴随次级调整和短线洗盘。而短期高点和低点常发生在节气周期日。在后面的章节中，再为读者解惑。

第五节　牛市板块轮动与周期

股票板块通常按行业、概念、地区分类。其中行业是根据上市公司所从事的领域划分的，比如钢铁、纺织、医药等；地区主要是根据省份划分的；概念是根据权重、热点、特色题材等划分的。

概念板块包括的行业：

金融：银行、证券、保险、基金、信托、多元金融和互联网金融。

可选消费：家用电器、医疗保健、汽车类（汽车整车、汽车配件、汽车服务和摩托车）、家居用品、医药（化学制药、生物制药、中成药）。

制造：航空航天、船舶、运输设备、通用机械、工业机械、电气设备、工程机械和电气仪表。

能源：煤炭、焦炭加工、电力（水力发电、火力发电、新型电力）、石油（石油开采、石油加工和石油贸易）。

资源：钢铁、有色（铜、铅、铝、锌、黄金、小金属）、化纤、化工（化工原料、农药化肥、塑料、橡胶和燃料涂料）、建材（陶瓷、水泥、玻璃）、造纸、矿物制品。

公共事业：水务、电信运营、供气供热（电力、火力、热电）、环境保护、公共交通（港口、高速公路、公交、航空运输、机场、铁路运输、物流）。

消费品：日用化工、农林牧渔、纺织服装、食品饮料、酿酒（白酒、啤酒、红黄药酒）、家电。

房地产：建筑施工、装修装饰、房地产区域地产、园区开发、房产服务。

医药：化学制药、中药、生物制品、医药商业、医疗器械、医疗服务。

社会服务：传媒娱乐（出版业、影视音像）、广告包装、文教休闲、酒店餐饮、旅游。

信息产业：电脑设备、通信设备、半导体、元器件、软件服务、互联网。

板块主旋律是轮动与周期

没有永远强势的板块，也没有只涨不跌的板块，它们会呈现轮动。总结历次行情，通常遵循：权重股止跌，小盘绩优股反弹快速上涨，二线蓝筹股轮番表演，垃圾股开始反弹，题材股活跃，权重股盘

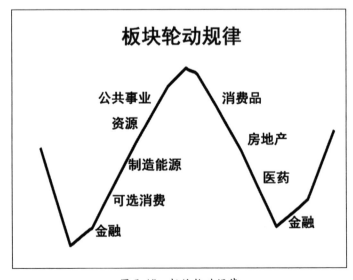

图 3.15　板块轮动规律

整，个股进入普涨阶段，之后小盘绩优股滞涨，二线蓝筹股滞涨，最后权重股补涨和鸡犬升天。

不管牛市还是熊市，资金一直在炒作和交易，只是牛市的热点更加明显，而熊市中普遍下跌，板块的持续性也弱，更多的是龙头个股的炒作。如果以牛市开始到熊市结束一个循环来定义板块的热点，在熊市止跌、牛市起始阶段，首先是金融板块打头。因为国家的政策调控和利好往往会与金融业相关。股市牛市来，券商业绩就会好。之后的顺序是可选消费、制造能源、资源、公共事业，这一轮涨完，牛市差不多到头了。牛市转为熊市，熊市下跌的炒作顺序为消费品、房地产、医药、金融。

案例解析

图 3.16 为 2005 年 4 月 27 日至 2007 年 12 月 21 日上证指数日线图。2005 年至 2007 年的超级大牛市中，从 998 点涨到 6124 点，这

图 3.16　上证指数日线图 (2005 年 4 月 27 日至 2007 年 12 月 21 日)

波牛市可总结为三个阶段：

第一阶段：2005 年 12 月份至 2006 年 7 月份

券商、有色"暴动"，沪指涨幅 50% 左右，沪深 300 涨 87%，中小板涨 50%。

第二阶段：2006 年 8 月份至 2007 年 5 月份

牛市全方位正式启动，市场普涨，散户疯狂，沪指涨幅达 58.6%。在这一阶段里，牛市一开始出现了二八分化的行情。大盘权重股成为领头羊，金融和地产成为急先锋，涨幅超过 100% 的 16 只股票中，地产占据半壁江山。

第三阶段：2007 年 7 月份至 2007 年 10 月份

牛市的第三波行情开始展开。主要是蓝筹股的带动，成交量萎缩。大多数股票从 2007 年 5 月 30 日开始做顶，经过 3 至 6 个月的盘整，出货完毕。10 月 16 日上证指数见顶下跌。

在 2017 年，首先是消费板块上涨，主要体现在白酒行业和空调行业。贵州茅台一路上涨到 792 元，白酒个股普遍翻倍。美的、格力电器翻倍上涨。2017 年四季度地产股超跌反弹，泰禾集团、荣安地产连续涨停拉升。2018 年上半年医药股上涨。

板块炒作与国家的政策、题材概念、资金的流向等息息相关。因地制宜、随机应变才能捕捉热点。跟随热点才能快速赚钱，热点会转移和轮动，故需要制定交易策略，避免"坐电梯"。

第四章　节气周期

2006 年 5 月 20 日,"二十四节气"作为民俗项目经国务院批准列入第一批国家级非物质文化遗产名录,被气象界誉为"中国的第五大发明"。之后,将中国"二十四节气——中国人通过观察太阳周年运动而形成的时间知识体系及其实践"列入联合国教科文组织人类非物质文化遗产代表作名录。

第一节　二十四节气由来

二十四节气是中国古代订立的一种用来指导农事的补充历法,反映了太阳的周年视运动,古人依此来进行农事活动。

二十四节气之说起源于黄河流域。远在春秋时代,就定出了仲春、仲夏、仲秋和仲冬等四个节气。以后不断地改进与完善,公元前 104 年,由邓平等制定的《太初历》,正式把二十四节气纳入历法,明确了二十四节气对应的天文位置。

二十四节气由来

二十四节气具有周期性、循环性,每年又有唯一性,以年为周期循环,股市的周期循环规律与其相符合。可以用一首节气歌来概括二十四节气：

> 春雨惊春清谷天，夏满芒夏暑相连。
>
> 秋处露秋寒霜降，冬雪雪冬小大寒。
>
> 每月两节不变更，最多相差一两天。
>
> 上半年来六二一，下半年来八二三。

二十四节气反映了太阳的周年视运动。各节气在现行的公历中日期基本固定，上半年在6日、21日，下半年在8日、23日，前后相差1至2天。

二十四节气是一个统称，其中包括十二个节（节令）和十二个气（中气），每月有一"节"与一"气"，此乃节气，也称气节。"节"为月之始，"气"的最后一日为月之终。

表4.1　二十四节气时间表

二十四节气时间表			
春	立春	雨水	惊蛰
	春分	清明	谷雨
夏	立夏	小满	芒种
	夏至	小暑	大暑
秋	立秋	处暑	白露
	秋分	寒露	霜降
冬	立冬	小雪	大雪
	冬至	小寒	大寒

中气和节令相间排列。从春分起十二个中气分别是春分、谷雨、小满、夏至、大暑、处暑、秋分、霜降、小雪、冬至、大寒和雨水，分属于十二个以地支排列的月份。春分后的节令是清明，其后的节令

表4.2 回归年、朔望月和二十四节气对应表

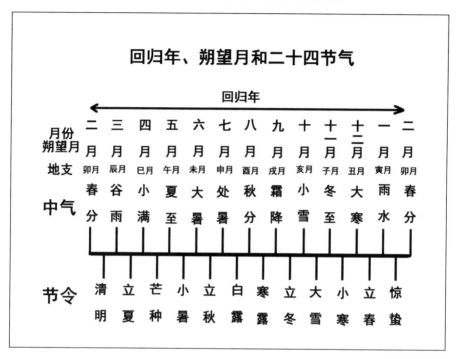

依次是立夏、芒种、小暑、立秋、白露、寒露、立冬、大雪、小寒、立春和惊蛰。

节气与黄道位置

二十四节气反映了太阳的周年视运动,二十四节气是根据太阳在黄道(即地球绕太阳公转的轨道)上的相对位置来划分的。视太阳从春分点(黄经零度,此刻太阳垂直照射赤道)出发,每前进15°为一个节气;运行一周又回到春分点,每年运行360°,为一回归年,因此分为24个节气,每月2个。笔者对二十四节气和股市自身规律综合考量后,归纳了股市二十四节气变盘时间,具体如下:

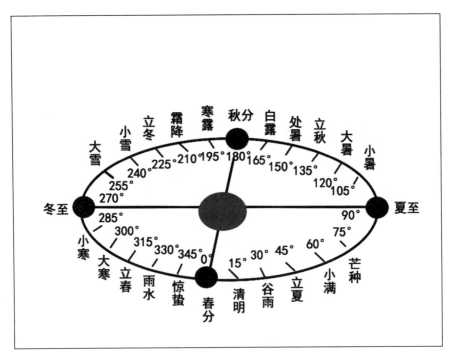

图 4.1　二十四节气中太阳在黄道上的位置变化图

» 春季

立春　太阳位于黄经 315°，节气变盘时间 2 月 4 日

雨水　太阳位于黄经 330°，节气变盘时间 2 月 19 日

惊蛰　太阳位于黄经 345°，节气变盘时间 3 月 6 日

春分　太阳位于黄经 0°，节气变盘时间 3 月 21 日

清明　太阳位于黄经 15°，节气变盘时间 4 月 4 日

谷雨　太阳位于黄经 30°，节气变盘时间 4 月 19 日

» 夏季

立夏　太阳位于黄经 45°，节气变盘时间 5 月 5 日

小满　太阳位于黄经 60°，节气变盘时间 5 月 21 日

芒种　太阳位于黄经 75°，节气变盘时间 6 月 6 日

夏至　太阳位于黄经 90°，节气变盘时间 6 月 21 日

小暑　太阳位于黄经 105°，节气变盘时间 7 月 7 日

大暑　太阳位于黄经 120°，节气变盘时间 7 月 21 日

» 秋季

立秋　太阳位于黄经 135°，节气变盘时间 8 月 8 日

处暑　太阳位于黄经 150°，节气变盘时间 8 月 23 日

白露　太阳位于黄经 165°，节气变盘时间 9 月 9 日

秋分　太阳位于黄经 180°，节气变盘时间 9 月 22 日

寒露　太阳位于黄经 195°，节气变盘时间 10 月 8 日

霜降　太阳位于黄经 210°，节气变盘时间 10 月 23 日

» 冬季

立冬　太阳位于黄经 225°，节气变盘时间 11 月 8 日

小雪　太阳位于黄经 240°，节气变盘时间 11 月 22 日

大雪　太阳位于黄经 255°，节气变盘时间 12 月 8 日

冬至　太阳位于黄经 270°，节气变盘时间 12 月 21 日

小寒　太阳位于黄经 285°，节气变盘时间 1 月 5 日

大寒　太阳位于黄经 300°，节气变盘时间 1 月 21 日

二十四节气含义

下面是一些关于二十四节气的注解，括号内加入了对应的上证指数的相关走势。

立春：立是开始的意思，立春就是春季的开始（一般这个时候是春节长假，没有交易）。

雨水：降雨开始，雨量渐增（一般这个时候出现的机会较少）。

惊蛰：蛰是藏的意思。惊蛰是指春雷乍动，惊醒了蛰伏在土中冬眠的动物（由于前两个节气机会较少出现，所以这个节气成为最重要的节气之一，这时常出现重大拐点，如 2006 年、2007 年转折向上，2008 年转折向下，等等）。

春分：分是平分的意思。春分表示昼夜平分（过渡性拐点）。

清明：天气晴朗，草木繁茂（过渡性拐点）。

谷雨：雨生百谷。雨量充足而及时，谷类作物能茁壮成长（一般出现时间周期的拐点）。

立夏：夏季的开始（常出现大级别拐点，包括时间周期拐点和大盘拐点）。

小满：麦类等夏熟作物籽粒开始饱满（过渡性拐点）。

芒种：麦类等有芒作物成熟（一般出现时间周期的拐点）。

夏至：炎热的夏天来临（过渡性拐点）。

小暑：气候开始炎热（过渡性拐点）。

大暑：一年中最热的时候（常出现大级别拐点，包括时间周期拐点和大盘拐点）。

立秋：秋季的开始（小周期拐点或小级别拐点）。

处暑：处是终止、躲藏的意思。处暑是表示炎热的暑天结束（中级别拐点）。

白露：天气转凉，露凝而白（中级别转折）。

秋分：昼夜平分（过渡性拐点较多）。

寒露：露水已寒，将要结冰（过渡性拐点较多）。

霜降：天气渐冷，开始有霜（过渡性拐点较多）。

立冬：冬季的开始（比较杂，各种拐点都出现过）。

小雪：开始下雪（过渡性拐点较多）。

大雪：降雪量增多，地面可能积雪（过渡性拐点较多）。

冬至：寒冷的冬天来临（时间周期拐点居多）。

小寒：气候开始寒冷（过渡性拐点较多）。

大寒：一年中最寒冷的时候（中级趋势和时间周期拐点居多）。

气候、季节等自然变化常影响人的心态，而心态将影响投资行为。节气周期指标可以从时间角度来阐述市场的变化。

第二节　节气与变盘

江恩的预测理论有相当一部分与天体运动、节气周期有关，例如江恩的八分法，江恩三角形、四方图、六边形，江恩的轮中轮等都与节气周期有关联。学会了节气周期也就学会了预测。

学会了节气周期，就算只看日历也会炒股

2014 年 6 月 7 日至 11 日，弘历公司的第一届博股国际金融论坛在北京的九华山庄举办，特邀了郎咸平博士、凯恩斯博主等国内外知名人士，汤姆·迪马克因有事未到现场。博股课堂上，笔者讲述了节气周期对股市的影响，并且在现场预测了当时中国股市的未来两个月的变盘日，后期上证指数如期变盘。当时笔者的口号是"学会了节气周期，就是看日历我们也会预测未来"。

课堂上笔者提出了如下五个预测：

1．2014 年 6 月 23 日有望见低点。

2．7 月份的第一波变盘日为 7 月 10 日。

3．8 月份的变盘时间为 8 月 20 日和 8 月 27 日。

4．9 月份的最重要的变盘日为 9 月 22 日。

5．10 月份的变盘日最重要的是 10 月份的第 1 个交易日 10 月 8 日。

这是当时笔者在课堂上当着 300 多位观众进行的预测。现在我们简单回顾一下，用一张图表示。

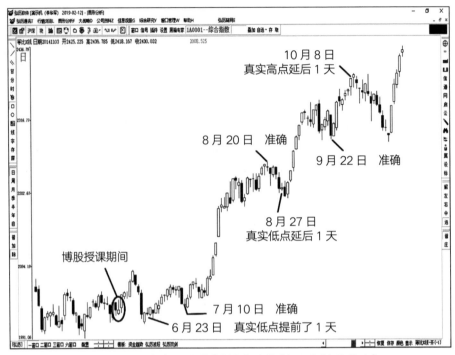

图 4.2　上证指数日线图 (2014 年 4 月 24 日至 11 月 3 日)

　　我们在对股市顶底的分析中发现，上证指数绝大多数的波段顶底都在二十四节气时间的前后，可见节气有很重要的参考价值。

案例解析

　　图 4.3 中上证指数于 2018 年小暑在低位走出一根长下影线的阳线。股指转折向上，此次反弹分为两小波，最终在大暑节气结束了反弹，大暑成为一个转折向下的变盘点，快速下跌，立秋当日收大阳，短期上涨了 3 天，终结了急跌。在处暑也出现了小幅上涨。

图 4.3 上证指数日线图（2018 年 7 月 16 日至 9 月 6 日）

节气周期的使用技巧

1. 节气周期指标反映市场短期价格变盘方向

节气周期指标是一个短线指标，每月两个节气，相邻指标通常相差 10 个交易日左右。对于短线的提示非常迅捷和有效。

案例解析

图 4.4 为上证指数 2010 年 5 月 28 日至 11 月 23 日日线图。在图中标出了在这段时间出现的节气，从图中可以看到，这些节气周期出现的位置，大多数产生了短期变盘，其中的小暑和立冬两个节气转折级别为中期变盘。

图 4.4 上证指数日线图 (2010 年 5 月 28 日至 11 月 23 日)

2. 节气周期在价格上的体现主要为转折变盘与加速变盘

转折变盘就是在某天价格出现了原有趋势的转折，向相反方向运作。加速变盘为原有趋势的继续，趋势将进入加速阶段。

3. 单边 2 至 3 个节气累积变盘

在强势市场中，多空双方呈现单边绝对强势，节气周期会累积 2 至 3 个后才引发市场的改变。例如在多方趋于单边绝对强势时，价格上涨 2 至 3 个节气才会转折。反之，则需要下跌 2 至 3 个节气才能转折。震荡市场中，节气周期容易发生转折变盘。

图 4.5 上证指数日线图（2018 年 4 月 9 日至 8 月 15 日）

案例解析

上证指数 2018 年处于熊市下跌，在谷雨阶段性反弹，本次反弹时间比较长，反弹经过了立夏和小满 2 个节气，小满成为阶段性高点。之后空方再次发起了单边下跌，此次下跌经过了芒种、夏至和小暑 3 个节气，在小暑真正产生反弹。所以，在空方单方向暴跌的情况下，往往要下跌至第 3 个节气才是买点。反之，在多方占优势的情况下，往往上涨 3 个节气才是真正的阶段高点。

二十四节气所对应的波动和转折中，尤其春分、夏至、秋分、冬至前后一两天变盘的概率比较大。

节气周期转折级别

节气周期指标可以反映市场短期价格变盘方向，然而不是每一个节气都会发生变盘。笔者总结了节气周期对股市影响的大小，节气周期转折点可以分为过渡性拐点、小级别拐点、中级别拐点和重要性拐点四类。

过渡性拐点：春分、清明、小满、立夏、小暑、秋分、寒露、霜降、小雪、大雪、小寒、谷雨

小级别拐点：立秋、雨水、芒种

中级别拐点：处暑、大寒、白露

重要性拐点：惊蛰、大暑、立冬、冬至

节气周期注意事项

1. 指数和所有个股的节气将会在同一天出现。

2. 节气周期只在日线上适用。在 60 分钟、30 分钟等分钟线没有提示节气周期。因为 1 个月有 2 个节气，平均 2 周 1 个节气，所以，节气周期也不适合在周线上使用。

3. 节气周期如果在节假日无交易，可以推后到下个交易日。

4. 节气周期指标不是一个交易决策指标，在使用这个指标的时候，最好能结合其他指标进行研判。

二十四节气有点复杂，怎么化繁为简，追求最核心、最有效的节气周期？欲知后事如何，请听下一节分解。

第三节　八极变盘

我国古代最重八节。所谓八节，指二十四节气中更为重要的八个节气，它们是"二至""二分""四立"。所谓"二至"是夏至、冬至，"二分"指的是春分、秋分，"四立"指的是立春、立夏、立秋、立冬。八节居周天圆八等分点，故古人又称八节为八极、八卦。

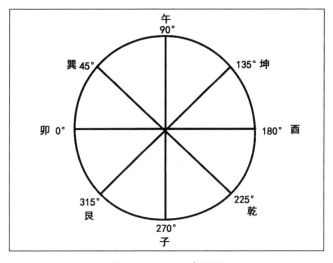

图 4.6　周天公度圆图

干支八卦是从阴阳概念而来的。夏至，日行北陆，昼长夜短，阳之至极。阳极必生阴，故称"夏至阴生"。冬至，为阴之至极。阴极必生阳，故称"冬至阳生"。春分与秋分，昼夜平均而阴阳平衡，故称"阴阳相半"。

易有太极，太极生两仪，两仪生四象，四象生八卦。夏至到冬至，为阴生阳消阶段，故称阴仪。子午经线将阴极生阳、阳极生阴的

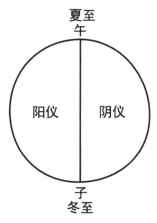

图 4.7　阴阳相半

过程体现得淋漓尽致。将周天公度圆图360°一分为二，则阳仪与阴仪各占180°，所以，在股市、期货、外汇市场至180°必然变盘，180°的变盘有两种理解。

其一，是每年的夏至和冬至两日容易产生重要变盘。

其二，从一个重要高点或低点开始，其后的180个单元是重要的变盘点。

案例解析

2017年5月17日上证指数终于结束了中期调整，当日走出最低点3016点，震荡慢牛开始了，一直涨了5个月，直到11月份，才出现了一个中期调整。在2018年1月突破了横盘平台，在元旦之后，上证指数在四大银行的拉动下，单边快速上涨，出现了18连阳。在1月29日最高达到3587点。单边疯狂拉升必然转为疯狂下跌，2018

图4.8 上证指数日线图（2017年4月至2018年2月）

年的下跌就此开始了。如果从时间的角度来看，2017 年 5 月 17 日至 2018 年 1 月 29 日正好印证了 180° 变盘规律。如图 4.8。

案例解析

上证指数在 2008 年的低点 1664 点至 3478 点的这波牛市中，整个这波行情上涨的时间为 190 个交易日，比 180 只多出 10 个交易日。

两仪生四象，四象每一象为 90°，四象占据四正方，对应子午卯酉，故 90° 也易变盘。

四象节气引发了上证指数的多次转折，多数是中级级别以上的转折。即每年的春分、夏至、秋分和冬至 4 个节气，是一年中的最重要的转折点。

图 4.9　上证指数日线图（2008 年 9 月 9 日至 2009 年 8 月 31 日）

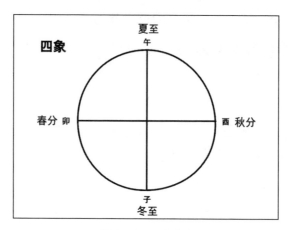

图 4.10 四象节气

案例解析

图 4.11 统计了上证指数 2016 年中的四象四节气走势，春分虽然不是高点，但终结快速上涨，是一个滞涨的高点。夏至、秋分和冬至都为回调的低点，2016 年此四个节气，都成为重要的转折点。

图 4.11　上证指数日线图（2016 年 1 月 15 日至 2017 年 2 月 23 日）

案例解析

2018 年上证指数总体下跌的过程中，出现了几次不错的次级反弹，其中两个反弹高点正好落在春分和秋分 2 个节气点。9 月 22 日至 24 日休市，变盘提前到 9 月 21 日。如图 4.12 所示。

图 4.12　上证指数日线图（2018 年 1 月 18 日至 10 月 26 日）

节气周期不仅在指数上适用，在个股上同样适用。下面我们以中国石油为例进行说明。

案例解析

中国石油在图 4.13 中以重要的顶部和底部往后数 K 线，有三个区间的时间非常接近 90，分别是 88（相差 2 天）、95（相差 5 天）、92（相差 2 天）。说明个股也容易出现"90"规律的变盘。需要说明的是，"90"规律中间是可以出现拐点的。

可以说，"二至"和"二分"是二十四节气中最核心的节气。但

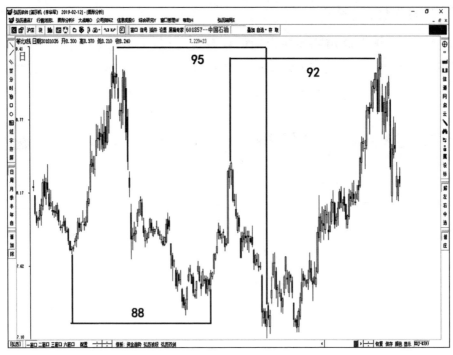

图 4.13　中国石油日线图（2017 年 11 月 14 日至 2018 年 10 月 26 日）

如果只看这四个，就显得有些稀少，3 个月才出现一个，但是没有关系，正所谓：易有太极，太极生两仪，两仪生四象，四象生八卦。下面我们来了解八卦（又称八节、八极）对股市的影响。

第四节　未来预测未来

中国古代传统理论认为，日月星辰视运动皆可统一于动态圆形（360°）中加以描述，地球围绕太阳运行一圈需要的时间为一年，每天差不多运行 1°。月亮围绕地球运行一圈需要的时间正好是一个月，每天运行约 13°。

太阳恒星系的天体运动就是一个周期循环，著名的周天公度圆图即为周期模型的典型代表。二十四向即二十四等分，是通过十二条对角线、两个四方形及一个三角形等公度性尺度，将时空结合的周期循环。如图 4.14 所示：

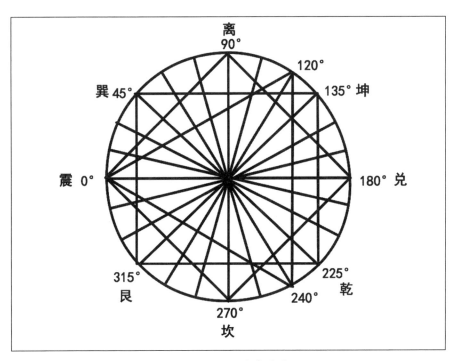

图 4.14　周天公度圆图

　　江恩理论的预测跟这个图非常相似。据说江恩当时在图书馆研究了半年，主要是研究数学、几何学和天文学。江恩理论的预测也借鉴了中国古代文化的理念。请看图片，一目了然。在江恩理论中，更强调八等分的重要性，江恩三角形、江恩四方形、江恩六边形都有关联，如图 4.15。

　　八卦中每一个大节各 45°，八节统周天 360°，夏至（离）90°、冬至（坎）270°、春分（震）0°、秋分（兑）180°占据正四方，立春（艮）315°、立夏（巽）45°、立秋（坤）135°、立冬（乾）225°。如图 4.16 所示：

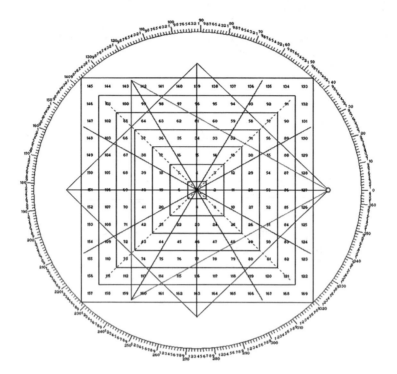

图 4.15　江恩自然正方形预测

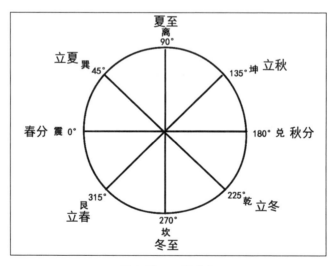

图 4.16　八节度数

　　8个节气是自然二十四节气周期中的核心，也是每年气候、季节发生变化的节气，对人类的生活影响非常大。因为气候的大幅度变化，某些产品有淡季和旺季之分，例如大豆、小麦等自然农产品。所以，这8个节气对股市、期货等的影响也非常明显。每一个节气都是重要转折点。

图 4.17　8 个节气与一般时间图（每年略有变化）

» 八节时间

立春　太阳位于黄经 315°，节气变盘时间 2 月 4 日

春分　太阳位于黄经 0°，节气变盘时间 3 月 21 日

立夏　太阳位于黄经 45°，节气变盘时间 5 月 5 日

夏至　太阳位于黄经 90°，节气变盘时间 6 月 21 日

立秋　太阳位于黄经 135°，节气变盘时间 8 月 8 日

秋分　太阳位于黄经 180°，节气变盘时间 9 月 22 日

立冬　太阳位于黄经 225°，节气变盘时间 11 月 8 日

冬至　太阳位于黄经 270°，节气变盘时间 12 月 21 日

节气周期：未来预测未来

8个节气的时间基本上是固定的，每年也就相差三两天。故，节气周期的变盘都可以提前预测。通过未来的节气周期的变盘，从而对当下做出预测和判断，便达到了预测的第二个境界：未来预测现在。如果再深入研究，8个节气可以实现预测的第三个境界，就是通过未来预测未来。记得在2014年的博股国际论坛课程中，笔者进行了详细讲解。

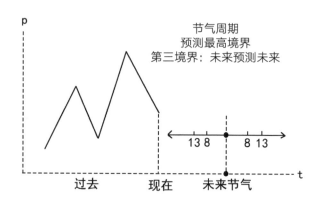

图4.18 节气周期未来预测未来

为了达到第三个境界，需要8个节气周期规律结合斐波那契数列中的神奇数字8、13和21。斐波那契数列在后面章节会详讲，在此不做阐述。此8个节气不只当日的变盘意图非常明确，还隐含一种重要的变盘点。通过大量数据调查和研究，笔者发现了一个神奇的变盘规律：节气向前或向后经历神奇数字容易出现转折点。这些神奇数字主要以8和13居多，5和21次之。如图4.19所示：

案例解析

乐视网在2018年立秋前后结束了暴跌，为缓解暴跌空方打压力

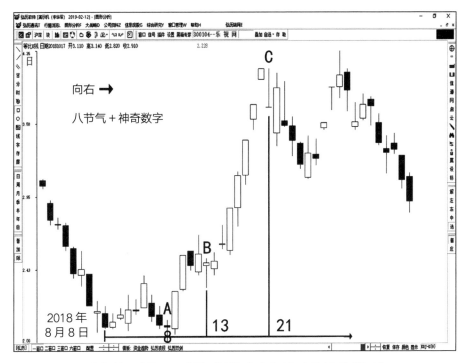

图4.19 乐视网日线图（2018年7月27日至10月17日）

量，首先是小幅度的横盘，很巧合的是时间正好是往后的8个交易日，为图中的A处。13个交易日为过渡，并没有转折（图B处）。图C处的前一天还是涨停，当日开盘直接跌停，虽然盘中价格回到了前一天的收盘价。如果从立秋节气推算，时间正好是第21个交易日，在神奇数字和节气周期的共振之下，产生了大级别转折。

案例解析

上证指数在2018年6月21日夏至日这个节气并没有产生变盘，如图4.20所示。当然，这是表面现象。实际上，夏至产生了4个变盘点，并且还左右对称。6月21日往前推8个交易日为短期高点，前21个交易日为阶段高点。从6月21日往后8个交易日正好为一个低点，后推21个交易日正好为次低点。前推的两个变盘日，包括一个短期变盘和一个中期拐点。后推的两个变盘日，同样包括一个短期变盘和一个中期拐点，非常巧合。

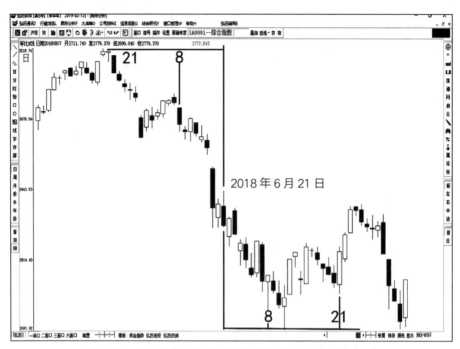

图 4.20　上证指数日线图（2018 年 5 月 3 日至 8 月 7 日）

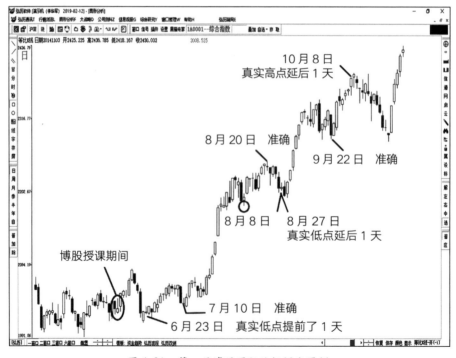

图 4.21　第一届博股国际论坛课堂图例

在弘历公司举办的第一届博股国际论坛课堂上笔者做了 5 个预测，通过这个方法就可知道缘由。

1.2014 年 6 月 23 日有望见低点。解说：6 月 21 日为周六，延后到 6 月 23 日。

2.7 月份的第 1 个变盘日为 7 月 10 日。解说：为 6 月 23 日后的第 13 个交易日。

3.8 月份的变盘时间为 8 月 20 日和 8 月 27 日。解说：分别为 8 月 8 日（八节之一）后的第 8 个和第 13 个交易日。

4.9 月份的最重要的变盘日为 9 月 22 日。解说：9 月 22 日为秋分前后。

5.10 月份的变盘日最重要的是 10 月的第 1 个交易日，即 10 月 8 日。解说：秋分往后的第 8 个交易日。

» 为什么把节气周期与斐波那契数列相结合？

节气周期反映的是天体运动，是自然的规律。斐波那契数列是一组非常神奇的数字，体现的是自然韵律。自然规律和自然韵律相结合，相得益彰。节气周期在明，大家都知道，没有隐蔽性。组合后很多人就不知道了。笔者相信，90% 的读者在未读本书之前是不会这个方法的，这是笔者总结的十三诡异战法之一。

» 节气周期是自然日，斐波那契数列用的是交易日，两者冲突吗？

没错，节气周期是自然日，可以说是固定的时间（误差两三天）。斐波那契数列用的是交易时间，两者结合，股市变得变幻莫测，高深莫测，这就是股市的魅力。例如说，13 个自然日是不变的，但因为有周末和放假休市，13 个交易日的时间又是变化的。股市唯一的不变就是变。

第五节　八节席卷全球

有人会问，中国有二十四节气，其他国家并没有，那么这个方法适合其他国家的股市吗？

二十四节气是中国古人通过很多年统计总结出来的，是历史大智慧，反映的是太阳的周年视运动，二十四节气是根据太阳在黄道（即地球绕太阳公转的轨道）上的位置来划分的。只要在地球上，其他国家也会受到天体运动的影响，也会遵循相应自然规律。同一个太阳底下，没有新鲜的事物。下面我们来看看节气周期在世界指数的效果。

» 美国标准普尔指数

图 4.22　标准普尔指数日线图（2018 年 3 月 28 日至 10 月 11 日）

案例解析

美国标准普尔指数在 2018 年的八节中变盘也非常明显，立夏节气前后（5 月 4 日）大阳线转折上涨。夏至节气（6 月 21 日）没有交易，延续到了 6 月 25 日。立秋节气前后（8 月 8 日）为短期高点，秋分前后（9 月 21 日）为历史转折点。

节气周期的有效性于国外股市不如中国股市，主要是历史和文化的不同所导致的。当然，如果按照笔者所讲的节气周期第三境界预测，即用未来预测未来，效果非常好。

» 美国道琼斯工业指数

图 4.23　道琼斯工业指数日线图（2018 年 5 月 9 日至 10 月 25 日）

案例解析

美国道琼斯工业指数 2018 年夏至日 6 月 21 日并没有变盘。如图 4.23 所示，如果往前推 8 个交易日就是一个阶段高点，即图 4.23 中的 A 处，往后推 5 个交易日就是低点，即图 4.23 中的 B 处。在秋分节气，道琼斯工业指数出现了一个顶部，26769 点。后期略微创出新高，达到了 26951 高点。从时间来看正好是秋分后的第 8 个交易日，成为重要的顶部。

» 中国香港恒生指数

图 4.24　香港恒生指数日线图（2017 年 11 月 24 日至 2018 年 6 月 6 日）

案例解析

图 4.24 为香港恒生指数 2017 年 11 月 24 日至 2018 年 6 月 6 日日线图。香港恒生指数中，如果我们以 2018 年的春分作为预测点，变盘日就像一张蜘蛛网。

向前推：

往前推第 13 个交易日，与图 4.24 中的 C 点误差 1 天；

往前推第 21 个交易日，为图 4.24 中的 B 点，后期滞涨；

往前推第 34 个交易日，为图 4.24 中的 A 点，正好历史大顶。

向后推：

往后推第 8 个交易日，为图 4.24 中的 D 点，短期低点；

往后推第 13 个交易日，为图 4.24 中的 E 点，短期高点；

往后推第 21 个交易日，与图 4.24 中的 F 点误差 1 天；

往后推第 34 个交易日，为图 4.24 中的 H 点。

以 3 月 21 日春分节气开始整个推演，整个恒生指数就像一张蜘蛛网。

» 日经 225 指数

图 4.25　日经 225 指数日线图（2017 年 11 月 15 日至 2018 年 2 月 6 日）

案例解析

图 4.25 为日经 225 指数 2017 年 11 月 15 日至 2018 年 2 月 6 日日线图。日经指数 225 在 2017 年的冬至日 12 月 21 日，往前推 8 个交易日和 13 个交易日，都为短线变盘点。往后推 21 个交易日，与最高点 2018 年 1 月 23 日相差 2 个交易日，之后日经指数出现了大跌，该点成为重要性顶点。

» 新加坡海峡指数

案例解析

新加坡海峡指数在 2018 年的春分和夏至两个节气的变盘表现非

常不错。3月21日往后的8个和21个交易日都产生了变盘，如图4.26
所示。6月21日夏至日这个变盘更加厉害，前推34个交易日正好是
3641点（5月2日）历史大顶部，往后推13个交易日为快速下跌低
点，后推34个交易日为反弹的高点。

图4.26　新加坡海峡指数日线图（2018年3月16日至8月21日）

太阳底下没有新鲜的东西。世界的股市大体是相通的，一个好
的方法是没有国界的。历史上行得通的方法，以后也能继续使用，当
然，需要些小的变通。

第五章　每月神奇四变盘

　　地球围绕太阳转，运行一圈的时间为一年。月亮围绕地球转，运行一圈的时间为一个月。地球自转一天的时间为一天。太阳、地球、月亮三者之间的运行，不断地重复，不断地延续，并且所花费的时间也基本保持相同，于是自然界出现了周期、规律和规则。这种波动主要体现在四方面：循环、和谐、韵律、比例。

　　这种周期性循环，主要以 4 年和 1 年为重要的周期，1 年为地球公转的时间，在每年的同一时间上，地球和太阳的相对位置将趋于重叠，不管是角度，还是距离都基本相等。当然，准确地说这种周期是 4 年，因为 4 年会有一个闰月。为了便于理解和分析，我们以 1 年作为重要的周期。

　　商品期货市场在一定程度上受到长度为 1 年的季节性周期的影响。如，每年谷物收获时，造成季节性的低价。在大豆市场上，70% 的季节性波峰出现在 4 月份至 7 月份间，而 75% 的季节性低谷发生在 8 月份到 11 月份。

　　1 年分为 12 个月，每年的同月都有相似性，今年的 6 月份和去年 6 月份的气候相差无几。同理，明年 6 月份跟今年 6 月份的气候也基本上相似。这就是每年 12 个月的周期性。既然每年的同时间段出现轮回，那相同月份也可能存在相同规律和周期性。

不同周期有不同的内在的规则，每月波动中高低点通常存在规律。每月的市场转折也受到自然界的影响，通过数据分析可知，每月的高点和低点存在四个特殊变盘规律，为短期波动的重要转折点。顺应了趋势，把握短线节奏，做好高抛低吸，可让利润最大化。四个变盘规律包括同月同日变盘、月中变盘、倍数变盘和平方变盘。

第一节　同月同日变盘

一、同月同日变盘

所谓同月同日变盘，是指日期数与所在月的月份数相同，在共振力量下，产生出市场的变盘时间。根据这种方法，一年有 12 个变盘日：1 月 1 日、2 月 2 日、3 月 3 日……12 月 12 日。

案例解析

图 5.1 为上证指数从 2009 年 2 月 6 日至 3 月 30 日的日线图。上证指数从 2 月 17 日的 2402 点开始向下调整，当下调到 2037 点的时候，正好为 3 月 3 日。而 3 月 3 日为同月同日变盘日，所以，市场在 3 月 3 日引发了价格的变盘。后期的市场证明了 3 月 3 日成为接下来的一波上涨的起始日期。

中国股市虽然上市的时间只有短短 30 年，在这期间同月同日变盘也有其辉煌的一页。同月同日变盘在中国股市出现次数非常多，下面按照每月进行阐述。

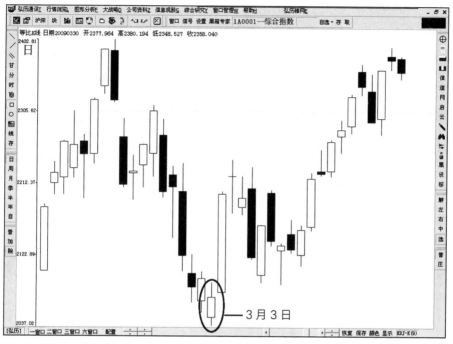

图 5.1　上证指数日线图 (2009 年 2 月 6 日至 3 月 30 日)

» 1 月 1 日

1 月 1 日是元旦，通常为休市时间。所以，1 月份的变盘将会向后推移，1 月份的第 1 个交易日就为变盘日。1 月是每年的开始，在中国股市中 1 月第 1 个交易日变盘概率非常高。变盘分为转折变盘和加、减速变盘两种。1 月的第 1 个交易日为转折变盘。1 月 11 日为一个特殊的日子，数字全是 1，也是个变盘日。例如在 2010 年 1 月 11 日为阶段性高点。

从 2009 年至 2012 年连续 4 年，上证指数每年 1 月份的第 1 个交易日都出现变盘，并且为转折变盘。

案例解析

图 5.2 为上证指数 2008 年 11 月 20 日至 2009 年 2 月 12 日日线图。12 月 31 日回调至最低点 1814 点，在 2009 年 1 月 5 日为 1 月 1 日之后的第 1 个交易日，当日直接向上出现跳空缺口，股指再次开始了上涨波段。

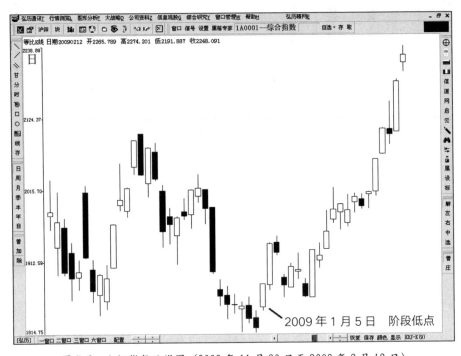

图 5.2　上证指数日线图 (2008 年 11 月 20 日至 2009 年 2 月 12 日)

图 5.3 为上证指数 2017 年 11 月 8 日至 2018 年 2 月 6 日日线图。2017 年 11 月份下跌，12 月份横盘，直到 2018 年 1 月 2 日，上证指数突破向上，结束了 12 月份的窄幅横盘，出现了 11 连阳和 7 连阳，这就是 2018 年开局 18 连阳。

图 5.3　上证指数日线图（2017 年 11 月 8 日至 2018 年 2 月 6 日）

» 2 月 2 日

2 月 2 日，一般为春节前后，因为春节即将到来，市场的震荡不会很大，此变盘通常为加速上涨，所以，也称为送红包行情。另外，2 月 22 日也需要关注，意义跟 1 月 11 日相同。

案例解析

图 5.4 为上证指数 2009 年 12 月 24 日至 2010 年 4 月 1 日日线图。2010 年 1 月 20 日上证指数下跌 2.93%，跌破了短期盘整的低点，其后股指进入快速下跌，这波下跌一路下探直到 2 月 3 日，最低点 2890 点，收长下影线，其后行情出现了缓慢反弹，直到 4 月 15 日才结束。2 月 3 日与 2 月 2 日相差 1 天的时间。

图 5.4　上证指数日线图（2009 年 12 月 24 日至 2010 年 4 月 1 日）

》3 月 3 日

此阶段通常为"两会"期间，市场的短期走势将会受到会议政策影响。历年"两会"期间，上证指数大涨大跌行情不多。3 月 3 日为转折变盘居多，若前期市场为上涨行情，变盘通常为短期回调。若前期市场为下跌行情，变盘则通常为短期上涨变盘。

案例解析

图 5.5 为上证指数 2010 年 1 月 21 日至 2010 年 4 月 6 日日线图。1 月 20 日上证指数开始下跌，2 月 2 日转折向上变盘，一路缓慢上涨，到 3 月 3 日虽当天收小阳线，但是，次日股指直接大跌 2.38%。市场进入了短期的回调，为一个转折向下变盘。其后，股指经过 a-b-c 波浪下跌后，继续上涨，并创出了新高。

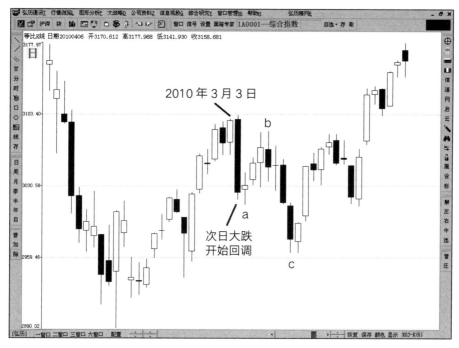

图 5.5 上证指数日线图（2010 年 1 月 21 日至 2010 年 4 月 6 日）

» 4 月 4 日

4 月 4 日发生变盘的概率也非常高，这个数字给人感觉不怎么吉利，通常为清明节左右。在 2000 年到 2011 年有一半的时间为阶段的高点或反弹的高点，针对短期行情来看，风险还是比较大。所以，对于短线投资者来说，这个变盘日值得重点注意。在历史中，4 月 4 日这个日子也挺有意思，多数出现在周末，若变盘日为周末或假期，会转移到下一个交易日。

案例解析

图 5.6 为上证指数 2010 年 2 月 24 日至 4 月 27 日日线图。从 3 月 16 日开始，上证指数结束了回调，开始了上扬，一直延续至 4 月 2 日，当日收了一根小阳线。其后因为是清明节和周末，股市休市 3 天。在 4 月 6 日高开低走，收小阴线。其后行情短期出现了小 M 头。在 4 月 16 日之后，股指期货正式推出，指数开始下跌。

图 5.6　上证指数日线图（2010 年 2 月 24 日至 4 月 27 日）

» 5 月 5 日

5 月 5 日，这个日子在历史上出现变盘的次数不多，通常为行情趋势的中继位置。若前期是下跌，后期还会继续下跌，很少会出现反弹。若前期是上涨，后期通常还会继续向上运行。在 2001 年至 2011 年 11 年间，有 7 次趋势不变，而只有 2001 年、2002 年和 2008 年的 5 月 5 日为转折变盘，2006 年为加速上涨。

案例解析

图 5.7 为上证指数 2011 年 3 月 21 日至 5 月 30 日日线图。上证指数从 2011 年 4 月 18 日开始快速下跌，呈现单边下跌走势。此种下跌一直延续到 5 月份，终于在 5 月份的第 1 个时间变盘点 5 月 5 日短期结束了下跌，其后盘整 11 个交易日，最终还是无法改变原有的下跌方向，指数再一次破位下跌。从短期的角度来看，还是未改变短期的走势。

图 5.7　上证指数日线图（2011 年 3 月 21 日至 5 月 30 日）

案例解析

图 5.8 为上证指数 2008 年 3 月 4 日至 6 月 16 日日线图。大盘从 6124.44 点开始下跌，给中国股民阐释了何为 "飞流直下三千尺"。在 2008 年 4 月 24 日因为印花税由 0.3% 变为 0.1% 的利好消息刺激，市场展开了反弹，当日上证指数涨 9.294%，都快涨停了。这种时光并不长，眨眼之间就到了 5 月 5 日。在图 5.8 中可以看到，股指反弹在 5 月 5 日就告一段落，再次回到了长期的下跌趋势中。

图 5.8　上证指数日线图（2008 年 3 月 4 日至 6 月 16 日）

》6 月 6 日

6 月 6 日：一年中比较重要的变盘日，转折变盘较多，所以，是一个非常重要的日子。这个日子离芒种节气非常近。芒种通常出现在一年的 6 月 5 日或 6 月 6 日，太阳到达黄经 75° 的时候。芒种字面的意思是"有芒的麦子快收，有芒的稻子可种"。俗话说得好，芒种芒种，连收带种。所以，是一个非常重要的变盘日。

案例解析

图 5.9 为上证指数 2007 年 4 月 19 日至 8 月 3 日日线图。在 2007 年 5 月 29 日晚上公布印花税由 0.1% 涨到 0.3%，股指在 30 日出现了突发事件引起的迅速下跌，多数个股出现了 3 个跌停，有些更甚，为 5 个跌停。这波政策引起的快速下跌，来得快，去得也快。在 6 月 5 日当日开盘 3564.43 点，而最低达到 3404.15 点，当日收盘为 3767.1 点，当日收长下影线，涨幅达到 2.63%。6 月 5 日为芒种节气，

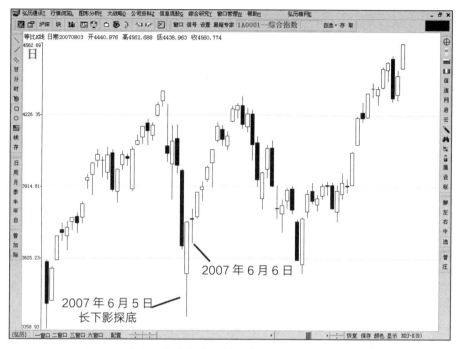

图 5.9　上证指数日线图（2007 年 4 月 19 日至 8 月 3 日）

第 2 日为 6 月 6 日，股指开始了急跌之后的反弹行情。

案例解析

图 5.10 为上证指数 2005 年 4 月 4 日至 8 月 17 日日线图。股指在 2001 年 6 月 6 日的 2242 点见顶，股指一路下跌，整整跌了 4 年，跌到了 2005 年的 6 月 6 日，股指走出最低点 998.23 点，成为后期牛市最低点。这波行情起于 6 月 6 日，最终结束于 6 月 6 日，真是巧合。

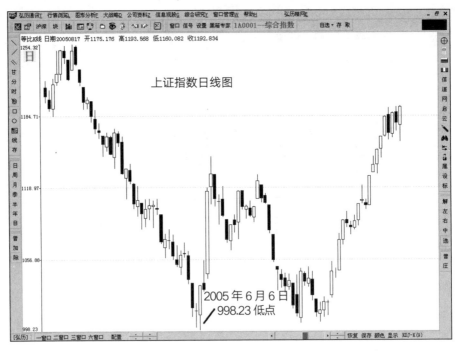

图 5.10　上证指数日线图（2005 年 4 月 4 日至 8 月 17 日）

» 7 月 7 日

7 月 7 日，也是一个非常重要的变盘日。

美国投资大师江恩非常钟情于"7"，他认为"7"在股票市场中是一个非常重要的数字，也是一个非常神秘的数字。江恩认为，上帝创造世界是在 7 天内完成的，一个星期有 7 天，因此"7"是代表完全的意思。7 月 7 日，包含了两个 7，次日引发市场的变盘也非常明显。

案例解析

图 5.11 为上证指数 2011 年 5 月 12 日至 8 月 8 日线图。2011 年 4 月 18 日上证指数走出了本年的历史高点，其后开始下跌，一直延续到 6 月 20 日。上证指数从 3067.46 点跌到 2610.99 点，市场才产生了反弹。反弹到这波下跌的 50% 处，根据江恩理论的波动法则，

图 5.11 上证指数日线图（2011 年 5 月 12 日至 8 月 8 日）

当股指反弹到前下跌的 50% 处是一个重要的阻力位。那么，市场是否能突破阻力位，开始新的上涨行情呢？指数从 6 月 20 日开始反弹，至 7 月 6 日共 12 个交易日，次日为 7 月 7 日，为同月同日变盘时间点。在此，关键时间到来，7 月 7 日正好为第 13 个交易日，13 为斐波那契神奇数字，时间变盘转折意向非常明显。其后，股指未能突破 50% 处，市场开始进入盘整走势。其后，市场再一次走出小高点，形成双顶形态。此时，彻底宣告反弹的结束，下跌再一次来临，所以，重要的时间经常能提前预知市场的变盘。

案例解析

图 5.12 为中金黄金 2010 年 5 月 27 日至 8 月 16 日日线图。中金黄金从 2010 年 5 月 10 日开始，随着大盘的下探同样也开始下跌，上证指数在 7 月 2 日走出了 2319.74 点的历史最低点，其后开始上涨。

7月2日，中金黄金走出最低价，收长下影线，在盘整了2个交易日之后，在7月7日走出此波下跌的历史最低价，也是后期上涨趋势的起点。之后二次探底再没有创出新低，转折向上，更加确认了7月7日的转折变盘。

图 5.12　中金黄金日线图（2010 年 5 月 27 日至 8 月 16 日）

》 **8 月 8 日**

8谐音"发"，所以，中国人非常喜欢数字8。8月8日占尽了双8，在股市中却未必是非常幸运之数。从2001年开始至2011年11年的时间，其中就有2次为下跌初期，2次破位下跌。从最近的几年来看，此日为股市大凶。

8月8日与立秋节气相近，时间变盘上会出现共振。

立秋通常出现在8月7日或8日，北斗指向西南，太阳黄经为135°。"立"表示开始，从这一天起秋天开始，秋高气爽，月明风清。

此后，气温逐渐下降。

　　　　立秋秋始雨淋淋，

　　　　及早防治玉米螟，

　　　　深翻深耕土变金，

　　　　苗圃芽接摘树心。

　　"立秋之日凉风至"明确地把立秋与天凉联系起来，可见，立秋表示凉爽的秋季开始了。股市在次日风险居多。

　　案例解析

　　图5.13为上证指数2008年6月18日至8月19日日线图。2008年8月8日北京奥运会开幕了，中国亿万人民期待的日子终于来了，

图5.13　上证指数日线图（2008年6月18日至8月19日）

全世界人的目光都被吸引在中国。中国的 1.3 亿股民，持有股票等待、期盼 8 月 8 日的到来，多少股民把自己一辈子的辛苦钱买了股票。原以为此日市场将有一个大的转折行情，结果，希望越大失望就越大。在 8 月 8 日当天股指直接放量大阴线跌破 7 月 16 日最低点 2656 点，市场进入快速下跌走势。

» 9 月 9 日

从 2001 年至 2010 年的 10 年中，这个同月同日出现转折变盘次数不多，大多数为过渡变盘。同月同日变盘中，9 月 9 日和 5 月 5 日两个日子出现转折变盘的概率非常低，通常为短中期走势的延续。

通常情况下，若 9 月 9 日之前是下跌的股价还会继续下跌；若 9 月 9 日之前是上涨的，股价还将继续上涨。

案例解析

图 5.14 为深证成指 2011 年 6 月 27 日至 9 月 30 日日线图。深

图 5.14　深证成指日线图（2011 年 6 月 27 日至 9 月 30 日）

证成指在 2011 年 7 月 7 日做顶之后，下半年的下跌正式拉开了序幕。在 8 月 8 日这个同月同日，深成指数开始盘整走势。而在 9 月 9 日这个特殊的日子，趋势并没有发生改变，还是一路下跌并没有出现停顿。

有时 9 月 9 日的变盘会提前到 9 月 7 日。如图 5.15。

案例解析

图 5.15 为上证指数 2010 年 6 月 25 日至 10 月 25 日日线图。从 2010 年 7 月 2 日上证指数见底 2319.74 点，市场开始上涨趋势。在 8 月 3 日进入横盘，8 月 19 日进行了第 2 次探顶，在 9 月初进行了第 3 次探顶，在 9 月 7 日出现了十字星，高点出现在 9 月 7 日，比 9 月 9 日提前了 2 天。

虽然 9 月 9 日转折意向不强，但是这个月的 18 日，反而是一个

图 5.15　上证指数日线图（2010 年 6 月 25 日至 10 月 25 日）

重要的变盘日。因为 18 是 9 的 2 倍。在此先做一个简单的提示,在后续文章中再详细讲解。

» 10 月 10 日

1949 年 10 月 1 日下午 3 时,30 万人在天安门广场隆重举行典礼,庆祝中华人民共和国中央人民政府成立。毛泽东主席庄严地宣告中华人民共和国、中央人民政府成立,并亲自升起了第一面五星红旗。

每年的 10 月 1 日为中国国庆节,举国欢庆。在佳节之际股市同样休市。因为月初没有交易,10 月份的同月同日变盘将会有所改变,变盘时间将会提前,而不是推后。所以,10 月份的第 1 个交易日就是同月同日的变盘日,10 月份第 1 个交易日与 1 月份第 1 个交易日在股市中的变盘效应非常明显和重要。

10 月份因为休市时间比较长,在休市期间国家往往会出现宏观、中观或微观的一些消息,多空双方通过假期达成了暂时的统一。当第 1 个交易日出现的时候,股价往往会出现缺口。

又因为 10 月是全国欢庆的日子,在中国股市历史中,往往提示的是获利机会。

案例解析

图 5.16 为上证指数 2009 年 8 月 14 日至 11 月 6 日日线图。上证指数从 9 月 18 日开始进行 2 次探底,9 月 29 日的最低点达到 2712 点,未破 2639 点的前低,在次日 9 月 30 日市场高开高走,收小阳线,最低点虽然出现在 9 月 29 日,但是真正的大涨出现在 10 月 9 日,因为 10 月 8 日是周日,10 月 9 日为 10 月份的第 1 个交易日。投资者经过了十一假期,在 9 日直接高开 60 点,最终大涨 4.76%。再次进入上涨波段,确实为国庆红包行情。

图 5.16　上证指数日线图 (2009 年 8 月 14 日至 11 月 6 日)

案例解析

图 5.17 为招商银行 2010 年 7 月 23 日至 10 月 28 日日线图。招商银行在 2010 年 8 月 3 日开始下跌，一直延续到 9 月 29 日。在 9 月 30 日招商银行大涨 2.29%，在 10 月 8 日股价高开高走，当天大涨 3.78%，突破了下降压力线，如是，招商银行展开了一轮新的 V 形反转。

» 11 月 11 日

11 月 11 日在中国大陆（内地）、香港和台湾各有不同的称呼。大陆（内地）青年称之为光棍节，是单身一族的一个另类节日。香港称此日为夫妻节，取其一夫一妻、一生一世的意思。台湾称之为双胞胎日。

11 月 11 日与月中很接近，两个变盘时间出现共振，在这段时间最容易发生转折变盘。

图 5.17　招商银行日线图 (2010 年 7 月 23 日至 10 月 28 日)

案例解析

图 5.18 为 2010 年 6 月 29 日至 12 月 1 日上证指数日线图。指数从 2319 点开始上涨，结束于 3186 点，时间正好为 11 月 11 日，次日股指出现恐慌性下跌，形成大阴线。11 月 11 日成为真正下跌的转折变盘。

» 12 月 12 日

12 月份为每年的最后一个月份。12 月 12 日出现变盘次数不多，12 月份的变盘日主要出现在月初和月底，所以，12 月 12 日的意义不是特别大。此外，12 月 12 日因为与月中时间非常接近，两者会出现相争，12 月 15 日的变盘反而比 12 月 12 日要多。

每月神奇四变盘之同月同日变盘，在不同月份效果不尽相同，有些月份容易出现转折，有些月份容易出现加速。通过总结，其中，1

图 5.18　上证指数日线图(2010 年 6 月 29 日至 12 月 1 日)

月份、2 月份、3 月份、4 月份、6 月份、7 月份、8 月份、10 月份、11 月份出现转折较多，5 月份、9 月份和 12 月份持续运行居多。

第二节　月中变盘

每月神秘四变盘的第 1 个变盘为同月同日变盘，第 2 个变盘为每月的月中变盘，即每月月中的 15 日和 16 日，这两天最容易出现变盘，所以，为每月的第 2 个神奇变盘日。

案例解析

图 5.19 为上证指数 2011 年 2 月 24 日至 5 月 6 日日线图。上证指数在 2011 年 3 月 15 日达到 2850 点的最低点，收盘时为 2896 点，出现了长影线，转折意图非常明显，次日 3 月 16 日收大阳线，暗示变盘向上。随着不断上涨，时间到 4 月中旬，在 4 月 15 日指数再次走出了阶段性高点，在 4 月 18 日，低开高走，收小阳线，在 19 日出现了大阴线，短期向下跌的趋势非常明显。

在中国股市中，月中变盘非常普遍，甚至出现连续数月月中接连变盘，并且为转折变盘。

图 5.19　上证指数日线图 (2011 年 2 月 24 日至 5 月 6 日)

案例解析

图 5.20 为上证指数 2013 年 6 月 20 日至 12 月 4 日日线图。2013 年整个下半年就是震荡行情，这段行情笔者记忆犹新，曾经多次准确

图 5.20　上证指数日线图(2013 年 6 月 20 日至 12 月 4 日)

地预测其中的高低点时间。从 7 月份开始，7 月 15 日走出了第 1 个阶段性高点，其后，因为光大证券乌龙指事件，在 8 月 16 日走出了第 2 个阶段高点，在 9 月 16 日，走出了第 3 个阶段性高点，前面的 3 个高点依次抬高。在 10 月 15 日再次走出了反弹高点，指数没有创新高，打破了高点依次抬高的格局。在 11 月 15 日股指出现了变盘，只是这次不再是高点，却是低点向上转折，为买入信号。那年 11 月初，笔者在杭州和上海的培训课堂上，提前指出 11 月 15 日的变盘，并且指出航天军工板块强于上证指数，在后来的走势中，都得以印证。

案例解析

图 5.21 为金山开发 2013 年 8 月 29 日至 12 月 4 日日线图。金山开发在 2013 年 9 月 9 日和 10 月 10 日的次日都走出了阶段性高点，为同月同日变盘。下跌的最低价在 11 月 14 日，既不是同月同日变盘，

图 5.21　金山开发日线图（2013 年 8 月 29 日至 12 月 4 日）

也不是月中变盘，而是在两者之间。

　　据笔者总结，每年的 1 月份、2 月份、3 月份、4 月份、7 月份、11 月份和 12 月份的月中变盘居多，5 月份、6 月份、9 月份和 10 月份月中变盘偏少。11 月份和 12 月份两个月的同月同日变盘和月中变盘两者相隔时间很短，所以，在这两个变盘中间的时间容易出现变盘，这并非意味着规律不适用，市场只是取两者的中间值。

第三节　倍数变盘

　　每月神奇第 3 变盘为倍数变盘。何为倍数变盘？就是日期的时间为月数的倍数时产生的价格变盘。计算公式为：月数 ×N＝日数，其中 N 为自然数。例如 9 月份的变盘日是哪天呢？9×2=18，那么，

9 月 18 日为倍数变盘。9×3=27，那么 9 月 27 日为倍数变盘。所以，9 月份倍数变盘有两个，18 日和 27 日。N 不是无限大，通常取为 2 和 3，多的时候就是 4，如果取 1 就成为同月同日变盘。

案例解析

图 5.22 为上证指数 2009 年 8 月 10 日至 10 月 22 日日线图。其中，有 3 个倍数变盘，8 月 24 日为阶段性反弹高点，9 月 18 日为上涨波段的高点，9 月 28 日（27 日为星期日）为回调低点变盘。

每月的倍数变盘具体如下：

1 月份的倍数变盘：1 月份是重要的变盘月。但是倍数变盘没有多大意义，所以，可以不关注。

2 月份倍数变盘：其中 2 倍为 2 月 4 日，离同月同日很接近，与第 4 变盘（平方变盘）相同，为共振变盘。所以，每年 2 月 2 日至 4 日期间最容易产生变盘。在 2 月 20 日也容易产生变盘。春节假期往

图 5.22 上证指数日线图(2009 年 8 月 10 日至 10 月 22 日)

往出现在本月，需要考虑节日给市场带来的变盘"漂移"。

案例解析

图 5.23 为上证指数 2014 年 1 月 10 日至 3 月 25 日日线图。2014 年上半年上证指数出现震荡走势，1 月 20 日走出了 2014 年的第 1 个阶段低点。其后，股指 7 日横盘整理，1 月 30 日是春节前最后 1 个交易日，2 月 7 日为春节之后的第 1 个交易日，2 月 2 日至 2 月 6 日休市，所以，变盘日将"漂移"到 2 月 7 日，其后，股指突破了平台，开始一波上涨。最终，上涨在 2 月 20 日截止。在 3 月 3 日股指走出了小反弹的高点，最后的低点在 3 月 12 日，为 3 的 4 倍。其间，股指的阶段高低点遵循倍数变盘。

3 月份倍数变盘：3 月 6 日不是变盘的重点，重点关注 9 日和 21 日，21 日是 3 的 7 倍，倍数虽然有点大，但是，3 月 21 日为一个重要的日期。在节气上为春分前后，每年的这日变盘级别多比较大。

图 5.23　上证指数日线图 (2014 年 1 月 10 日至 3 月 25 日)

4月份倍数变盘：本月是重要的变盘月。变盘日期主要在4月8日和4月16日。4月16日是月中与倍数的共振变盘，当然，也可能发生在月中的4月15日。另外，当倍数为7时也需要关注，4月28日也容易产生变盘。

5月份倍数变盘：应该注意的是5月15日和25日。其中，5月15日同时也为月中变盘，5月25日同时也为第4变盘平方变盘。

6月份倍数变盘：重点关注6月24日的变盘。

案例解析

图5.24为安诺其2013年3月8日至7月30日日线图（在图5.24中，如果遇到变盘日没有交易，日期标在其后的一个交易日），图5.24中的3月18日、4月8日、5月6日（5日为周日）、5月27日（25日为周六）以及6月24日，都是此股票重要的转折点，而这些时间都是每月神奇四变盘之倍数变盘。

图5.24　安诺其日线图（2013年3月8日至7月30日）

7月份倍数变盘：7月是重要的变盘月，其中14日和28日容易产生变盘。7月14日与月中很接近，变盘可能发生在14日至16日之间。

8月份倍数变盘：8月16日容易产生变盘。8的4倍为32，那么，变盘就到了9月1日。

9月份倍数变盘：重点注意18日和27日，9月份的变盘意图也非常明显。9月27日通常转折变盘居多。

案例解析

图5.25为三维丝2012年7月23日至10月9日日线图。2012年7月28日为周六，这个变盘日转移到7月30日，离最低价相差1个交易日。在8月份中，8的倍数都产生了变盘，8月8日走出了阶段性高点，8月16日走出了阶段性的低点。8的4倍为32，转换日期为9月1日（周六），股价在9月3日开始了上涨，上涨到9月10

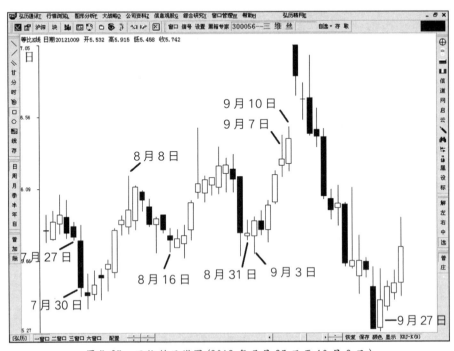

图5.25 三维丝日线图(2012年7月23日至10月9日)

日（9月9日为周日），次日，股价高开低走，收阴线，意味着上涨结束。股价开始了快速下跌，在9月27（9的3倍）日股价才停止下跌，出现反弹。三维丝在这个阶段主要出现的是倍数变盘。

10月份倍数变盘：容易产生变盘的时间为10月20日和10月30日。另外，10月24日虽不是倍数变盘，也是一个重要的变盘日，在市场中多次得到体现。

11月份倍数变盘：此月为重要变盘月，倍数变盘日为11月22日。

12月份倍数变盘：12月24日是倍数变盘。当然，12月的3倍就应该在12月6日前后（12×3-30=6）。例如，2013年12月份上证指数的高点，就是根据这个计算得出。

倍数变盘总结：每年的5月15日（5的3倍）、7月14日（7的2倍）和8月16日（8的2倍）倍数变盘，与月中变盘（15日或16日）达成共振。9月份、10月份、11月份和12月份倍数变盘在市场中出现得比较多，需要重点关注。

第四节 平方变盘

在股价波动中，除了上述三种变盘方式，还有一种非常重要的变盘，即平方变盘。这就是每月神奇的第4变盘。

何为平方变盘？日期数是月数的平方产生的变盘称为平方变盘。例如：4的平方为16，于是4月16日为平方变盘日。在2月份和3月份的时候，还可能会出现立方变盘。

案例解析

图5.26为新农开发2014年4月3日至6月19日日线图。在4月16日出现了一个阶段性高点，即月中变盘，也为倍数变盘，同时也是平方变盘。在5月23日下跌至最低位置，5月26日收阳线开始了短期的上涨（5月25日为周日，没有交易），27日股票直接涨停。

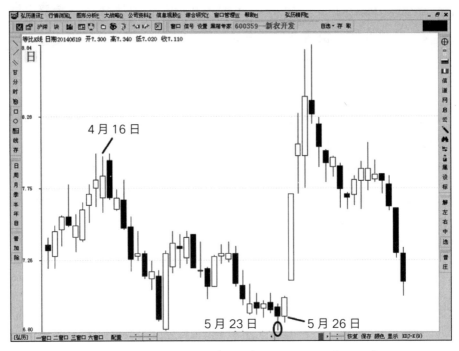

图 5.26　新农开发日线图(2014 年 4 月 3 日至 6 月 19 日)

平方变盘每月具体变盘时间如下：

1 月份的平方变盘：依然是 1 月 1 日，为元旦后的第 1 个交易日。

2 月份的平方变盘：2^2 为 4,2 月 4 日为平方变盘，倍数变盘相同，与同月同日接近，所以，2 日至 4 日容易出现变盘。$2^3=8$，所以，2 月 8 日为立方变盘。

3 月份的平方变盘：3 月 9 日平方变盘，通常为小变盘。3 月份的立方变盘为 27 日。因为 2 月份和 3 月份月份数小，所以，有立方变盘。而从 3 月份以后就没有立方变盘。

案例解析

图 5.27 为上证指数 2011 年 1 月 14 日至 4 月 11 日日线图。在 2011 年 3 月 9 日出现了转折十字星，股指开始回调，形成了阶段性高点，最终结束于 3 月 15 日的变盘。在上涨期，在 3 月 28 日（27 日为周日）附近出现 3 天的小调整。3 月 9 日为平方变盘，3 月 15 日

图 5.27　上证指数日线图 (2011 年 1 月 14 日至 4 月 11 日)

为月中变盘和倍数变盘，3 月 28 日（27 日为周日）为立方变盘。

4 月份和 5 月份的平方变盘容易计算，4 月份的平方变盘为 4 月 16 日，同时也是月中变盘。5 月份的平方变盘为 5 月 25 日，同时也是倍数变盘。

从 6 月份开始，平方变盘将比较特殊，因为月数的平方得出的数字大于 31，但是，每月最多也只有 31 日，如何计算？此时，需要按照月数相减，得出的余数即为当月平方变盘。计算原则：

月数平方，数字在 32 ~ 61，减 30，得余数为变盘日。

月数平方，数字在 62 ~ 91，减 61，得余数为变盘日。

月数平方，数字在 92 ~ 122，减 91，得余数为变盘日。

月数平方，数字在 123 ~ 145，减 122，得余数为变盘日。

根据上面原则，每月平方变盘如下：

1 月份至 5 月份，保持平方数，属于正常。

6月份：6×6=36，36-30=6，为6月6日。

7月份：7×7=49，49-30=19，为7月19日。

8月份：8×8=64，64-61=3，为8月3日。

9月份：9×9=81，81-61=20，为9月20日。

10月份：10×10=100，100-91=9，我国国庆节长假休市，变盘为10月份第1交易日。

11月份：11×11=121，121-122=-1，10月31日或11月1日变盘。

12月份：12×12=144，144-122=22，为12月22日。

也可以这样计算：如果月份平方的数字大于61日，则按照小月和大月间隔来减。先减一个小月（30天）时间，再减一个大月（31天）时间。如：144-30-31-30-31=22。

这种变盘规律不只适用于中国股市，在其他国家市场一样适用，下面我们以新加坡的海峡指数作为案例来说明。

案例解析

图5.28为新加坡海峡指数日线图（2013年7月9日至12月13日）。在图5.28中有三个重要的高点，8月2日（一天误差），9月20日和10月31日，它们都属于每月平方变盘。在10月份的时候，我们需要注意的是，其他国家不是国庆节，没有休市，所以，其他国家股市变盘时间为10月10日（同月同日），而非10月份的第1个交易日，因为十一是中国的国庆节。

根据市场的走势，每月平方变盘也各不相同，其中，1月份、2月份、6月份和10月份，与同月同日产生共振。3月份、4月份、7月份、11月份和12月份多为转折变盘，5月份、8月份和9月份，变盘次数较少。

图 5.28　新加坡海峡指数日线图（2013 年 7 月 9 日至 12 月 13 日）

第五节　正确应用神奇四变盘

现在，我们已经知道每月神奇的四变盘，我们需要更深入理解，在应用的时候才能更加得心应手。每月神奇四变盘为短期变盘，主要把握的是日常波动的高低点。所以，是短线投资者买卖股票的重要依据，该买入时介入，该卖出时卖出。踏准节奏，把握先机，顺势而为。

案例解析

图 5.29 为上证指数 2009 年 9 月 22 日至 2010 年 3 月 1 日日线图。上证指数在 2009 年 9 月 1 日最低点为 2639 点，9 月 29 日最低点 2712 点为回调低点，10 月 9 日为国庆之后的第 1 个交易日，股指直接跳空高开高走收大阳线，股指再次开始了上涨。短期股指会涨多长时间呢？

图 5.29　上证指数日线图（2009 年 9 月 22 日至 2010 年 3 月 1 日）

　　10 月份倍数变盘为 10 月 20 日，上证指数短期上涨几日后见高点回落。股指再次进入短期回调中，最终截止日期为 11 月 2 日（11月 1 日为周日）平方变盘日，当日低开收大阳线，短期行情再次上涨。11 月 22 日（周日）为倍数变盘，转移到 11 月 23 日。在 11 月 24 日结束上涨，开始下跌。在其后，12 月 12 日（周六）为同月同日变盘，转移到 12 月 14 日，14 日成为下跌的高点。下跌于 12 月 22日截止，正好为平方变盘。在 1 月 4 日和 1 月 11 日两个变盘日，形成了高点。这轮下跌最终在 2 月 3 日才截止，最低点为 2890 点，2月 3 日是每月神奇四变盘的共振时间，变盘意图非常明显。上证指数在这段时间，除了一个阶段小低点提示，其他的高点和低点都是神奇四变盘的变盘日。如果踏准这些高低点，就能真正做到高抛低吸，抢占先机，运筹于帷幄之中，决胜于千里之外。

　　每月神奇四变盘并非杂乱无章。股票往往有自己的偏好，最容易发生在这四种变盘中，而不是每个都会产生价格的转折。至于是否产生转折，我们可以通过变盘方向定位来判断。在某一阶段可能重点出现其中的某一种变盘，而其他的就起到辅助变盘作用。

难道这是巧合、独一无二？不，这绝不是巧合。

如果说，2009 年 9 月份至 2010 年 3 月份这波行情，上证指数遵循的是每月神奇变盘之平方变盘和同月同日变盘。那么，2013 年下半年上证指数遵循的就是另外两个神奇变盘规律，它们为月中变盘和倍数变盘。具体如图 5.30。

案例解析

图 5.30 为上证指数 2013 年 6 月 20 日至 12 月 4 日日线图。这段时间上证指数走得非常有意思。在图 5.30 中总共有 9 个高低点，已经全部标记出来，一种用圈来标记，遵循的是神奇四变盘中的月中变盘。另一种用线条指出，这些变盘为神奇四变盘中的倍数变盘。在这期间有些变盘有一两天的小误差。例如 6 月份的倍数变盘应该是 24 日，但

图 5.30　上证指数日线图(2013 年 6 月 20 日至 12 月 4 日)

是，最低点却在 25 日。在之前也讲过，时间上可以允许 1 至 2 根 K 线的误差。在 9 个变盘日中 5 个为月中变盘，4 个为倍数变盘。

在震荡市场中，每月四变盘规律效果最明显，容易预测股价转折。在单边走势中，每月四变盘转折意图不强，需要少用。单边走势的股票，更加重要的是延续，而不是停顿和转折。另外，单边市场的特点是运行时间长、空间大，可以通过周线来研判转折点。所以，每月神奇四变盘规律更加适合震荡和波段的市场和股票。

价格达到了预定的空间时，可以通过每月神奇四变盘规律把握具体日期，在区域范围内找到精确的位置。

第六章　斐波那契预测法

第一节　斐波那契数列预测法

斐波那契数列（Fibonacci sequence），又称黄金分割数列，由 13 世纪意大利数学家列昂纳多·斐波那契（Leonardo Fibonacci）发现。斐波那契主要的著作有《算盘书》《实用几何》等。

该数列中的一系列数字常被人们称为神奇数、奇异数，以兔子繁殖为例子而引入，故又称为"兔子数列"。列昂纳多·斐波那契于 1202 年研究兔子产崽问题时发现了此数列：设一对大兔子每月生一对小兔子，每对新生兔在第 3 个月开始生小兔子，假若兔子都不死亡。问：一对兔子一年能繁殖出多少对兔子？第 n 个月后会有多少对？

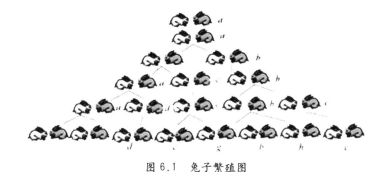

图 6.1　兔子繁殖图

从第 1 个月开始，每个月总共的兔子数量就是 1,1,2,3,5,8,13,21,34,55,89,144,⋯可以看出前两个月为 1，从第 3 个月开始，当月的数量为前两个月数量之和，所以可以形成公式 f(n)=f(n−1)+f(n−2)(n>2)，同时 f(1)=1,f(2)=1。

斐波那契数列规律

斐波那契数列包括：1,1,2,3,5,8,13,21,34,55,89,144,233,⋯

数列规律：从第 3 个数字开始，前面两个数字相加之和，就是下一个斐波那契数。

斐波那契数列中，随项数增加，相邻两项之商就越接近黄金分割数 0.618，与这一数字相关的 0.191、0.382、0.5 和 0.809 等数字就构成了股市中关于市场时间和空间计算的重要数字。从时间到空间，从自然到人类社会，政治、经济、军事等各种现象中的规律都能找到斐波那契数的踪迹。世界著名建筑如巴黎圣母院、埃菲尔铁塔、埃及金字塔等，均能从它们身上找到 0.618 的影子。

斐波那契数列是一个典型的用过去预测未来的工具。大家比较喜欢用它来预测变盘点，使用起来也非常容易，只要寻找到第 1 个正确的起点，未来的变盘点就能显示出来。

运用斐波那契数列的第一境界就是通过过去的一个重要起点，预测未来在斐波那契数出现时容易产生的变盘。如图 6.2 所示。

斐波那契数列通常用于时间的变盘，一些重要顶底拐点往往都出现在遵循神奇数列的位置。

案例解析

我们以攀钢钒钛 2017 年 1 月 25 日的低点为起点，进行斐波那契数列预测，在后期数列 8（高点）、13（低点）、21（高点）、34（高点）、55（高点）都出现了明显的转折点。需要注意，两个斐波那契数之间

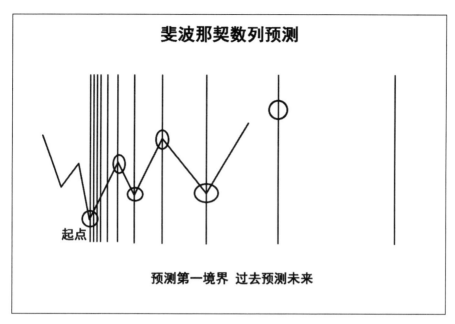

图 6.2　利用斐波那契数列规律，过去预测未来

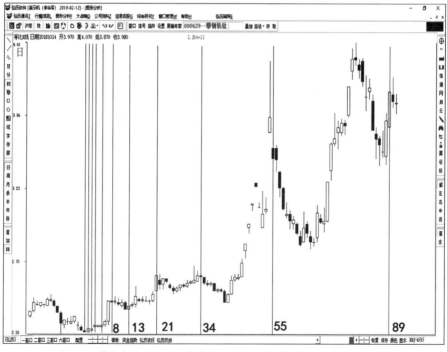

图 6.3　攀钢钒钛日线图 (2017 年 1 月 3 日至 2018 年 10 月 24 日)

可出现一个或多个转折。图6.3中的34与55之间就出现了一个转折。数字越大，中间出现转折的概率越高。

市场规模越大、越不受少数人控制的投资标的，也越符合自然规律。斐波那契数列规律在指数上出现的频率更高，准确率也更高。

案例解析

图6.4为上证指数2009年8月13日至2010年5月7日日线图。上证指数从3478点开始下跌，到2009年9月1日的最低点2639点，市场结束了快速的下跌，展开了一波次级上涨行情。以最低点（9月1日）作为起点，当时间运行到13—21—34—55—89—144附近时，分别产生了3068—2712—3123—3361—3306—3165点的顶点或者低点。

在斐波那契数列中也有主次重轻之分，数字越大关注越少，数字小于5一般不进行分析。8、13、21、34和55最重要，13、21和34

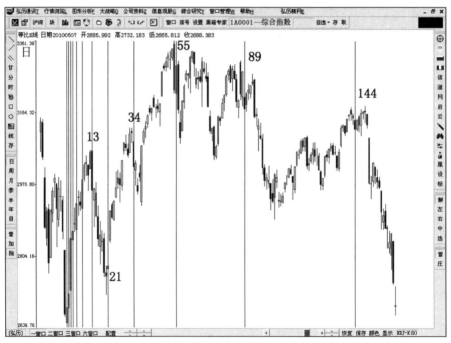

图6.4　上证指数日线图（2009年8月13日至2010年5月7日）

出现的频率更高。这些特殊数字，不一定会以连续数列的方式呈现，单独的数字也可能产生重要的转折。比如说在上涨趋势中，价格的回调通常分为超短线回调、短线回调、中短线回调、中线回调，以及中长线回调等。

超短线回调通常为 3 至 5 天

短线回调通常为 8 天

中短线回调为通常为 13 天

中线回调通常为 21 天

中长线回调通常为 34 天

案例解析

图 6.5 为神马股份 2018 年 1 月 4 日至 7 月 26 日日线图。神马股份在 2018 年 1 月份和 2 月份开始拉升，上涨了 39 个交易日。在其后，出现了回调，因前期的涨幅太大、时间太长，主力为了达到洗盘的目

图 6.5 神马股份日线图（2018 年 1 月 4 日至 7 月 26 日）

的，进行了一次中期的回调。回调力度非常大，下跌了21%，时间也达到了较长的20天，是非常标准的中期调整，如图6.5中的A处。其后股指再次上涨了38天，与之前的上涨波段时间基本上相等。在其后的B处和C处的调整，主力通过短线的方式进行洗盘，调整时间为8天，正好是斐波那契数。

斐波那契数列预测法中股价和时间相结合效果非常好，如果再通过其他指标确认验证，成功概率更高。

第二节　反斐波那契数列预测法

常规的斐波那契数列是向右扩散数列，符合我们的正思维方式，学习起来很简单，很多投资者已经熟练掌握。主力和机构若按照这种方式去操盘，容易被散户发现，就失去了隐蔽性，甚至因透露出自己的操盘手法而达不到预期的效果。很多情况下主力在操盘的时候，特意反数列操盘。因一般投资者发现不了这种规律，既能符合自然规律，同时可以实现自己的目标，一箭双雕。

反斐波那契数列概念

顾名思义，反斐波那契数列是相对于正斐波那契数列而言的，是向左扩散数列。是以未来的某一个点为时间起点，设为P，向左边推导，未来的起点P与左边的高点和低点之间时间遵循斐波那契数列，这就是反斐波那契数列。

当然，实际股票不可能有明显的标记，只有简单的K线图，高点和低点并不会给你标出在数列上，未来的起点具体是哪天需要投资者去寻找和确定。而且，不是每一只股票都符合反斐波那契数列，一只股票也不可能在所有的阶段都存在这种反数列。反斐波那契数列应该是这样的。如图6.6、图6.7所示：

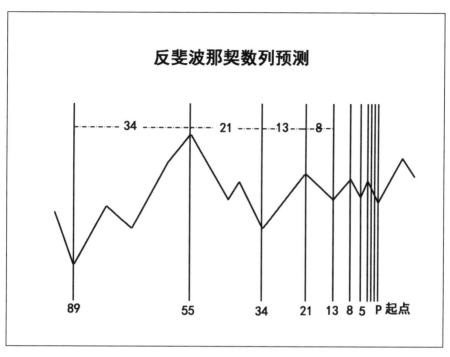

图 6.6　反斐波那契数列

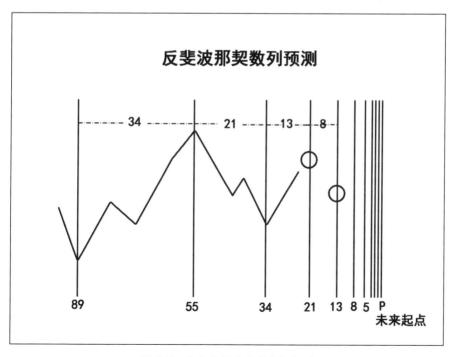

图 6.7　未完成的反斐波那契数列

起点（P）一定是在未来，见到了就意味着规律走完了，没有意义了。我们要在走完之前发现反斐波那契数列操盘，从而精确地预测接下来未走出来的数列的变盘。所以，反斐波那契数列属于预测第二境界之未来预测现在。

现在以上证指数 2000 年 2 月份至 2008 年 9 月份月线作为分析对象，回答三个问题：

1. 此期间有没有反斐波那契数列？

2. 未来的起点（P）是在什么位置？

3. 变盘时间分别是什么时候？

在图 6.8 中 B、C、D 为过去的三个顶点，A 点为目前的 K 线。未来的起点是 P。

已知：

BC=34

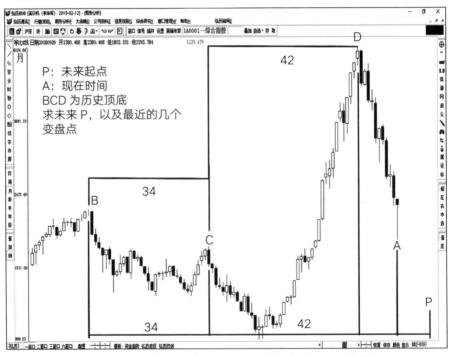

图 6.8　上证指数月线图（2000 年 2 月份至 2008 年 9 月份）

CD=42

AB=87

AD=11

理论：反斐波那契数列相邻数字与相隔时间一定是斐波那契数列。

数据分析：BC 时间为 34，两个神奇数字之差等于 34，只有两种情况：

其一，89−55=34。则 C 点将是 P 点向左的反数列的第 55 根 K 线，B 点为 P 点向左的第 89 根 K 线。

其二，55−21=34。则 C 点将是 P 点向左的反数列的第 21 根 K 线，B 点为 P 点向左的第 55 根 K 线。

得出结论：从 P 点开始，B 点为反数列结束点，则 PB=55 或 PB=89，那么 PB 到底是 55 还是 89 呢？

PB=PA+AB

又因 AB=87，AB 大于 55，

得出，PB 要大于 87，

所以，PB=89，而非 55，

PA=PB−AB=89−87=2

得出结论：从 A 点后 2 根 K 线之后就是未来起点 P，也是重要的变盘点。

A 点为 2008 年 9 月份，未来起点为 2008 年 11 月份，也将是重要的低点。结果在其后的 10 月 28 日见 1664 低点，形成牛市底部。在其后同时出现正斐波那契数列，新的预测又开始了。如图 6.9 所示。

承上所述，从图 6.9 中的 P 开始，在正斐波那契数 8 出现牛市的高点，即图 6.9 中的 E 点。数 13 成为反弹的高点，即图 6.9 中的 F。而图中 PG 为相隔 20 根 K 线，与斐波那契数 21 只相差 1，低点提前了 1 个单位。

什么情况下将可能有反斐波那契数列

A．高低点从左至右越来越密。

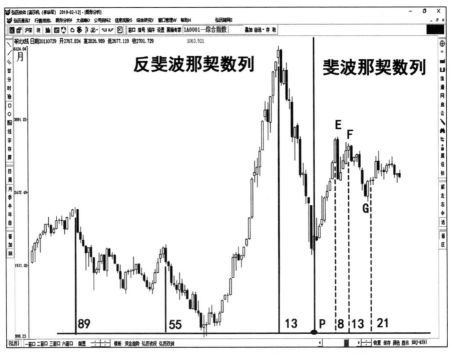

图 6.9　上证指数月线图（2000 年 2 月份至 2011 年 7 月份）

B. 高低点间隔时间符合斐波那契数列。

C. 这些数字出现得越多，反斐波那契数列就可能越有效。

D. 高低点间隔时间连续出现简单的相连数列，就一定有反斐波那契数列。

寻找反斐波那契数列的未来起点 P 的技法

1. 如果从右向左连续三个高低点（BCD）之间的间隔时间都相等，并且等于同一个斐波那契数字（记为 R）。那么，最右边的 B 点为比 R 更小的一个斐波那契数。假设 BC 和 CD 间隔 21 日，BC=CD=21=R，则 B 点等于比 R(21) 更小的斐波那契数 13，B 为 13，C 点为 34，D 点为 55。

案例解析

在图 6.10 中，标出了中国平安 ABCD 四个点，其中 BC=

图 6.10　中国平安日线图（2018 年 3 月 9 日至 6 月 25 日）

CD=22,22 离数字 21 相差 1 天，1 天的误差是可以接受的。根据上面的规则，最右边的 B 点等于较 21 更小的一个斐波那契数字 13，所以，从 B 点开始往右的第 13 根 K 线就是变盘点处。BA 等于 6，还要下跌 7 天的时间，才会见起点 P，因为之前是下跌，所以，P 是低点。A 为 6 月 25 日，7 个交易日为 7 月 4 日，在后期的跟踪中，中国平安提前一天在 7 月 3 日见低点了，其后出现了一波反弹。如图 6.11 所示。从 P 点开始，又出现了新的斐波那契数列变盘，在 5、13、21 和 34 处都出现转折变盘。

2. 如果不符合上面第 1 条，但有两个高低点间隔时间符合斐波那契数字规律，从左向右，两点分别记为 C 和 B，那么，B 和 C 一定有一个为比两者之差更高的一个斐波那契数字。

比如说：C−B=21

那么：C 或 B 有一个一定是比 21 更高的斐波那契数字 34。但是

图 6.11　中国平安日线图（2018 年 3 月 9 日至 10 月 24 日）

有一个前提条件：只有经过第 3 个变盘点的验证才能证明是有效的。

斐波那契正反数列丰富了股市，让市场变得更加扑朔迷离，作为一个专业的投资者我们需要熟练掌握正反斐波那契数列。

第三节　涨停有数

在我国，证券市场设定了涨跌幅限制，为了快速获利，激进型的主力通常喜欢连续拉涨停板，短期内实现丰厚的利润。涨停是每个投资者都喜欢的，刺激加上有机会获得丰厚的利润，追涨停的人络绎不绝。当然，很多人因为缺乏技能和工具，往往以失败告终。甚至因追涨失败不卖，出现了深度套牢。

涨停板根据主力意图大体分为五种：骗人涨停、出货涨停、加速涨停、启动涨停、洗盘涨停。

骗人涨停

此类涨停的目的就是欺骗投资者。如果每次追涨停都成功，都能赚钱，那这就不叫投资了，股市就是你的印钞机。真作假时假亦真，假作真时真亦假，真真假假才能长存。大多数涨停一追就跌，但有部分股票连续涨停，短短 2 周就翻倍了，这样就能吸引大量投资者跟风追涨停，而骗人涨停就是主力为了混淆市场做出的假涨停板，就是坑人涨停。

出货涨停

此类涨停主要在高位出现，主力通过涨停的方式，吸引投资者买入，从而达到出货的目的。此类涨停往往与中继涨停难以区分。追上这些涨停板后，一旦跌破就应该出局。因为此类涨停后期的跌幅非常大，甚至很难解套。

加速涨停

经过一段时间的上涨后，股价进入了上涨阶段，主力为了更快地获得更多的利润，通过涨停板快速推升股价，加速上涨，甚至出现连板拉升，快速翻倍。此类涨停一旦买入成功上涨，短期内能给投资者带来丰厚的利润。

启动涨停

股票经过下跌或调整之后出现的涨停，意味着原有调整的结束，新的上涨波段开始，此类涨停更加适合上涨趋势回调的启动。此类涨停非常有投资价值，在 2017 年弘历举办的博鳌国际金融论坛笔者发言讲的就是"否极泰来涨停"，此方法就是讲如何把握启动涨停。

洗盘涨停

此类涨停主要是用来洗盘。主力资金在股票中通过涨停的方式，吸引投资者买入，而后出现回调，让跟风的投资者出局，当出局之后，转头向上，甚至再次出现涨停。此类涨停容易与骗线涨停混淆。洗盘涨停的目的有三个：

其一，测试市场热度。测试个股中散户投资者的情况，比如说跟风盘、抛压盘、惜筹情况、换手率，等等，看市场热度够不够。

其二，高抛低吸获利。通过涨停板高抛，再回调掉到涨停开盘位置，甚至跌破涨停，进行低吸。

其三，混淆涨停市场。让投资者分不清楚真假，简单一句话，买了跌，卖了涨。

案例解析

中国软件在图 6.12 中出现了 8 个涨停，图 6.12 中的 A 处和 E 处为加速涨停，D 为启动涨停，B 和 C 是出货涨停。

图 6.12　中国软件日线图（2018 年 3 月 3 日至 7 月 4 日）

洗板"十三妹"

把斐波那契数列与涨停结合，既能丰富数列的使用范围，也能提高捕捉涨停的成功率。洗盘涨停一追就回调，而结合了数列就容易寻找到回调低点，在再次上涨前买入。

洗盘涨停在涨停后，通常回调 8 天见低点的概率非常高。3 至 5 天不涨普通短线投资者就难受，8 天基本受不了，再加上追涨亏损，容易洗盘出局，时间长的能达到 13 天。笔者把这种行为称为洗板"十三妹"。洗板是洗盘涨停的简称，"十三妹"就是调整 13 天。此类涨停主力暗度陈仓，笑里藏刀，我们就来一个以逸待劳，守株待兔。

案例解析

绿色动力次新股连续涨停，从 4.74 元涨到了 27.85 元，快涨后就暴跌，实现了腰斩，在图 6.13 中 A 处出现了涨停，暴跌反弹涨停打头，量能放大，很多投资者在次日买入，正想着会连续涨停，结果事与愿违。连续几天的调整跌破涨停最低价，在第 5 天止跌，当时下跌达 15%，亏损惨重，基本上很难持有。而恰恰相反，在第 5 天见低点，第 8 天启动，第 13 天再次开始拉升，从 13.76 元涨到了 23.55 元，

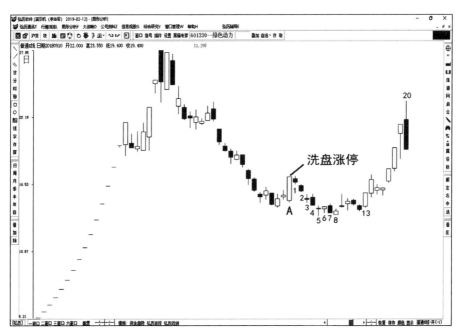

图 6.13 绿色动力日线图（2018 年 6 月 11 日至 9 月 10 日）

接近 10 元的利润。当日冲高回落长上影线大阴线，从时间来看，距涨停已经有 20 个交易日，比 21 日提前 1 日见高点，当止盈出局。

妖股"十三板"

在加速涨停中，也存在着斐波那契数列的秘密，加速涨停通常以连续涨停为主，是股民最珍爱的一种。连续涨停数通常也会出现 5 个、8 个和 13 个涨停板。涨停 5 个以上者，我们称之为"妖股"，"妖股"最高境界就是十三板。

案例解析

上证指数 2018 年 2 月份之后见顶下跌，6 月份加速下跌，其后 3 个月持续加速下跌。德新交运在经历了暴跌后，从 45.66 元跌到了 10.38 元，见底并涨停，经过了 6 天洗盘，再次开启了涨停热潮，主力开始连拉涨停，一共为 13 个涨停板，形成了"妖股"十三板，主力在第 12 个涨停时开始出货，第 13 个涨停后转折向下。

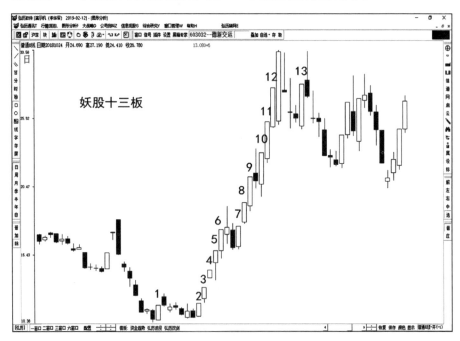

图 6.14　德新交运日线图 (2018 年 5 月 18 日至 10 月 24 日)

　　当然，妖股涨停通常为两拨涨停，第 1 波是涨停拉升，第 2 波为出货涨停，补齐涨停数量，从而达成斐波那契数列。

　　案例解析

　　乐视网从 44.7 元跌到 2.00 元，堪称 2018 年超级"黑天鹅"股，在惨烈下跌后，投机性的主力资金开始炒作，从 8 月份下旬到 9 月份中旬，不到一个月时间实现了翻倍，从第 1 个启动涨停开始，快速拉升了 6 个涨停板，然后，回调 5 个交易日，再出现了 2 个涨停，组成了 8 个涨停，很明显第 2 波的 7 和 8 两个涨停就是为了出货而准备的。

　　树有根，水有源。凡是涨停皆有主力，凡是主力皆有征兆，斐波那契数列是其中的数字密码。不管是有意还是无心，最终投资行为都回归到自然法则中，遵循这种法则，才能事半功倍。

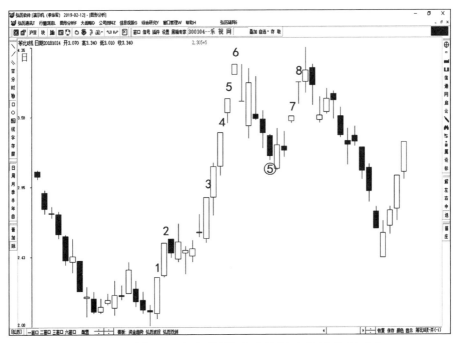

图 6.15　乐视网日线图（2018 年 7 月 24 日至 10 月 24 日）

第七章　趋势线时空模型

趋势绝对是投资的核心，趋势存在于世界任何角落和领域之中，甚至还存在于人们的精神层面。对于大多数股民而言，只有上升趋势的股票和市场才能真正带来利润。

趋势研究有两种思路：一种是研究趋势的延续。以道氏理论为代表，在上升趋势中任何点买股票都是对的，下跌趋势中任何点卖出股票都是对的。一种是研究趋势的转折。例如江恩理论，研判趋势的延续和转折，最常用的方法是趋势线。本章从价量时空四维进行阐述，把大家耳熟能详的趋势线，玩出新的花样。

第一节　趋势线有效识别

道氏理论讲述只有一个新趋势的形成，才意味着原有趋势的结束。趋势线是衡量延续和转折的一把尺子。本章从价量时空四维来阐述趋势线。

趋势是由波峰和波谷依次上升（下降）的方向所构成的。波峰与波谷依次递升，为上升趋势；依次递降，为下跌趋势；上下震荡，为横盘整理。

趋势线是图表分析师所使用的最简便也是最有价值的基本技术工

具之一。它是衡量价格变化趋势的，由趋势线的方向可以看出股价的趋势。

趋势线的绘制标准

趋势线就是把同级别明显性的两个上分形或下分形用一条直线连接起来的线路，通常以此判断此级别股价运行方向是否发生改变。

分形分为上分形和下分形，通常由 5 根 K 线组成，若其中中间第 3 根 K 线的最低价为 5 根 K 线的最低价，则为下分形。若其中中间第 3 根 K 线的最高价为 5 根 K 线的最高价，则为上分形。上分形是由上涨结构变下跌结构的一个转折点，下分形为下跌结构转变为上涨结构的一个转折点。

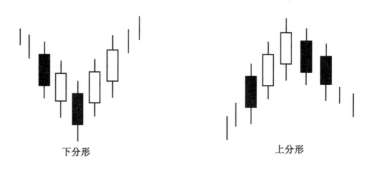

下分形　　　　　　　　上分形

图 7.1　分形结构

在上升趋势中，把两个抬高的下分形连成一直线，这样便得到了一条上升趋势线。在下跌趋势中，把两个降低的上分形连成一直线，这样便得到了一条下降趋势线。见图 7.2。

趋势线是用画线的方法将下分形低点或上分形高点相连，辅助角度，来判断趋势的延续、转折和强度。

趋势线有两种作用：其一，对股价今后的变动起约束作用。其二，趋势线被突破后，就说明股价下一步的趋势将要反向，越重要越有效的趋势线被突破，转趋势的信号越强烈。

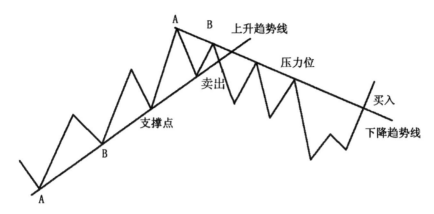

图 7.2 趋势线画法示意图

趋势线的确认

连接两个高点（或低点）画出的趋势线，为"实验"趋势线。只有经过第 3 个点的印证，方为有效的趋势线。如图所示。

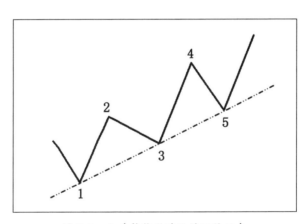

图 7.3 上升趋势线确认的四段五点

上升趋势线是由依次向上的下分形连接而成的。首先在两个连续的依次上升的下分形（下分形 1 和下分形 3）做出尝试性趋势线，然后还需要第 3 个下分形 5 来确认该趋势线的有效性。

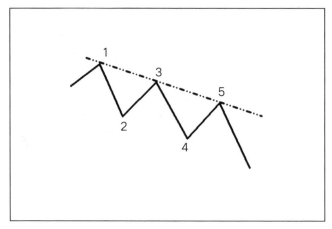

图 7.4　下降趋势线确认的四段五点

下降趋势线是连接依次下降的上分形高点做出的直线，如图 7.4 所示，先由两个上分形（1 和 3）做出尝试性下降趋势线，然后还需要第 3 个上分形 5 来确认该趋势线的有效性。

在绘制趋势线的时候，大多数软件默认的是普通 K 线，建议投资者使用对数（等比）K 线，相比普通 K 线更加精准。

在绘制趋势线的时候，有两种不同的画法。第一种方式以 K 线的最低价或最高价为制作标准。第二种方式以 K 线的实体为制作标准。两种方法都可以，每一只股票都不同，哪种方式更加适合当前的股票，就选择用哪种。为了便于后面的阐述，这里笔者画趋势线选择以最低价或最高价为标准。

趋势线有效突破

趋势线的突破本来就是市场的一个异动因子，是突发的结果。不但需要能量，还需要时间。趋势线的突破主要有以下原则。

1. 收盘价突破更有效原则

即收盘价突破趋势线要比最高价突破趋势线更加有效。

2. 三三原则

趋势线不是玻璃，一碰就碎，而是一堵牛熊都能依靠的篱笆。碰到不能说明成功。必须经过时间和空间的印证，突破趋势线上的涨幅要达到 3%，连续站稳三天，才算突破有效，其他现象为假突破。

突破后越远离趋势线，则突破越有效。突破趋势线后停留的时间越长，突破越有效。

案例解析

图 7.5 为上证指数 2007 年 8 月 3 日至 2009 年 8 月 14 日周线图。上证指数在 2007 年 10 月份的 6124 点见顶，2008 年指数高点依次降低，且低点也依次降低，形成了下降趋势。连接图中的两个依次创低点的上分形 1 和 3 绘制下降趋势线。在图中 5 处，股指反弹正好达到趋势线上受阻再次回落，得到了三点的印证，为有效的下降趋势线。在图中的 7 处，股指以横盘的方式回到了趋势线的上方，并且回踩了

图 7.5　上证指数周线图 (2007 年 8 月 3 日至 2009 年 8 月 14 日)

趋势线，其后受到支撑，股价才结束了一年的下跌，2009 年牛市行情才正式拉开序幕。

为了更好地识别趋势线的突破的真实性，我们可以借助其他手段。通常可以用以下指标：

1．突破趋势线的市场环境

2．突破时距底部的高度

3．底部量的堆积大小

4．突破时的力度与时间

5．突破是否伴随跳空缺口

有主力建仓迹象的，底部量能囤积较多，主力吸筹多，也是识别向上突破有效的一个参考。突破后会出现短期震荡，但若成交继续保持活跃，最好在周线出现倍量。

向上突破要求走势明显，力强速快，干净利落，以带巨量、阳线、跳空甚至涨停方式突破为佳。带跳空缺口的突破常常能反映主力的坚定心态。

案例解析

图 7.6 为祁连山 2010 年 8 月 20 日至 2011 年 3 月 10 日日线图。连接图中的上分形 1 和 3 作下降趋势线，在 5 处（12 月 14 日）出现上分形，第三次达到趋势线，但是股价受阻再次回落，说明本条下降趋势线是有效的，后期在 7 处（2011 年 1 月 5 日）又出现了一个上分形，再次受阻回落，第四次印证。股价最终在图中 8 处，即 2 月 14 日大涨 6.461%，说明此时上攻力度非常强。在图中的 5 处和 7 处，为什么股价不能够突破？我们根据当时的环境来分析一下，就可知道庐山真面目。同时间段上证指数的走势见图 7.7。

图 7.6　祁连山日线图(2010 年 8 月 20 日至 2011 年 3 月 10 日)

图 7.7　上证指数日线图(2010 年 10 月 19 日至 2011 年 2 月 14 日)

案例解析

图 7.7 为上证指数 2010 年 10 月 19 日至 2011 年 2 月 14 日日线图。上证指数在 2010 年 12 月 14 日出现的是一个十字星，而次日收阴线。当时大盘从 3186.72 点开始快速下跌，其后股指一直以横盘的方式进行调整，说明市场环境非常弱，而 12 月 14 日的十字星，成为反转十字星了。同样，在 1 月 5 日上证市场同样疲软，其后盘整了三日，股指出现了中阴，意味着再次回落。2 月 14 日，祁连山出现了大阳线，突破了压力线，而大盘也开始半个月的反弹，并且当日大盘涨幅高达 2.54%。说明市场环境强势，此时，买入突破趋势线的股票是不错的操作。

从低点到突破时，时间越短，突破越有效，也越强势，在 3 天之内的突破极为强势。

第二节 趋势线之价格支撑与压力

上升趋势中，当股价触及上升趋势支撑线并有效支撑时，为买入时机。有效支撑可按照上节中介绍的方法来判断。当股价跌破支撑线后又反弹到支撑线时，支撑线将成为反弹的压力位。

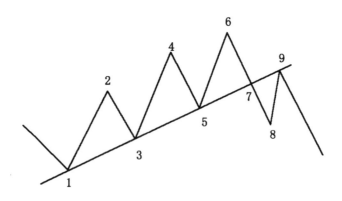

图 7.8 支撑线反弹压力位

案例解析

图 7.9 为海信电器 2008 年 5 月 15 日至 2011 年 2 月 15 日日线图。连接图中两个明显下分形 1 和 2，做一条上涨趋势线。在位置 3 的时候股价并没有在支撑线上起到支撑上涨，反而跌破了趋势线。其后的反弹行情，在图中的 4、5、6 和 7 四处股价连续四次反弹受阻，说明压力非常之强大，应注意转折风险。

图 7.9　海信电器日线图(2008 年 5 月 15 日至 2011 年 2 月 15 日)

在下降趋势中，当股价触及趋势线不能有效突破时，就是卖出的时机。当股价突破下降趋势线，回踩趋势线时，压力线将转为支撑线。如图 7.10：

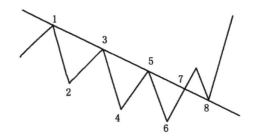

图 7.10　压力线转支撑线

支撑与压力的转换

支撑与压力在市场中可以相互转换,当支撑被跌破之后,股价再反弹到原支撑位时,此时,支撑位反而成为上涨的阻力。同理,压力位如果被突破之后,价格再回踩压力位时,此时,压力就变为支撑位。

案例解析

图 7.11 为上证指数 2004 年 1 月 13 日至 2006 年 5 月 15 日日线图。从 2004 年至 2005 年的熊市中,在图中 3 处突破趋势线,图中 4 处回

图 7.11　上证指数日线图(2004 年 1 月 13 日至 2006 年 5 月 15 日)

踩下降趋势线，没有跌破趋势线，压力线变成支撑线，新一轮上涨行情真正开始启动。

上涨重支撑，下跌重压力

主力在上升趋势的回调，主要目的是洗盘，并不是下跌，洗盘是为了后期更好地上涨。上升趋势股票赚钱效应明显，场外资金容易进场。多方跟风投资者越多，市场越容易上涨。所以，上涨趋势中，应重视支撑位的低吸。

案例解析

图 7.12 为华谊兄弟 2013 年 3 月 21 日至 10 月 23 日日线图。连接图中的 A 点和 B 点，画一条上涨的趋势线。在 C 处，回踩到趋势线有效支撑后，股价再次上涨，说明这条趋势线是有效的。在 F 点再次回调到趋势线上起到支撑，此时为买入点。在 G 点跌破了趋势线就为卖点。在图中的 D 和 E 两处为阶段高点，是股价上涨的阻力，但是，后期股价都突破上涨了。

图 7.12 华谊兄弟日线图 (2013 年 3 月 21 日至 10 月 23 日)

在下跌趋势中,投资者应该重点参考压力位。因为此时市场低迷,人气下降,交易疲软,股民解套就容易卖出股票,形成短期抛压。所以,下跌中投资者应该关注趋势线的压力位,每逢压力就容易受阻回落。

趋势角度是衡量股价变速的尺子,趋势线与水平线夹角越大,上涨或下跌速度越快。角度越小,运行速度越慢。股价跌破趋势线就意味着原有角度的改变。当股价变化速度发生改变的时候,角度也会发生改变,为了更有效地跟踪价格,趋势线就需要修正。

第三节 趋势线之空间测算

趋势线不但可以界定趋势是否发生改变,而且也可以用来辅助测算价格目标,是一把精确的测量尺。测算方法分为破位测算、垂直测算和顶底测算。

所谓破位测算,即下降趋势突破的目标等于突破点与低点之差加上突破点。上升趋势跌破的目标等于跌破点减去高点与跌破点之差。如图 7.13 和图 7.14 所示:

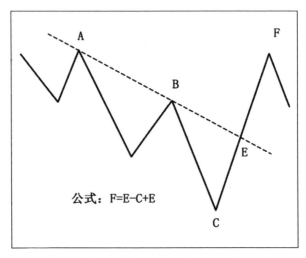

图 7.13 下降趋势线破位测算

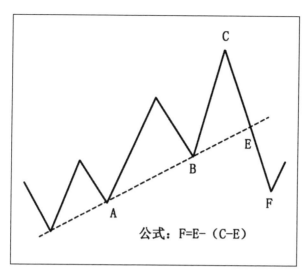

图 7.14　上升趋势线破位测算

案例解析

图 7.15 为南都电源 2012 年 7 月 5 日至 2013 年 2 月 4 日日线图。连接两个重要的波段高点，如图 7.15 中的 A 点和 B 点，价格在图中的 C 点 4.89 元见低点开始反弹，在 12 月 25 日大阳线突破了下降趋势线压力位 6.32 元，即图中的 E 处，其后，股票上涨的目标位 F 为 7.75 元，计算方法：

F=E−C+E=6.32−4.89+6.32=7.75

在 2013 年 1 月 14 日南都电源最高价为 7.69 元，没有达到 7.75 元，在次日 1 月 15 日开盘价为 7.7 元，最高价为 8.04 元，收盘价为 7.37 元，股价达到了 7.75 元，当日长上影线收阴线，为很好的卖点，之后，股指开始了回调。

垂直测算计算公式：

突破趋势线的目标位 ＝ 波段低点与趋势线垂直距离 ＋ 趋势线突破点的实际价格

跌破趋势线的目标位 ＝ 趋势线跌破点的实际价格 － 波段高点与趋势线垂直距离

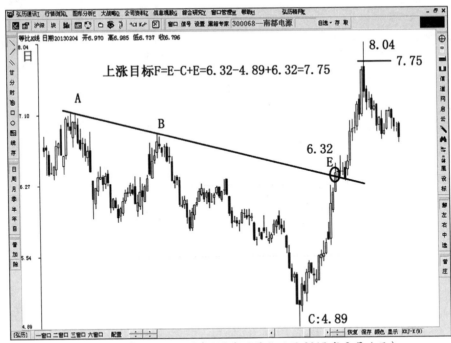

图 7.15　南都电源日线图(2012 年 7 月 5 日至 2013 年 2 月 4 日)

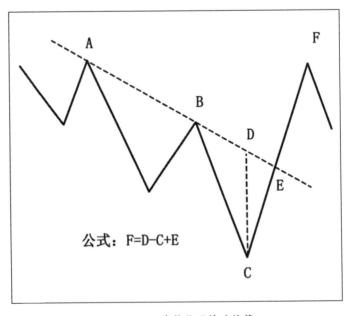

图 7.16　下降趋势线精确计算

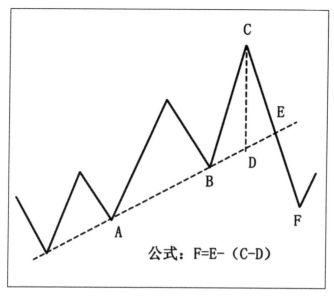

图 7.17　上升趋势线精确计算

趋势线突破的另外一种普遍现象是出现在形态颈线的突破。例如，头肩底反转形态的测算中，从"头"到"颈线"的距离，就是预测颈线被突破后的目标的依据。

案例解析

图 7.18 为三川股份 2012 年 11 月 20 日至 2013 年 10 月 22 日日线图。三川股份在 2012 年 12 月份至 2013 年的 6 月份期间为上涨走势，连接图中的 A 点和 B 点两处低点绘上涨趋势线，6 月 20 日股价大跌，跌破了图中的 E 处趋势线支撑点 7.10 元，股价下跌到什么价格？找到下跌的最高价 8.30 元，为图中的 C 处，时间为 5 月 31 日。以最高价当日画垂直线，与上升趋势线相交于 D 点，此时，已经找出了 C 点、D 点和 E 点，根据上升趋势精确计算的方法，计算未来下跌目标 F 点，F=E−(C−D)=7.10−(8.30−6.82)=5.62 元，计算得出下跌目标价格为 5.62 元。最终在 7 月 8 日的大阴线最低价第 1 次跌破了 5.62 元，当日最低价位为 5.54 元，在次日 7 月 9 日，走出了整个下跌的最低价 5.51 元的价格，相差 3 分钱，股价转折后，出现了新的上涨。

图 7.18　三川股份日线图(2012 年 11 月 20 日至 2013 年 10 月 22 日)

案例解析

图 7.19 为华平股份 2013 年 10 月 8 日至 2014 年 3 月 14 日日线图。连接图中两高点 A 和 B 点，绘出下降趋势线，在图中 C 为最低价 12.96 元，然后，通过最低价当日画垂直线，与 AB 线相交于 D，交点价格为 16.48 元，价格在 E 处突破了下降趋势线，趋势线处价格为 14.39 元，根据下降趋势线精确计算方法，计算得出目标位 F：

F=D-C+E=16.48-12.96+14.39=17.91

在图中 1 月 23 日股价第一次突破了 17.91 元，最高价为 18.54 元，次日股价最高达到 18.67 元，收阴线，这两日为最好的卖点，可以回避第 3 天（1 月 27 日）出现的倒"T"字跌停板。

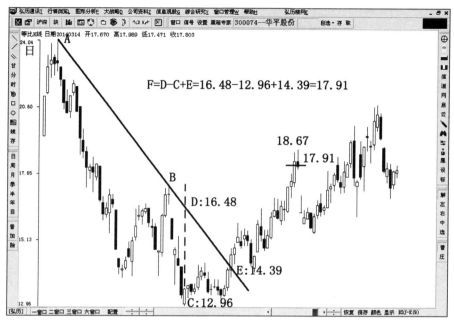

图 7.19　华平股份日线图（2013 年 10 月 8 日至 2014 年 3 月 14 日）

顶底预测法

趋势线顶底预测法，即通过一个重要的点，画水平线来计算股价的目标，这种方法在形态测算中比较多见，如双底形态、M 头、头肩底、头肩顶等形态的颈线。如双底形态股票上涨目标预测中，高点 B 减去低点 A 为形态的结构高度 H，未来股价第一目标价格 D=B+H。如图 7.20 双底形态高点计算。

案例解析

图 7.21 为濮耐股份 2010 年 4 月 2 日至 2011 年 5 月 6 日周线图。在图中 A 处（2010 年 7 月 2 日）股价走出了 8.3 元的最低价，其后股价随着大盘的上涨，出现了一波反弹。在 9 月 3 日最高价达到了 12.7 元，为双底形态的 B 点。通过计算：H=B−A=12.7−8.3=4.4，D=B+H=12.7+4.4=17.1 元，说明股价上涨的第 1 个目标将上涨到 17.1 元，结果股价在 3 月 28 日就达到了 17.36 元。最高为 19.45 元，其后股价开始下跌。

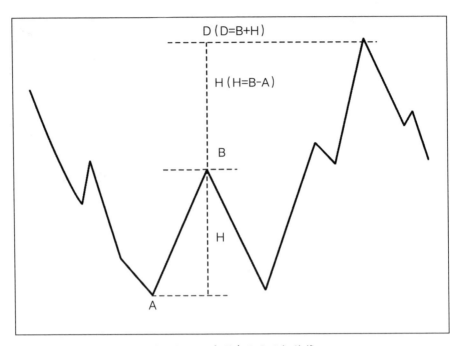

图 7.20　双底形态上涨目标计算

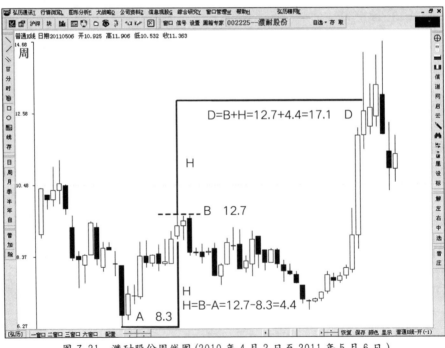

图 7.21　濮耐股份周线图(2010 年 4 月 2 日至 2011 年 5 月 6 日)

在箱体理论中，股票的上涨和下跌都是按照一个个箱体累积起来的，只要知道每一个箱体的高度和宽度，就能预测股价的目标位。股价突破趋势线的空间计算同样如此。按照以高度为 H 的箱体一个个累加起来的，1 个、2 个、3 个……N 个逐一累加。在上涨中直到股价不能够突破箱体的顶部为止，就不再继续累加箱体。在下跌趋势中的箱体，当股价不能跌破箱体的底部就不再累加箱体。目标价格计算方法 D：$D=B+H \times N=B+(B-A) \times N$。

图 7.22　西藏发展日线图(2010 年 4 月 29 日至 2011 年 5 月 5 日)

案例解析

图 7.22 为西藏发展 2010 年 4 月 29 日至 2011 年 5 月 5 日日线图。西藏发展在 2010 年 7 月 2 日至 2011 年 1 月 25 日股价走出了两个低点。股价第 2 个低点为 8.62 元，没有跌破 A 点的 8.3 元，其后股价开始上涨，突破了 13.8 元的高点，并且是有效突破，双底形态正式完成。

股价趋势线的计算可根据股价上涨的推涨模式，从 B 处开始，按照箱体高为 H，一个个进行累加，直到股价不能再突破箱体顶部。其后，若跌破箱体的底部，则意味着股票上涨空间基本到位。市场抬轿者不再盲目地抬轿了，此时应注意风险的控制。

在趋势线的预测中，还有一个重要的概念为反转日，包括顶部反转日、底部反转日和关键反转日。在关键的时间和位置，一旦把它与其他技术资料综合起来考虑，就显得极不寻常。

综上，趋势线的空间测试有破位测算、垂直测算、顶底测算和箱体累加测算。前三种可以分别与箱体累加组合进行测算，而箱体测算中的箱体通常以倍数进行累加。

第四节　趋势线时间变盘

趋势线用来判断趋势的延续，以及确认趋势是否已经转折，但无法在顶或底部提示买卖，这就使得趋势线出现很多的盲点，这也成为趋势线爱好者的一大遗憾。笔者经过多年的经验总结发现，通过趋势线也可以提前预测顶底所出现的时间。

趋势线时间变盘点是市场前期的明显性高点或低点的水平线与趋势线形成的交点，两线的交叉点易产生变盘，使短期价格回归趋势线。

为什么要选择明显性高点和低点呢？因为高低点在市场中表示多空力量极限的转折，有其特殊的含义，高低点对后期股价影响非常大和明显。

明显性高点和低点，表示市场短期多空力量的转折点。随着股价的不断抬高，市场多方力量越来越弱，而空方力量却在增强。明显性的高点，就是空方力量通过积累达到一个极限，这个极限已经能改变市场的短期上涨的方向。明显性的低点的形成原理与明显性高点的形成原理基本一致，低点位置空方力量达到了极限，从而使短期股价运行发生改变。

一、趋势线时间价格完美和非完美模型

根据明显性高低点的水平线与趋势线相交叉位置，可以把趋势线的时间变盘与价格关系分为两种：趋势线时间价格完美模型和趋势线时间价格非完美模型。

» 趋势线时间价格完美模型

所谓趋势线时间价格完美模型，即趋势线与明显性高点或低点相交叉时，股价当日正好回落到交叉点位置。此模型为趋势线时间价格完美模型。见图 7.23。

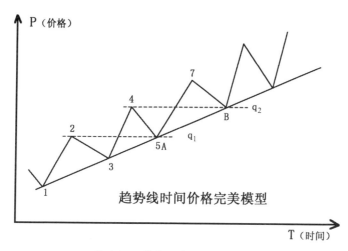

图 7.23　趋势线时间价格完美模型

案例解析

图 7.24 为中国上证指数季线图。可看到中国股市 30 年的历史，连接图中的 1 点和 4 点可以画一条上升趋势线。这一条趋势线是市场的主线，在画出这条趋势线之后，以其中的高点 2、高点 3、高点 8 和高点 5，分别画出水平线 q_1、q_2、q_3 和 q_4，四线都与趋势线相交，如图中的 A 处、B 处、E 处和 F 处为交叉点。在 A 处和 B 处上证指

图 7.24　上证指数季线图(1990 年 12 月 31 日至 2018 年 11 月 1 日)

数正好回落到交叉位置,交叉点时间与指数达到完美共振,符合趋势
线时间价格完美模型。1 和 4 的趋势线的角度可以完全固定,3 处和
2 处的高点也是固定不变的点。根据数学原理,交点必然固定,因而
这个时间点可以提前预测。

　　q_3 与趋势线相交时,指数并没有达到趋势线,当时股指已经跌破
了趋势线,并且远离了趋势线,很神奇的是指数在这个交叉时间点产
生了变盘,低点为 1849 点,如图中的 C 处。在 2015 年牛市上涨到
5178 点,回抽趋势线,受阻未突破再次下跌,下跌低点时间正好是
q_4 和趋势线的交叉时间点。

　　趋势线的时间变盘不但对长周期适应,对短周期也非常有效。在
周线、日线都可以使用,甚至在分时线上也同样适用。如图 7.25。

案例解析

图 7.25 为阳泉煤业 2008 年 10 月 7 日至 2009 年 4 月 16 日日线图。以图中的分形低点 1 和低点 3 画上升趋势线 y_1，然后以明显性高点 2 画水平线 q_1，y_1 和 q_1 两直线相交于未来的 A 点，预测在点 A 这个时间点将会引发市场的变盘。在图中的 4 处，股价明显远离了 y_1 趋势线。其后，股价开始回归趋势线，当时间达到 A 的位置时，股价离趋势线非常近了。之后，股价虽没有完全回到趋势线上，但是在短期出现横盘，用时间来换取空间的回踩。最终，股价在 A 处盘整，3 日之后，股价开始大涨，形成了新的上涨波段。

图 7.25　阳泉煤业日线图（2008 年 10 月 7 日至 2009 年 4 月 16 日）

案例解析

图 7.26 为风神股份 2011 年 1 月 5 日至 3 月 17 日日线图。风神股份日线图中，通过连接图中的 1 和 3 处两低点画一条上升趋势线，然

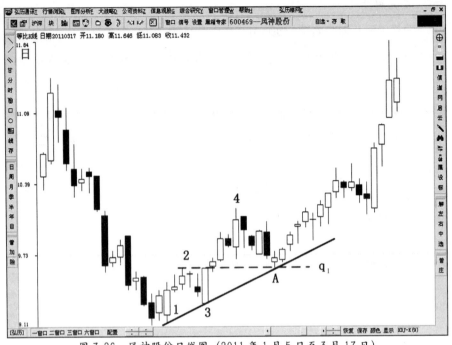

图 7.26　风神股份日线图（2011 年 1 月 5 日至 3 月 17 日）

后，通过高点 2 画一条水平线 q_1，q_1 与 1、3 的延长线相交于 A 点，其后，价格回踩到 A 点，起到支撑，转折向上，完全符合趋势线时间价格完美模型，为最佳买入时机。

完美模型不常见，非完美才是主流。下面分析趋势线时间价格非完美模型。

》 趋势线时间价格非完美模型

所谓趋势线时间价格非完美模型，即趋势线与明显性高点或低点相交叉时，股价未能回落到交叉点位置，但是，价格也发生转折了，价格向趋势线回归。此模型为趋势线时间价格非完美模型。

趋势线时间价格非完美模型如图 7.27。

案例解析

图 7.28 为上证指数 2010 年 5 月 6 日至 12 月 17 日日线图。上证指数在 2010 年 7 月 2 日创出 2319 点的低点，开始了上涨，连接图中低点

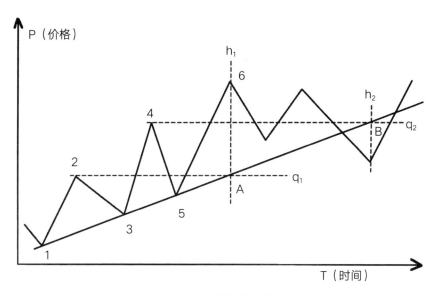

图 7.27　趋势线时间价格非完美模型

图 7.28　上证指数日线图（2010 年 5 月 6 日至 12 月 17 日）

1 和低点 3，画出一条上涨趋势线。然后，以横盘中最近的一个高点，如图中的 2 处（9 月 7 日），画水平线 q_1，与上涨趋势线相交于 A 点。国庆节之后，股指快速拉升，远离了趋势线，但是，在 A 点所在的时间，股指开始回归趋势线，在 A 点当日 11 月 8 日，形成了点 4 的高点，市场在高位发生了转折，回归趋势线，指数下跌，产生了 3186 点的高点。

二、趋势线时间变盘操作步骤

为更好地学习和运用这种方法，笔者把此操作方法做成一个流程，方便读者运用。流程大体可以分为三步。

» 第一步：找趋势线

根据股价的运行方向，主趋势线通常可分为上涨主趋势线和下跌主趋势线。在寻找主趋势线的时候要注意两点：

其一，主趋势线不要太平缓。太平缓的主趋势线与前期的明显高低点相交时间甚远，对短期股市操作指导意义不大。

其二，寻找对短期走势有效的趋势线作为主趋势线。无论在上涨趋势线中，还是在下跌趋势线中，股价的高低点不止两个，通过不同的两点都可以画趋势线，趋势线多时会有 3 至 4 条，这就需要选择走势有效的趋势线作为主趋势线。

» 第二步：画水平线

在找出主趋势线之后，接下来就是寻找离趋势线较近的明显性高低点。寻找明显性高点和低点，并画其水平线，记为 q，可能是一条，也可能是多条。明显性高低点因为有时影线较长，对后期的时间变盘影响很大。经笔者长时间实战及观察，总结了一些规律，可根据明显性高低点是阴线还是阳线来判断。

顶底标准：阳影阴实

找明显高低点标准：阳线以上、下影线为主，阴线看实体高低。具体可分为三种情况。

第一种情况：若明显性高点或低点是阳线，通过明显性高（低）点的最高价（最低价）画水平线，正所谓阳线则看影线高低。

第二种情况：若明显性高点或低点是阴线，其实体比其附近的阳线的最高价还要高，则以明显性阴线实体最高价画水平线，正所谓阴线则找实体高低。

第三种情况：在高位，若明显性高点是阴线，但是阴线实体比附近阳线最高价却要低，此时，以阳线的最高价画水平线。在低位，若明显性低点是阴线，但比附近阳线的最低价却要高，此时以阳线的最低价画水平线。

案例解析

图 7.29 为上证指数 2012 年 9 月 18 日至 2013 年 1 月 7 日日线图。上证指数在 2012 年 12 月份走出了 1949 点的"解放底"，其后，展开了一波上涨走势。通过趋势线时间变盘，这个"解放底"同样可以预

图 7.29　上证指数日线图（2012 年 9 月 18 日至 2013 年 1 月 7 日）

测出来。首先确定下降趋势线 h，如图所示，然后，找到重要的低点，在图中的 1 处是一个非常重要的波谷，最低点出现在 1 处，在 2 处出现了 1 根阳线，我们应该用 1 还是用 2，根据上文的结论，阳线 2 的最低点虽然比 1 的最低点要高，但是，却比 1 的实体要低，所以，应该以 2 的最低点画水平线 p_1，与 h 相交于 A 点，离 1949 点相隔只有一天的时间。另外，还可以用低点 3 画水平线 p_2，与 h 相交于 B 点，所对应的正好为 1949 点当日。A 点和 B 点出现了共振，变盘效应更加明显。

》 **第三步：定变盘点**

通过明显性高点和低点，找到主趋势线与水平线的交点，记为 A 点，此点是趋势线时间价格变盘点。

三、三定模型

在应用趋势线测定时间变盘时，可用一种简单、实战性强的缩版，即通过三点定趋势线时间价格模型，简称三定模型，具体操作流程如下：

1. 定趋势线。记为趋势线 h。连接两个相邻的高点或低点，画一条趋势线。短线可以按照相邻相同分形来定趋势线：上升趋势中，连接两个逐渐抬高的下分形定上升趋势线 h；在下跌趋势中，连接两个逐渐降低的上分形，定下降趋势线 h。

2. 定高低点。以趋势线两高点或低点之间的低（高）点，为明显性的次高低点。然后，通过此点画其水平直线 q。或者，以两个相邻相同分形之间的相反分形为次高点，通过此点画其水平线，记为水平线 q。

3. 定时间变盘。水平线 q 与斜线 h 的交点，就为趋势线的时间价格变盘点，记为 A。在 A 点当日，将会影响市场价格的变盘。两线交点越近，距离变盘时间越短；两线交点越远，距离变盘时间越长。

案例解析

图 7.30 为上证指数 2013 年 4 月 11 日至 6 月 7 日日线图。图中的

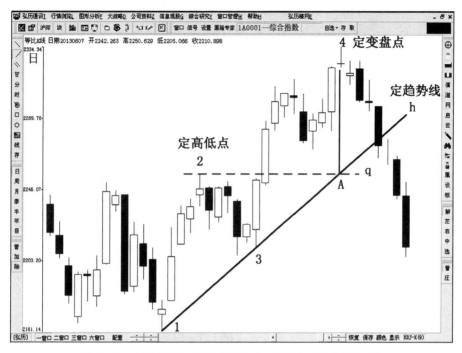

图 7.30 上证指数日线图 (2013 年 4 月 11 日至 6 月 7 日)

1 处和 3 处，为两个抬高的下分形，其后，股指突破了上分形 2，形成低点抬高、高点抬高的走势，连接下分形 1 和 3，画出上升趋势线 h，此为第一步，为定趋势线。第二步，找到 1 和 3 分形之间的重要分形 2，通过分形 2 的高点画一条水平直线 q。第三步，找到上升趋势线 h 和水平线 q 的交点，记为 A，A 所在的时间当日将会产生时间的变盘，如果 A 所在的点位正好在交点位置上，此为完美时空趋势线。如果点位不在交点上，将回归趋势线。若当日指数在交点 A 点位之上，股指会出现回调或下跌。若当日股指在交点 A 点位之下，股指会出现上涨或反弹。A 点当日指数在图中 4 处，在趋势线之上，明显高于交点 A，股指将会回归到趋势线上，即股指将开始下跌。

四、缺口要加减时间

缺口就是没有交易的价格范围，是一个真空区域，日线图中的缺口就是一种股票某一天的最低价比前一天的最高价还高，或是某一天的最高价比前一天的最低价还低，从而使日线图的线条图趋势呈现出跳空的现象。

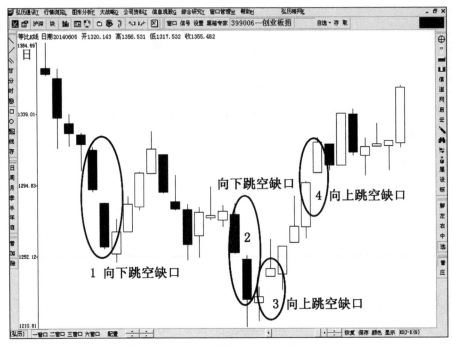

图 7.31　向下跳空缺口和向上跳空缺口

向上跳空缺口往往表明市场坚挺，而向下跳空则通常是市场疲软的标志。向上跳空缺口和向下跳空缺口如图 7.31 所示：

缺口和正常 K 线对投资者影响程度将不同。在趋势线上，一个向上跳空缺口，使投资者更有信心，推迟了高点的到来，变盘时间往往要向后推延。一个向下跳空缺口，使投资者信心减弱，加速了低点的提前到来，往往变盘时间要提前。

案例解析

图 7.32 为创业板指 2013 年 11 月 20 日至 2014 年 3 月 12 日日线图。连接两个下分形画上涨趋势线 h，通过中间的上分形画水平线 p，两线交点为 A，因为 h 线比较平缓，所以，交点 A 与之前的上下

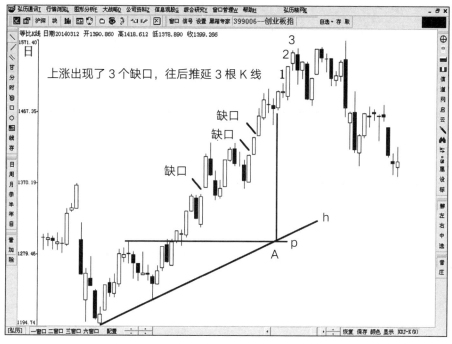

图 7.32　创业板指日线图（2013 年 11 月 20 日至 2014 年 3 月 12 日）

分形将相距较远，如果过 A 点画垂直线，所指示的当日 K 线并不是最高点，距离高点转折相隔了 3 个交易日。难道是方法失效了？为什么差 3 个交易日呢？再仔细看这波上涨行情，在其中出现了 3 个向上的缺口，应该往后推延 3 个交易日。如图中所示，从 A 点往后推延 3 个交易日，正好为高点的时间。随后创业板指开始了横盘，破位下跌后开展了一波中期的下跌。

案例解析

图 7.33 为海兰信 2014 年 2 月 21 日至 6 月 12 日日线图。连接两波峰，画一条下降趋势线 h，通过两波峰之间的重要波段低点，画一条水平线 p，两者相交于 A 点，但是，在下跌的过程中，出现了一个向下跳空缺口，市场的变盘点应比交点 A 提前一天出现，为图中圆圈内的阴线，阴线正好是价格和时间都在交点上，为完美的趋势线变盘。其后，股价转折向上，为很好的介入时机。

图 7.33　海兰信日线图（2014 年 2 月 21 日至 6 月 12 日）

五、阶梯形和扇形

明显性高低点对其后市场的影响非常大，根据主趋势线和高低点两者之间的重要性不同，可将趋势线的变盘分为阶梯形和扇形两种类型。

» 其一，阶梯形

保持主趋势线不变，通过水平线的明显性高低点发生改变，来寻找时间价格变盘点，就像一个个阶梯，此种方式为阶梯形。在上面的例子中，主要讲解的是这种方法。

案例解析

图 7.34 为西南证券 2011 年 10 月 13 日至 2012 年 7 月 5 日日线图。连接图中的 1 和 2 两个点，画上涨趋势线 h，然后，通过其前后的重要的四个高点，画四条水平线，价格从低到高，分别为 p_3、p_4、p_5 和 p_6 四线，与 h 线的交点分别为 A、B、C 和 D 四个点。显然，其中 A

图 7.34　西南证券日线图（2011 年 10 月 13 日至 2012 年 7 月 5 日）

点为低点的转折点，B 为高点转折点，C 为回踩趋势线的支撑点，D
为最终高点转折点。寻找一条主趋势线，然后，通过重要的高点和低
点画水平线，便形成了多条水平线，在水平线和趋势线相交的交点时
间，往往容易产生市场的变盘点。

» 其二，扇形

保持高（低）点不变，通过改变趋势线来寻找时间价格变盘点。
因某一个重要的高（低）点对后期的作用非常大，通过此点画一水平
线。然后，通过不同的次高点画不同的趋势线。这些系列趋势线与水
平线的交点，为时间价格变盘点。这些线看起来就像打开的扇子，所
以称为扇形变盘。

案例解析

图 7.35 为上证指数在 2013 年 6 月 18 日至 10 月 29 日日线图。
在 6 月 25 日上证指数见低点 1849 点，当日收长下影线，图中用 O 表

图 7.35　上证指数 2013 年日线图（2013 年 6 月 18 日至 10 月 29 日）

示。在 7 月 11 日走出了一个重要的高点，在图中用 m 点表示，以 m
点画水平线，形成了直线 mp。以 O 点为出发点，连接其后的 4 个低
点，形成了 4 条趋势线，记为 1 线、2 线、3 线和 4 线，与 mp 水平
线分别相交于 A 点、B 点、C 点和点 D。图中的 A′ 点，产生了 7 月
30 日的低点，在水平线之下，图中的位置 3。其后，股指开始回归
mp 水平线，股指上涨到水平线的位置，正好是图中交点 B，在 8 月
16 日发生了"乌龙指"事件，股指跌破了水平线的支撑。随后，股
指沿着水平线上下波动，直到交点 C 出来，才结束盘整行情，股指开
始上涨。最终，上涨行情结束于 D′ 点，市场开始下跌。整个行情的
走势中水平线 mp 保持不变，以 O 点为出发点，画出多条上涨趋势线，
上涨趋势线和水平线的交点处，往往容易产生市场拐点。

　　绘趋势线主线的时候，需要对准主线支点，支点如果不够精确，
将会导致时间误差。K 线数量越少，绘画越精确，出现的误差就越小。

K 线数量越多，绘画时需要更加精细。建议读者放大周期，减少 K
线的数量，绘画就相对精准。

第五节　三角形时间变盘

　　上文中主要阐述的是趋势线和水平线产生的交点，在实战交易
中，还有一种相交方式也非常重要，即三角形的顶角的交点。如图
7.36 和 7.37 所示：

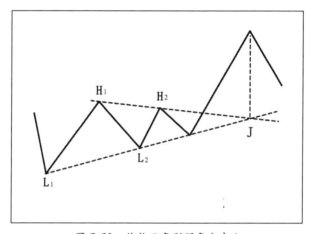

图 7.36　收敛三角形顶角交点 1

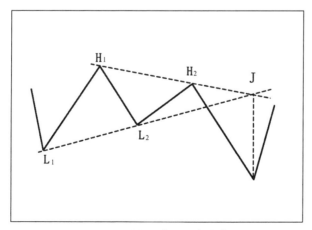

图 7.37　收敛三角形顶角交点 2

何为三角形顶角交点？连接两个低点 L_1 点和 L_2 点，形成一条趋势线 L_1L_2，再连接两个高点 H_1 点和 H_2 点，形成一条趋势线 H_1H_2，最终两条趋势线相交于点 J，于是，就形成了△ H_1L_1J，J 为三角形的顶角，顶角所在的时间点也容易产生市场的转折。

根据 H_1 和 H_2 与 L_1 和 L_2 四个点的高低不同，绘制的时候，会有四种三角形模型。

若 $L_2>L_1$，$H_2<H_1$，就形成收敛三角形，如图 7.36 和图 7.37，形成的交点为收敛三角形顶角交点。

若 $L_2>L_1$，$H_2>H_1$，并且 L_1L_2 与水平线的夹角大于 H_1H_2 与水平线的夹角，两者会产生交点，形成三角形，称之为上升三角形，形成的交点为上升三角形顶角交点。如图 7.38。

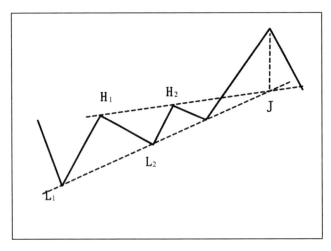

图 7.38　上升三角形顶角交点

若 $L_2<L_1$，$H_2<H_1$，并且 L_1L_2 与水平线的夹角小于 H_1H_2 与水平线的夹角，两者会产生交点，形成三角形，称之为下降三角形，形成的交点为下降三角形顶角交点。如图 7.39。

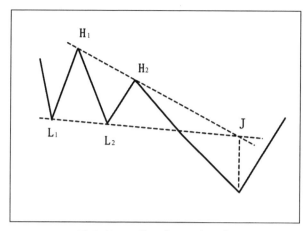

图 7.39　下降三角形顶角交点

案例解析

图 7.40 为国联水产 2013 年 9 月 16 日至 2014 年 3 月 5 日日线图。国联水产在 2013 年 12 月开始上涨，最终在 2014 年 2 月中旬结束了上涨行情。为什么呢？如果连接图中两个抬高的低点 L_1 和 L_2，作一

图 7.40　国联水产日线图（2013 年 9 月 16 日至 2014 年 3 月 5 日）

条上涨趋势线。再连接图中两个降低的高点 H₁ 和 H₂，作一条下降
趋势线，最终两线相交于 J 点，J 点为△ H₁L₁J 的顶角，股价在突破
H₁H₂ 压力线之后，在 1 月 24 日出现了 1 个向上跳空缺口，变盘的日
期应该在交点之后往后推延一日，即为图中 J 点之后的 1 个交易日。
这是属于收敛三角形上涨高点的转折。

案例解析

图 7.41 为新开源 2014 年 1 月 28 日至 6 月 13 日日线图。连接图
中的 H₁、H₂ 和 L₁、L₂，组成了三角形，交点为 J 点。在图中的 A 处，
股价跌破了支撑线，开始下跌，接下来股价会跌多长时间呢？最终股
价下跌低点，就是 J 点所在的时间，因为价格低于 J 点价格，股价将
会回归交点 J 点，所以，股价出现了上涨。这是属于收敛三角形破位
下跌低点的转折。

图 7.41　新开源日线图（2014 年 1 月 28 日至 6 月 13 日）

案例解析

图 7.42 为智飞生物 2013 年 5 月 19 日至 11 月 28 日日线图。此股在 6 月 25 日走出了长下影线，股价开始了上涨，整个上涨的过程分为三波，但是上涨的力度越来越弱。连接两个依次抬高的低点，画上涨趋势线 p_1，连接两个依次抬高的高点画上涨压力线 p_2。因为 p_1 的上涨速度快于 p_2 的上涨速度，p_1 和 p_2 线相交于 J 点，在图中可以看出，交点 J 点成为后期股价上涨的最高价，其后，市场开始了下跌走势。

图 7.42　智飞生物日线图（2013 年 5 月 19 日至 11 月 28 日）

趋势是市场的主旋律，而趋势线是用来衡量和测量市场趋势的延续和转折的一个直接简便的方法。把趋势线的量价时空学好了，对趋势的把握更能先人一步。趋势线四维既可以分开使用，也可以组合应用。时间和空间相比成交量、价格提示要早些，时空可以提前预测，量和价格则更多是验证买卖点。时空是左侧预测，量价是右侧确认。

第八章　极限量量尺天涯

成交量验证趋势，是道氏理论六条准则之一。成交量是指一个时间单位内某项交易成交的数量，为量、价、时、空四维的一维，在市场中代表的是能量、动力。

供求关系决定了商品价格。成交量是一种供需的表现，当供不应求时，人潮汹涌，市场氛围活跃，成交量自然放大；反之，供过于求，市场冷清无人，买气稀少，市场呈现低迷，成交量势必萎缩。

成交量反映多空双方博弈的力度强弱，在股市投资中起到非常重要的作用。量能是股价的精神，股价是量能的表情。有时放量上涨，有时放量下跌，有时缩量下跌，有时缩量上涨。那么，怎样做到"察言观色"呢？

第一节　八大规律

技术分析可以说就是对价格、成交量、时间三大要素进行的分析，其中成交量分析具有非常大的参考价值，因为市场就是各方力量相互作用的结果。成交量是最客观、最直接的市场要素之一，真实反映投资者的买卖行为，特别是 level-2 数据，把市场的单笔交易分得更加细腻，例如弘历软件把散户单、中户单、大单和特大单明确标记出来，用来分别表示散户、中户、主力和机构。所有的买卖都体现在成交量上，我们有必要仔细研究成交量，全面掌握成交量背后的秘密。

市场分歧促成成交交易。成交必然是一部分人看空后市，另外一部分人看多后市，造成巨大的分歧，又各取所需，才会成交。

一、成交量的五个名词

1．地量。地量是指市场成交极为清淡，大部分人对市场后期走势十分认同，意见十分一致，保持淡定，以静制动。

2．高量。高量一般发生在市场趋势发生转折的转折点处，市场各方力量对后市分歧逐渐加大，一些人纷纷把家底甩出，另一部分人却在大手笔吸纳。

3．屯量。当主力意欲拉升时，常把成交量做得非常漂亮，几日或几周以来，成交量缓慢放大，股价慢慢推高，成交量在近期的K线图上，形成了一个状似土堆的形态，堆得越漂亮，就越可能产生大行情。相反，在高位的堆量表明主力已不想玩了，在大举出货，这种情况下我们要坚决退出，不要幻想再有巨利获取了。

4．缩量。是相对于前一天而言，当天的成交量比前一天成交量要少，为缩量。

5．放量。是相对于前一天而言，当天的成交量大于前一天成交量，为放量。放量相对于缩量有很大的虚假成分，需要小心机构大资金的对倒。

二、量价八大规律

量是因价是果，量价不分家，两者关系非常密切，很多投资者也喜欢把两者结合进行分析，简单地说，两者关系形成量价八大规律。如图 8.1 所示。

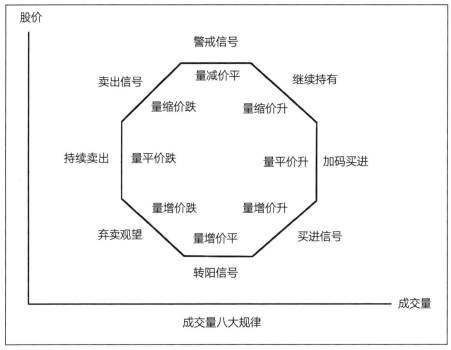

图 8.1　量价循环图

量价循环图详细分析如下：

» 1. 量增价平，转阳信号

价格持平，量能却在增加，一种情况是主力借助低位平价吸筹。另一种情况是在上升趋势中，"量增价平"则说明股价上行暂时受挫，只要上升趋势未破，一般整理后仍会有行情。

案例解析

图 8.2 为广发证券 2011 年 12 月 29 日至 2012 年 3 月 13 日日线图。在 2012 年 2 月 9 日至 2 月 22 日的 10 个交易日，股价横盘整理，而成交量却呈现放大的走势，在上涨趋势中形成了量增价平，为转阳信号，可考虑买入。

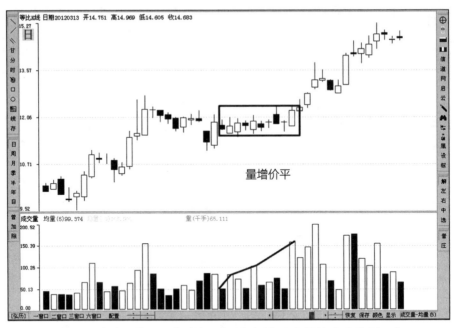

图 8.2 广发证券日线图（2011 年 12 月 29 日至 2012 年 3 月 13 日）

» 2．量增价升，买进信号

火借风势，风借火势，量似风，价似火。成交量持续增加，价格上涨，量推动价格上涨，反过来，价格上涨，赚钱效应推动成交更活跃。量增价升是最常见的多头主动进攻模式，应积极进场买入，"与庄共舞"。这是短、中线最佳的买入信号。

案例解析

图 8.3 为国海证券 2011 年 12 月 8 日至 2012 年 6 月 27 日日线图。国海证券在 2012 年的这波上涨中，成交量不断创新高，在图中标明了 5 处，每一次成交量都比之前要高，股民在不断积极买入，市场越来越活跃，股指也同样跟着创新高，形成了量增价升的上升趋势。

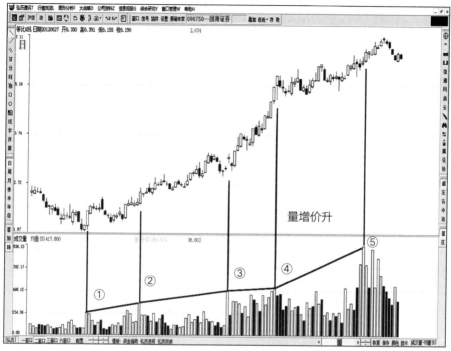

图 8.3 国海证券日线图（2011 年 12 月 8 日至 2012 年 6 月 27 日）

» 3. 量平价升，加码买进

在上升中，成交量保持等量水平，只需要少量的资金，还能推动价格继续上涨，看多旺盛，抛压减少，随着上涨惯性，股价依然持续上升，可在此期间适时参与。

案例解析

图 8.4 为迪马股份 2011 年 12 月 20 日至 2012 年 3 月 12 日日线图。迪马股份在 2012 年 2 月 8 日至 23 日成交量趋于水平位置，如图所示，但是价格却在不断地抬高，好像惯性促使了股价的上涨。在 2 月 24 日成交量放量突破平台，股价也创新高，随着量增，股价也进入加速上涨阶段。

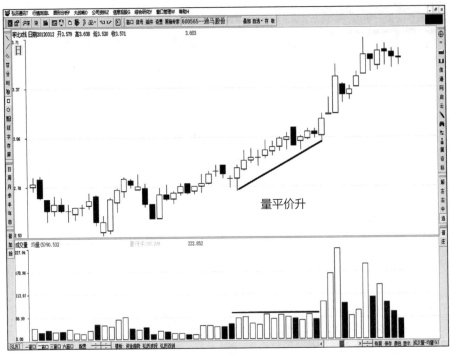

图 8.4 迪马股份日线图 (2011 年 12 月 20 日至 2012 年 3 月 12 日)

» 4. 量缩价升，继续持有

一种情况，强势上涨势能非常火热，不需要主力的参与也能上涨，成交量减少，股价仍在继续上升，适宜继续持股。另一种情况，弱势上涨或上涨末期会出现"量缩价升"，量能不再支撑价格的上涨，形成顶背离，则可能是昙花一现。

案例解析

图 8.5 为中国软件 2009 年 2 月 20 日至 4 月 16 日日线图。中国软件在 2009 年 3 月份成交量不断萎缩，而股价逐渐上涨，量减价升，可以继续持有。在 4 月份，中国软件出现连续涨停拉升股票，持有股票把握了高利润。量缩价升，一旦股价开始下跌，再卖出股票也不晚。

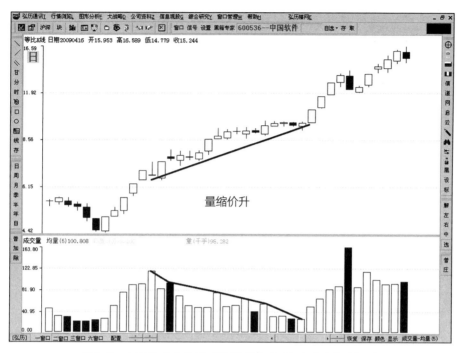

图 8.5　中国软件日线图 (2009 年 2 月 20 日至 4 月 16 日)

» 5. 量减价平，警戒信号

股价经过长期大幅上涨之后，进行横向整理不再上升，成交量却显著减少，此为出货的警戒信号。此阶段如果突发巨量或天量拉出大阳大阴线，后期量能萎缩（如量能在高量的 2/3 之下），应果断卖出。

案例解析

图 8.6 为三安光电 2010 年 7 月 12 日至 9 月 28 日日线图。三安光电在 2010 年 8 月 4 日放大量，收长上影线。其后，股价进入横盘整理阶段，在此阶段，成交量不断减少，形成了量减价平。在 9 月 13 日成交量开始放大，当日股票上涨，涨幅 3.18%，并且出现长上影线，股价没有突破平台，此种情况，不但不是买点，还需要跑得快，这也是很多投资者在高位放量追涨套牢的一种常见情况。

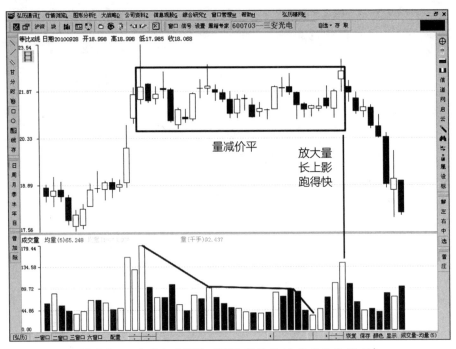

图 8.6　三安光电日线图（2010 年 7 月 12 日至 9 月 28 日）

» 6. 量缩价跌，卖出信号

天量天价，地量低价，地量未到低价时，意味着价格还会下跌。成交量继续减少，股价趋势开始转为下降，为卖出信号。不怕放量下跌，就怕缩量下跌。所谓多头不死跌势不止，只要趋势逆转，应及时止损出局，规避风险。

案例解析

图 8.7 为百花村 2012 年 1 月 10 日至 4 月 9 日日线图。在 2012 年 1 月份，随着大盘的上涨百花村股价也出现了止跌并反弹，在上涨过程中，随着成交量不断增加，股价也不断上升。在 2 月 23 日成交量达到了高点，其后，成交量出现萎缩，在 3 月 2 日成交量出现了背离，还是未突破 23 日的高量，并且股价也没有创新高，量能不能再支持股价的上涨，形成了量缩价跌，为卖出时机。之后，行情多次出现量缩价跌走势。在下跌行情中，量缩价跌是市场的主旋律。

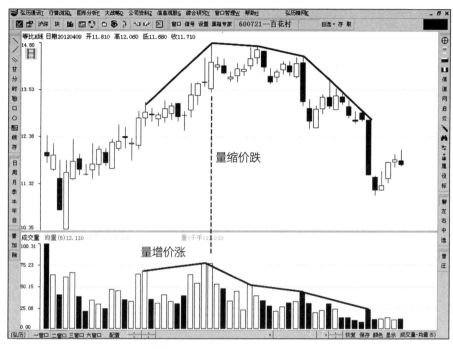

图 8.7　百花村日线图（2012 年 1 月 10 日至 4 月 9 日）

» 7. 量平价跌，持续卖出

很多投资者错估了下跌的风险，成交量停止减少，股价急速滑落，量能并没有主动减少，说明市场对后期还是有信心的。此阶段应继续坚持及早卖出的方针，不要买入，当心作茧自缚。

案例解析

图 8.8 为新钢股份 2011 年 6 月 28 日至 9 月 27 日日线图。新钢股份 2011 年 7 月 15 日转折变盘，5 根阴线快速下跌，成交量打破常规，保持恒定量能状态，如图所示。其后，行情出现了大幅度的下跌，面对此种走势，千万莫犹豫，该卖出就得卖出，宁可错杀一百，不要留手一次。

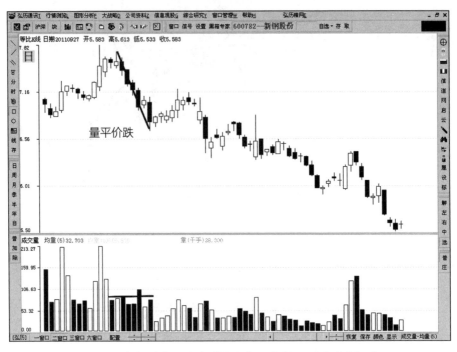

图 8.8　新钢股份日线图（2011 年 6 月 28 日至 9 月 27 日）

» 8．量增价跌，弃卖观望

此情况出现的位置很关键。在高位出现，天量天价，容易形成阶段性顶部。此阶段的操作原则是放弃、卖出、空仓观望。低价区的增量说明有资金接盘，特别是爆量，形成量价底背离，如果是主力资金也在增加，MACD 和 RSI 等指标出现了底背离，后期有望形成底部或反弹，故应观望。

案例解析

图 8.9 为哈飞股份 2008 年 7 月 14 日至 2009 年 2 月 12 日日线图。2007 年随着大盘见顶 6124 点，哈飞股份进入了下跌趋势，从 33.14 元一路下跌。图中的 B 处，所对应的股价创出了 A 处以来股价新低，但是，从成交量来看，B 处的成交量很明显比 A 处增加了。价格下跌，但是成交量却增加了，在熊市的末期，出现了量增价跌是一个好的现象，因为股票的上涨需要主力的提前建仓才能阻止惯性下跌。果

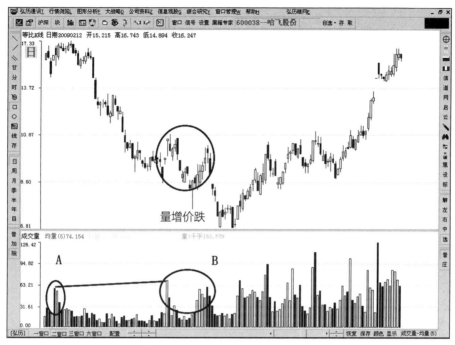

图 8.9　哈飞股份日线图 (2008 年 7 月 14 日至 2009 年 2 月 12 日)

然，其后再创出 6.9 元的低点，开始转折上涨，到 2010 年 11 月 5 日最高达到 38.36 元。

成交量八大规律是成交量的基础规律，在网络上也流传广泛，在此不费更多笔墨。极限量和量尺天涯才是核心重点。

第二节　极限高量时间规则

成交量的多少反映了市场的买卖活跃程度。通常情况下，放量表示买卖交易变得活跃，流动性更强。

随着股价的不断上涨，成交量也会放大，而买卖活跃的同时也将产生行情的上涨。两者相辅相成，不可分割。

高量就是多方或者空方所能达到的一个量能极限值，也就是极限高量，极限高量在很多情况下意味着风险的来临。特别在弱势市场和盘整市场中，极限量卖出屡试不爽。在回调或下跌的低位，地量意味着地价，而在上涨中出现高量，往往代表的就是高价。在高位放出高量，若后期资金不能够再次放大，并不能使股价持续上涨，此时，高量的出现往往意味着高风险的到来。

案例解析

图 8.10 为双钱股份 2011 年 12 月 27 日至 2012 年 6 月 21 日日线图。图中连续出现了 6 次成交量的放大，出现高量，在图中已标注。对照价格走势可以发现，高量所对应的就是高价，很多散户往往不解自己通常买在高位的原因——正所谓高处不胜寒。特别是盘整期的股票，成交量要是出现了高量，其后量能出现了极端萎缩，此时应及时卖出，无须再犹豫。

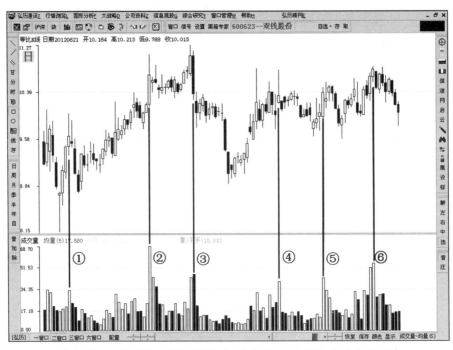

图 8.10　双钱股份日线图 (2011 年 12 月 27 日至 2012 年 6 月 21 日)

何为高量的时间变盘

在上涨中出现高量，并形成了阶段高点。其后量能开始萎缩，回到极限量的 2/3 以下，就需要小心，1/2 以下者做顶的概率偏高。缩量下跌往往不能继续上涨，而是开始回调。根据历史总结发现，股价产生变盘的位置，通常出现在特殊时间点上。把握了这种节奏，就很容易把握股价后期的变盘。短期回调的变盘时间，通常为高量之后的第 8 个单元；从高量之后的第 13 个单元，通常为短中期调整的变盘时间；高量之后回调的第 23 个单元，通常为中期变盘时间。

案例解析

图 8.11 为神奇制药 2012 年 1 月 18 日至 6 月 27 日日线图。神奇制药在 5 月 11 日复牌后，出现了连续涨停，在 5 月 30 日再次涨停，成交量放出了倍量。次日成交量开始缩减了 50%，股价开始连续下跌，其后，

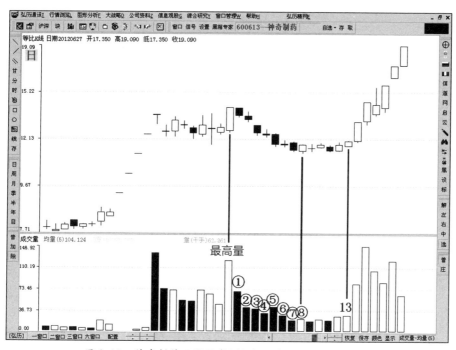

图 8.11　神奇制药日线图 (2012 年 1 月 18 日至 6 月 27 日)

时空模型

买卖一直处在低迷状态，量能一直萎缩。连续出现7连阴成交量，股价也开始了回调，在第8个交易日，最低价跌到11.3元，终于出现了止跌，当日收阳，价格以次日为分界点，股价再未创出新低，而是开始了上涨，在图中我们也可以看到，其后股价出现了连续涨停板快速上涨。股价的快速拉升，也是有规律的，正好为高量之后的第13个交易日。

高量与最高价的三种关系

» 第一种关系：高量先于最高价

要求：高量与最高价两者之间时间不要超出3个单元（交易日）。否则，很容易形成价格创新高成交量却不创新高的量价顶背离现象。此时，风险大于机会。

案例解析

图8.12为上海三毛2012年3月14日至5月22日日线图。在图中的A处，出现了高量，往后9个交易日，股价不但未回调，而且创

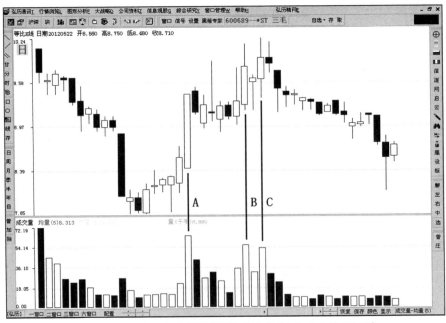

图 8.12　上海三毛日线图（2012年3月14日至5月22日）

212

出了新高，不符合条件。在 B 处和 C 处出现了次高量，两次股价都创出了原有基础上的新高，最终 A-B-C 这段时间，股价创出新高，而成交量却未再创新高，形成量价顶背离，反而为卖出信号。

» 第二种关系：高量与最高价同时

波段的顶部，往往在高位容易出现高量。箱体突破的时候容易上午出现高量突破，在盘中放量大阳线，甚至做出要涨停的架势，误导投资者买入，在下午反而跳水下跌，因为中国股市是 T+1，当日无法卖出，当日高量伴随大阴线或长上阴线，导致当日追高的投资者高位套牢，次日再低开低走，容易形成顶部。此种情况，需要注意风险。

案例解析

图 8.13 为锦江投资 2012 年 1 月 19 日至 5 月 4 日日线图。锦江投资在图中 A 处和 B 处出现高量，并且当日也形成最近的最高价，其中 A 处是不符合条件的，因为股价没有什么回调。具体可见后文的高量时间变盘的原则。B 处当日出现长上影线和大阴线，对于短线

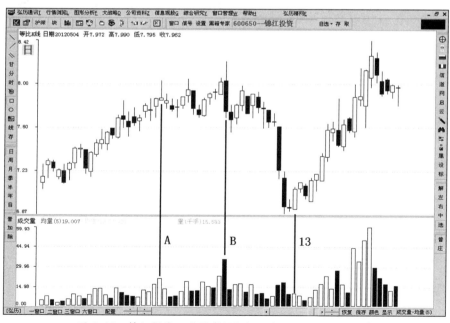

图 8.13　锦江投资日线图 (2012 年 1 月 19 日至 5 月 4 日)

客就是卖出时机，次日股价量能极度萎缩，开始回调。在下跌到了13个交易日时，股价开始了上攻，此时，若不考虑其他的利空因素，就可以考虑介入。

》**第三种关系：最高价先于高量**

此种情况出现得比较少。外部政策消息、上市公司突然有重大消息容易出现这种情况，使用的方法大同小异，风险居多，不多阐述。

极限量与回调低点时间拐点

极限量超短期回调时间变盘为5个交易单元，价格快速下调，时间又短，往往出现在缓涨的走势中。极限高量之后，若为超短线洗盘，股价通常在高量日之后运行5个单元（交易日），就是一个变盘日。

案例解析

图8.14为海博股份2009年12月28日至2010年3月31日日线

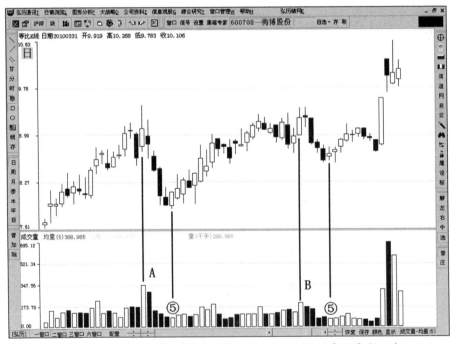

图8.14　海博股份日线图(2009年12月28日至2010年3月31日)

图。海博股份在图中的 A 处和 B 处出现了高量，并且在当日形成了短期阶段性最高价，其后，股价进行超短线洗盘，在高量之后的 5 个交易日左右形成了下跌的最低价，股价再次进入上涨阶段，如图中所示。对于超短线回调，投资者可以结合短期均线和中期均线寻找股价回调的支撑位，通过高量来把握变盘时间。

高量 8 单元短期回调时间变盘

股价短期回调通常以 8 日居多，即从高量之后，股价回调 8 日，通常为短期回调的时间变盘。当前波上涨时间为 8 到 15 个交易日，股价短期回调通常为 8 日。

案例解析

图 8.15 为有研硅股 2008 年 10 月 24 日至 12 月 12 日日线图。有研硅股在 2008 年 11 月 4 日开始上涨，上涨 10 个交易日，在 11 月

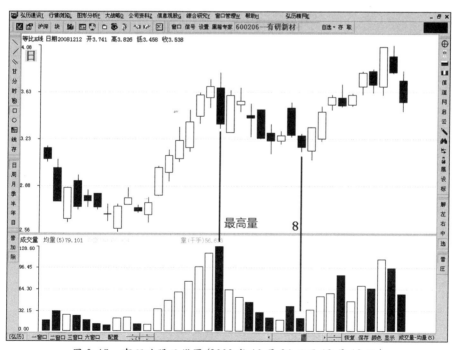

图 8.15　有研硅股日线图 (2008 年 10 月 24 日至 12 月 12 日)

18 日出现高量，并且，当日最高价为阶段性最高价。如图所示，其后，股价开始回调，最终回调至上涨的 1/2 左右，根据高量短期回调的时间来看，回调时间应该为 8 个交易日左右，11 月 28 日正好为高量后的第 8 个交易日，次日股价低开收阳，吃掉了前面的小阴线，再放量上涨，股价回调结束，为短期的买入时机。

高量 13 单元中短期回调时间变盘

当前波上涨时间在 13 到 28 个交易日，中短期回调通常为 13 个交易日。即高量出现后的第 13 个交易单元就是量能的中短线的时间变盘。若股价以急跌的方式运行，回调时间缩短。若前波上涨以快速拉升，用空间来换取了时间，回调的时间通常会出现延长。

案例解析

图 8.16 为新黄浦 2012 年 2 月 6 日至 4 月 26 日日线图。新黄浦 3 月 12 日放出了阶段性的高量，提前于 3 月 14 日（最高价 9.81 元）

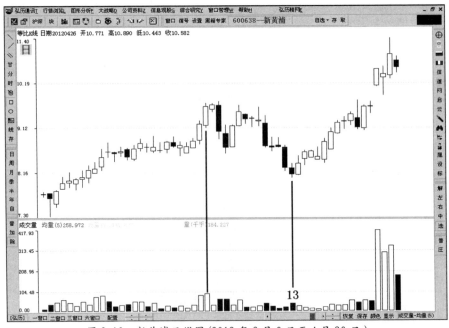

图 8.16　新黄浦日线图 (2012 年 2 月 6 日至 4 月 26 日)

2 个交易日，其后股价开始回调。因为前波上涨幅度大、时间长，这次回调的幅度和时间相对来说也偏大、偏长，在高量之后的第 13 个交易日，股价结束了回调，当日为下跌的最低价，其后股价开始一路上涨，投资者可以配合其他的买卖方法进行买入。

案例解析

图 8.17 为啤酒花 2010 年 12 月 24 日至 2011 年 3 月 28 日日线图。啤酒花在图中的 A 处出现了高量，次日，见阶段性顶部，形成了 5 日拉升行情，但是上涨速度非常快，用空间换取了时间。其后，股价进行了中短线的洗盘，正好在高量后的第 13 个交易日见底。其后，股价再次步入上涨趋势中，而如果以最高价来计算，就只有 12 个交易日，不符合斐波那契神奇数字规律。

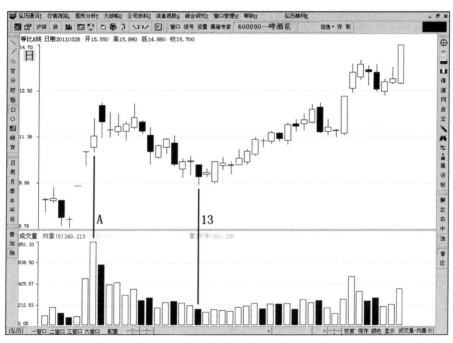

图 8.17　啤酒花日线图（2010 年 12 月 24 日至 2011 年 3 月 28 日）

高量 23 单元中期回调时间变盘

当股价进行中期调整，或者上涨趋势中的次级运动，市场下跌的时间往往较长，通常为 23 个单元。所以，在高位出现高量的第 23 个交易日往往是中线调整的时间变盘点。此时的低量往往降到了极限高量的 1/4 以下。

案例解析

图 8.18 为北方股份 2010 年 6 月 23 日至 11 月 5 日日线图。北方股份在 A 点（2010 年 7 月 2 日）开始上涨，至 C 点，总共上涨 46 个交易日，在最高价前日出现高量 B 点，因为前面单边上涨时间很长，所以股价回调时间也会偏长。中期调整的时间往往为 23 天，D 点为 B 点后的第 23 个单元，后转折变盘，再次进入上涨趋势中，其后股价再次创出前高点的新高。

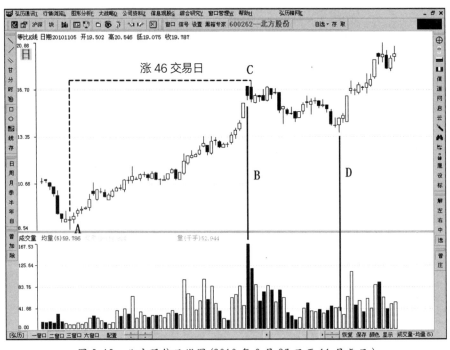

图 8.18　北方股份日线图（2010 年 6 月 23 日至 11 月 5 日）

极限高量时间变盘的三个原则

原则 1：极限高量要有很明显的高量。

原则 2：回调价格必须跌破高量的最低价，却不能创出前波上涨的新低。

案例解析

图 8.19 为鲁商置业 2011 年 2 月 21 日至 5 月 19 日日线图。鲁商置业在 2011 年 3 月 7 日（A）出现高量，股价开始回调，当回调至 7 个交易日，股价结束了下跌，即图中的 B 处。在次日为第 8 个交易日，股价开始了上涨。在图中的 C 处，同样形成了高量，次日出现了阶段性最高价，两者相隔 1 天，在回调到第 7 个交易日的时候，即图中的 D 处，跌破了前波上涨的低点 B，所以，违反了原则 2，就不能再用极限高量时间变盘来分析。

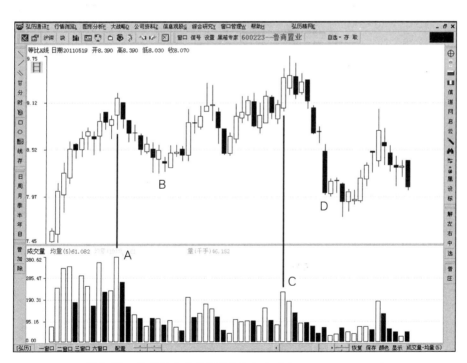

图 8.19　鲁商置业日线图（2011 年 2 月 21 日至 5 月 19 日）

原则 3：价格在调整中不能创高点。高量形成开始回调，时间变盘日最高价不能创出原有股价的新高。

案例解析

图 8.20 为江泉实业 2008 年 10 月 28 日至 2009 年 2 月 16 日日线图。江泉实业在图中的 A 处形成了非常明显的高量，但是，股价只回调一天便开始了反弹，在之后第 8 日即图中的 B 处，股价高于 A 点新高，不符合原则 3。所以，不符合买入条件。

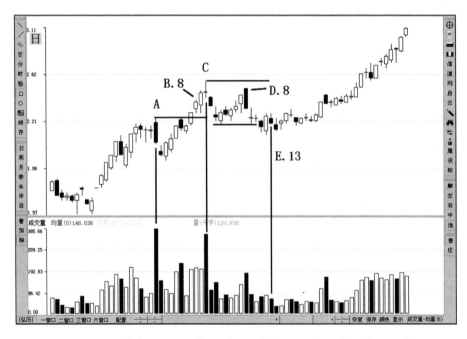

图 8.20 江泉实业日线图(2008 年 10 月 28 日至 2009 年 2 月 16 日)

在 C 处成交量再次形成了高量，其后股价开始回调，在第 8 天即图中的 D 点，D 点不是低点，是反弹的高点。所以，该点不是股价启动点的买点，而图中的 E 点才是 C 点高量的真正时间变盘点，E 点为 C 点后的第 13 个交易日，另外，股价正好为下跌低位，市场还未开始上涨。其后，股价也不再创出新的低点。所以，E 点之后就是一个很好的介入时机。

影响高量回调时间变盘级别的因素

高量回调时间变盘，不但与前波上涨的时间和幅度有关，而且也与回调速度有关。正常情况下，前波上涨时间越长，股价回调时间越长；前波上涨幅度越大，股价回调时间越长。股价回调速度越快，回调时间越短；回调速度越慢，回调时间越长。其中，上涨趋势中的洗盘，主要以 5 和 8 单元居多；在震荡上涨中的回调，以 13 和 23 单元居多。短期回调以 5 和 8 单元居多，中期回调或者下跌以 13 和 23 单元为多。

案例解析

图 8.21 是海南航空 2008 年 10 月 21 日至 2009 年 2 月 24 日日线图。海南航空在 2008 年 11 月 7 日开始上涨，上涨 7 个交易日后在图中的 A 处（11 月 18 日）出现了长中阴线，当日出现了阶段性最高价，并且成交量也放出了当时的极限高量，短线投资客可以考虑减仓或卖出。之后股价开始了小阴小阳的下跌，下跌速度非常慢，回调时间增长到了 8 个交易日，至图中的 B 点，其后，股价开始上涨，并创出了新的高点。从 11 月 7 日最低价开始，上涨时间为 23 个交易日，转为下跌。而成交量提前 2 天，在 12 月 10 日（图中 C 点）再次形成了高量，所以，股价回调就属于中短线回调，通常以 13 个交易日居多。从图中的 C 点开始，注意，不是从后面的最高价开始，13 个交易日正好为回调的最低价当日，为时间变盘日。

当然，个股的回调和当时的大盘指数有很大的关系。先大后小，先长后短，顺势而为，永远值得我们牢记。大的环境也能决定回调时间变盘级别，极限高量时间变盘在上证指数和深证成指也比较普遍。

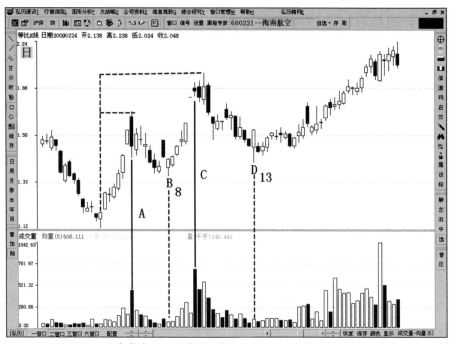

图 8.21 海南航空日线图 (2008 年 10 月 21 日至 2009 年 2 月 24 日)

高量调，地量现，时间变

在高量到时间变盘之间，回调中经常会产生地量，说明投资者对筹码非常珍惜，已经不愿意以低价去卖出。回调时间越长，地量越明显。变盘时间到来，地量产生了低价，给上涨提供了一个契机，很容易产生市场的转折变盘。

案例解析

图 8.22 为银河磁体 2011 年 8 月 30 日至 11 月 25 日日线图。银河磁体在 2011 年 9 月 9 日放高量收大阳线，2 天后价格创新高，但量不支持未创新高，在回调的 13 个交易日中，成交量一路萎缩，除了第 14 天的一字涨停成交量更少之外，在其后没有比这个量更低的，地量加上时间变盘，股价产生了转折向上。

图 8.22　银河磁体日线图（2011 年 8 月 30 日至 11 月 25 日）

案例解析

图 8.23 为重庆实业 2012 年 3 月 15 日至 6 月 27 日日线图。重庆实业在 2012 年 5 月 4 日（A 点）放大量 166916 手，形成高价，股价回调，量能萎缩，中期调整至 6 月 6 日，成交量极度萎缩，低至 17078 手，还不到 5 月 4 日的 1/9，地量成，收十字，经历 23 个交易日，变盘到，转折涨。

地量是多少呢？地量与回调时间存在关联。回调时间越长，地量就越明显。回调 8 个交易日，缩量要低于高量 1/2 以下；回调 13 个交易日，缩量要低于高量 1/3 以下为好；回调 21 个交易日，成交量要低于高量的 1/4 为最佳。

极限高量时间变盘若结合回调空间将更加完美。若回调空间达到了，时间变盘也到了，技术指标也提示买入，三管齐下，会更加完美。

此种方法主要是把握上涨中回调的启动点。切记，不要在下跌趋

图 8.23　重庆实业日线图 (2012 年 3 月 15 日至 6 月 27 日)

势中使用。股市有风险,投资须谨慎。使用此种方法的止损位,可以设置为成本价的 95%,不要忘记了执行。

极限量在指数上的应用

此种模型不但在个股上出现,在指数上也频繁出现。把握了指数回调的低位,对于操作个股更容易,因为,指数是个股的风向标。

案例解析

图 8.24 为上证指数 2012 年 1 月 11 日至 5 月 16 日日线图。上证指数在 2012 年 2 月 27 日收射击之星,即图中的 A 点,成交量形成高量,其后,股指回调,以 a–b–c "之"字调整,8 天为小 b 浪反弹的起点。在图中 B 点,成交量形成高量,股指进入 c 浪下跌,经过 13 天的调整,在 4 月 5 日收中阳线,意味着反弹行情的开始,此时,为买入股票的好时机。

图 8.24　上证指数日线图（2012 年 1 月 11 日至 5 月 16 日）

案例解析

图 8.25 为上证指数 2009 年 8 月 20 日至 11 月 23 日日线图。上证指数在 2009 年 9 月 18 日产生了变盘，符合"每月的神奇四变盘"规律，成交量出现了当时高量，当日股指走出了反弹的最高价，高量高价加变盘，最终收中阴。反弹时间只有 13 个交易日，上涨空间也有限，指数回调为短期回调，在回调的第 8 天，虽然股指在次低，但是当日成交量走出了整个回调和后期上涨的地量，地量再加上 8 天时间变盘，指数结束了回调，开始了新一轮行情的上涨。

图 8.25　上证指数日线图 (2009 年 8 月 20 日至 11 月 23 日)

案例解析

图 8.26 为深证成指 2011 年 12 月 26 日至 2012 年 4 月 27 日日线图。深证成指在 2012 年 1 月 6 日开始反弹，在 3 月 14 日结束，当日出现了近期高量，并且当日收大阴线，为卖出时机。在其后的 13 个交易日，成交量萎缩到了高量的 1/2 以下，放量并收大阳线，意味着市场出现了转折变盘，为买入时机，很多个股在此时间点开始了一轮新的上涨行情。可见，按照先分析指数，再分析板块，最后选择个股，这样操作股票更容易。

极限量能出现，股指跟随回调，而回调的低点，在其后的第 5、8、13 和 23 个交易日是重要的时间变盘点。需要注意的是极限量和高点同是已知条件，而不是因果关系。也就是说极限量出现股指同时出现高点。在上升趋势中极限量出现，股指将继续上涨。极限量如果与高点不在 3 天内发生，回调的时间就会发生改变。在上升过程中，

图 8.26　深证成指日线图 (2011 年 12 月 26 日至 2012 年 4 月 27 日)

极限量出现，股指依然继续上涨，极限量之后的 5 日、8 日、13 日和 23 日也容易形成上涨的阶段性高点。

第三节　量尺天涯时间模型

有一个成语叫作咫尺天涯，形容距离虽近但很难相见，像在很远的天边一样。量尺天涯取其意，说明股价即将上涨，或者看起来是要上涨，但是却差那么一点点量能，股价最终不能上涨，或者说上涨动能不足。正所谓差之毫厘，失之千里。

"量尺天涯"此法主要是以成交量为主导手段，结合了价格的运作，同时融合了时间规律。

在上涨或者在调整过程中，成交量常出现两个依次降低的明显性的阶段高量，高量说明多空方力量博弈激烈，也说明多空双方的极限。为了后期方便阐述，暂称阶段高量为极限高量。

在极限高量出现之后，成交量再一次萎缩，股价因为没有量能的支撑，上涨力度减弱，出现了上涨停顿，甚至回调。在此，把多空方博弈出现的阶段性极点连接起来，画一下降的趋势线。连接两个依次降低的明显性的阶段高量，画一根量能下降趋势线，此线取名为量尺线。

量尺线是衡量走势强弱、空多力量转换的分界线。突破为强，不突破为弱，强弱在于一线之隔，所以，起名为量尺天涯。

案例解析

图 8.27 为中国软件 2009 年 1 月 23 日至 4 月 17 日日线图。中国软件股价在 A 处（2 月 3 日）和 B 处（2 月 19 日）成交量和价格出现了背离，在 B 点量能萎缩，不再支撑股价的上涨，其后股价开始回调。在图中的 A 处和 B 处，出现了两个阶段性高量，把 A 和 B 处高量的顶点用一条趋势线连接起来，此为成交量趋势线，相当于一把空

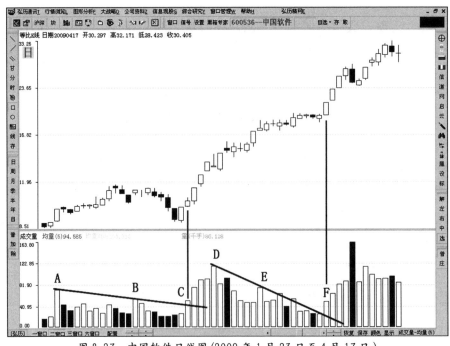

图 8.27　中国软件日线图 (2009 年 1 月 23 日至 4 月 17 日)

方转多方的尺子，起名为"量尺"，价格能否起来，要看成交量能否突破量尺，量尺就是一个关卡，突破不了，股价就涨不上去。在C处（3月3日）成交量放大，突破压力量尺线，结束回调开始启动。股价在次日才出现突破股价趋势线，量能的突破提前了1天。

在D处之后，股价虽在上涨，但是量能出现了缩量，说明上涨力度不够，在E处成交量出现了一个小次高量，其后，成交量再次萎缩。把D点和E点连接成量尺线，此为后期成交量的分界线，E点之后的9日内，因为成交量都没有突破量尺线，所以，价格没有上涨，为横盘整理，在4月1日F处，成交量终于突破了量尺线DE，上涨再一次变强，股价进入加速拉升阶段。

案例解析

图8.28为乐普医疗2013年8月23日至2014年1月8日日线图。乐普医疗在2013年9月24日放出了极限高量28.2万手，即图中的

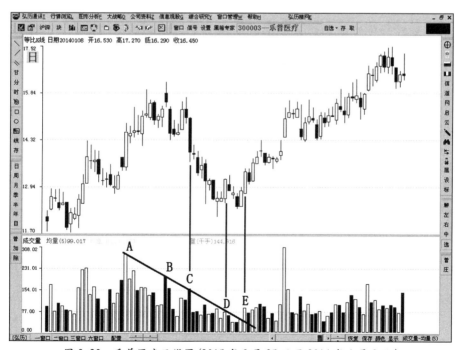

图8.28　乐普医疗日线图(2013年8月23日至2014年1月8日)

A 处，在 10 月 15 日上涨到 16.52 元，成为阶段性高点，但是当日只成交了 20 万手，即图中的 B 处，低于 9 月 24 日的成交量，出现了量价背离，成交量提前市场见高点，从 10 月份中旬开始大幅度的下跌。连接 AB 极限量，画出一根下降量尺线，在图中有两次成交量达到了量尺线，分别为图中的 C 和 D 处，两次都未能突破量尺线，特别是 D 处，当日涨幅 4.2%，放量收大阳，股价却未突破前期高点。后期股价再次上涨的原因是，在 E 处成交量突破了量尺线的阻力，多方再次占据优势，股价开始上涨。

量尺天涯的边际递减效应

当人饿了的时候，吃第一碗面条特别香，第二碗面条很香，第三碗面条还可以，第四碗面条饱了，第五碗面条吃不下，第六碗面条看见就烦！也就是说第六碗面条的作用为零甚至为负。物质消费达到了一定的程度，人们就会开始对这种状况的消费产生一种厌倦的心理。一样东西当你拥有得越来越多的时候，那后面的对你的价值就越来越小，这种现象即为边际效应。

边际效应，又称为"边际贡献"，是指其他投入固定不变时，连续地增加某一种投入，所新增的产出或收益反而会逐渐减少。也就是说，当增加的投入超过某一水平之后，新增的每一单位投入换来的产出量会下降。

边际效应递减与需要法则

边际效应递减法则主张随消费量增加而边际效应会逐渐减少，如此，由边际效应递减曲线导出负斜率的需求线，线上每一点代表每一需求量对应的消费者愿意支付的最高价格。

当消费者实际支付的价格 P_x 低于其愿意支付的价格，亦即消费（购买）商品所获得的效应大于持有货币的边际效应，则产生消费者

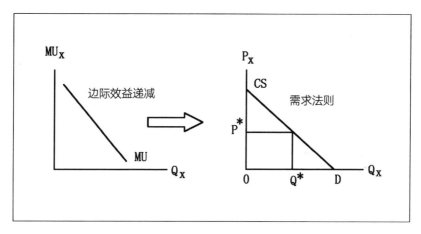

图 8.29　边际效益递减与需求法则

剩余（consumer surplus；简称 CS）。

　　市场多空双方的买卖行为，就是一种边际递减效应。当在低位买入时，非常希望股价上涨，看多的欲望非常强，随着价格的不断上涨，在盈利越来越多的情况下，持有股票的信心也在降低，多方力量也在不断减弱，甚至持股的多头选择卖出股票，成为看空者。同样，股价的下跌中，随着股价的不断创新低，下跌的效应将不断降低，假设 30 元的股票跌到了 5 元，再继续下跌，对于深套的投资者的痛苦效应也增加不多。随着股价的再下跌，看空者反而可能变成看多者，看多效应在不断增加。当看多效应达到一定的标准和临界点，市场就开始反向运动。正如吃了 6 碗面的人，将由开始时面的喜好者，变成后来的厌恶者。这种标准和要求是什么呢？就是量尺分界线。量尺天涯讲述的就是一种边际效应。

　　案例解析

　　图 8.30 为赛为智能 2013 年 8 月 6 日至 2014 年 2 月 27 日日线图。赛为智能在 2013 年 11 月 18 日开始停牌，在 2014 年 2 月 25 日复牌交易，其后出现了连续 7 个涨停板。如果我们连接两个价格高点，涨停之后才突破压力线。如果连接两个重要量能高点，形成量尺线，股价在图中的 A 处就突破量尺线，在涨停板之前 4 日，可成功买入。在

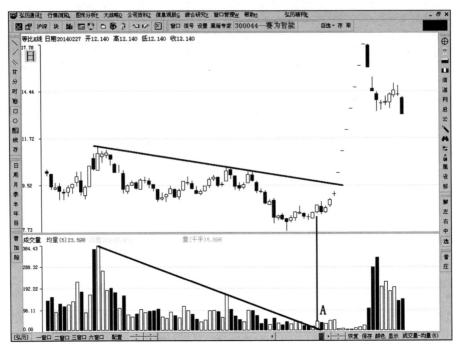

图 8.30　赛为智能日线图(2013 年 8 月 6 日至 2014 年 2 月 27 日)

很多情况下，量尺线的突破比价格突破会来得更早些。

案例解析

图 8.31 为维维股份 2009 年 1 月 21 日至 4 月 23 日日线图。维维股份在 2009 年 2 月 12 日开始了上涨趋势中的调整，在图中可以看到，在 A 处（2 月 13 日）成交量出现了阶段性的高点，说明空方力量积蓄达到了一个极点，在 A 处由量变发生了质变，股价由上涨开始转化为调整，此时空方短期开始占优势。股价调整过程中，在 B 处（2 月 26 日）出现了一个阶段性的高点。A 处的成交数量比 B 处的成交量大，AB 为 9 个交易日。把 AB 作为量尺线，在 B 处之后到 C 处（3 月 19 日），成交量一直在量尺之下，说明股价调整没有结束。在 3 月 19 日成交量明显突破了量尺，并且次日同时放量上涨，说明空方已经开始转化为多方，此时，多方投资者可以介入。股价在后期出现了快速上涨，在 D 处 3 月 20 日才出现突破下跌趋势，由此可以看到，

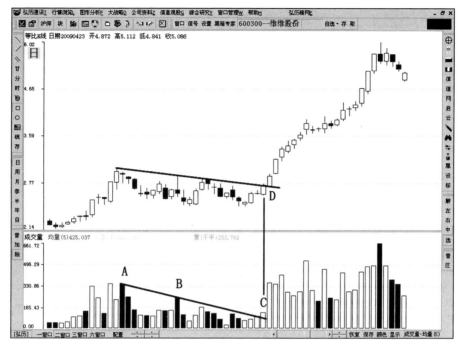

图 8.31　维维股份日线图（2009 年 1 月 21 日至 4 月 23 日）

成交量比股价提前了一个交易日突破。

» 量尺线突破关键点

量尺线的突破关键有三点，具体如下：

其一，突破量尺线时，阳量突破较好。若是阴量突破，次日一定要站上量尺线，否则为无效突破。

其二，突破日成交量要明显突破。

其三，多天突破更加有效，可预防非正常的行为，例如 2013 年 8 月 16 日光大证券出现的"乌龙指"事件。

案例解析

图 8.32 为回天胶业 2013 年 8 月 30 日至 2014 年 1 月 10 日日线图。以图中的极限量 A 和极限量 B 画出一条量尺线，在图中 C 处突破了量尺线，突破也很明显，但是，当日为阴量，并且次日成交量又

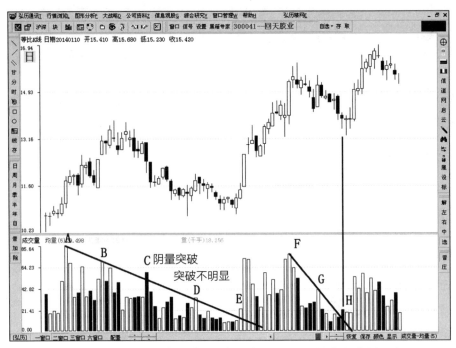

图 8.32　回天胶业日线图 (2013 年 8 月 30 日至 2014 年 1 月 10 日)

回到了量尺线下，此为假突破，不能介入。在 D 处，量能刚好突破量尺线一点点，不是很明显，次日又回到了量尺线下面，说明突破不成功，多方反攻失败，而图中 E 处的突破为有效突破，当日收阳量，又是明显突破，可以买入。其后，结束了中级回调，开始再次上涨。在接下来的调整中，同样画出 FG 下降量尺线，在 H 放量突破，但是，当日为阴量突破，然而，次日为阳量，且依然站在量尺线之上，确定之后，此次就算有效突破。

量尺天涯极限量差比

何为量尺天涯极限量差？量尺天涯是连接两个连续降低的阶段极限高量，两个极限高量之间的差值就是极限量差，极限量差比指次极限量占最高极限量的百分比。极限量差比越大说明极限量差越小，极限量差比越小说明极限量差越大。极限量差比在 50% 以上为好，最

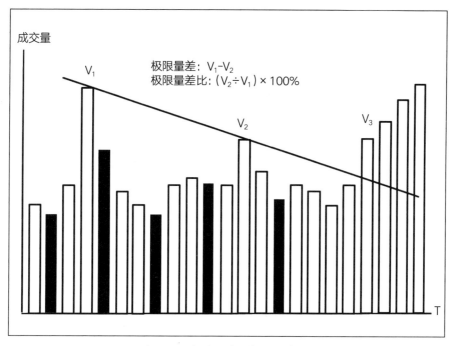

图 8.33　极限量差与极限量差比图

低不要低于 33%。

在运用量尺天涯的时候，要尽量回避突然天量然后量能极度萎缩，特别是连极限高量的 1/4 都达不到，形成"独孤"极限量。这种情况不适合用量尺天涯。

案例解析

图 8.34 为银江股份 2013 年 5 月 27 日至 11 月 28 日日线图。银江股份在 2013 年 9 月 9 日成交量达到了 23.3 万手，换手率为 9.86%，为图中的 A 处，其后，成交量出现极度萎缩。在图中的 B 处出现一个相对的高量，当日成交量只有 6.7 万手，极限量尺比连 30% 都不到，此时，这根量尺线为无效的。

图 8.34　银江股份日线图 (2013 年 5 月 27 日至 11 月 28 日)

量尺天涯时间效应

量尺天涯的时间主要包括两方面: 第一方面为两极限高量之间的时间, 用 T_1 表示。第二方面为次极限量与突破量之间的时间, 用 T_2 表示。

T_1 时间越短, 坡度越陡。坡度太陡, 不是正常股价运行节奏。所以, T_1 的时间不能太短, 通常要达到 8 日以上, 若少于 5 日, 为无效的量尺线。T_1 的时间通常以 8 日和 13 日居多, 多时可能达到 21 日。

案例解析

图 8.35 为硅宝科技 2013 年 8 月 22 日至 11 月 26 日日线图。硅宝科技在 2013 年 9 月 27 日高开低走, 当日出现了巨量, 为 7.1 万手, 即为图中 A 处。在图中 B 处出现了次高极限量, 量能为 3 万手, 低于 50%, 高于 30%, 在图中 C 处出现次高量, 量能为 2.7 万手。略

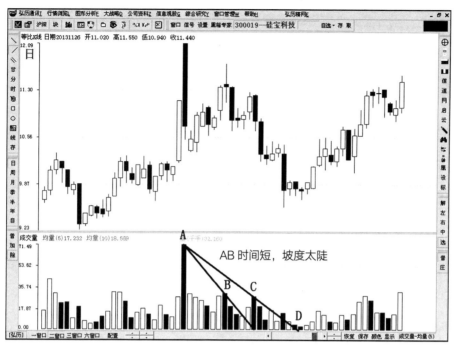

图 8.35 硅宝科技日线图(2013 年 8 月 22 日至 11 月 26 日)

低于 B 处量能。以 A 为起点，通过 B 和 C 处，分别画两条量尺线，很明显股价在 D 处真正启动，也就是 AC 量尺线更加有效。这是为什么呢？从时间的角度来分析，AB 时间为 7 日，而 AC 时间为 12 日，所以，AC 量尺线的坡度比较平缓，更加有效。AB 极限量差比偏小，时间太短，有效性就相对要差点。

次极限量与突破量之间的时间用 T_2 表示，T_2 的时间是相对于 T_1 时间来定的，往往是 T_1 时间越长，T_2 突破时间也同比增长。T_1 与 T_2 到底谁长谁短，这个没有定数，主要看市场的结构。当然，两者有一定的比例关系，其中，时间对等是比较完美的形态，另外，两者出现的时间为黄金分割比较多。

案例解析

图 8.36 为大橡塑 2013 年 11 月 29 日至 2014 年 2 月 10 日日线图。大橡塑在 2013 年 12 月份进入调整，在图中 A 处为极限高量，B 处为

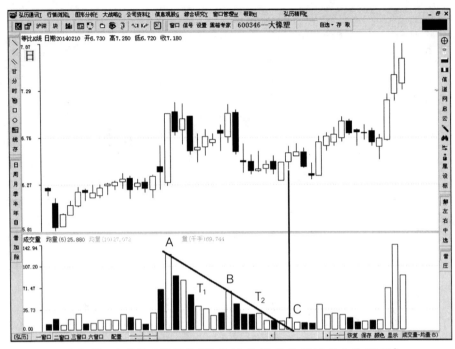

图 8.36　大橡塑日线图 (2013 年 11 月 29 日至 2014 年 2 月 10 日)

次极限高量，C 处突破量尺线，T_1 表示 AB 的时间，T_2 表示 BC 的时间，AB 的时间为 8 日，BC 的时间也为 8 日，两者运行时间正好相等。C 处有效突破了 AB 量尺线，为买入时机，买在回调的低点。

案例解析

图 8.37 为北信源 2013 年 10 月 17 日至 2014 年 3 月 10 日日线图。北信源在 2013 年 12 月份的调整过程中出现了量尺天涯，连接图中的 A 处和 B 处，画出量尺线 AB，其中两极限高量之间的时间 T_1 为 10 个交易日，在 C 处成交量突破了量尺线，其后的市场开始再次上涨，BC 的时间 T_2 为 16 个交易日，T_1 与 T_2 两者时间比例为 1∶1.6，接近黄金分割比例。当然，K 线数量是没有小数点的，不可能出现半根 K 线，所以，变盘时间通常近似为整数。

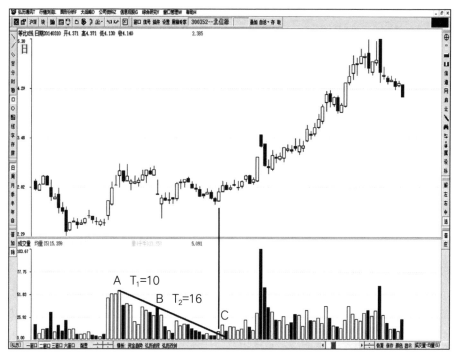

图 8.37　北信源日线图 (2013 年 10 月 17 日至 2014 年 3 月 10 日)

量尺线角度

量尺线角度是由量尺线与最高极限量组成的，量尺线角度的大小由两个因素来决定，分别为两极限量差比和两极限量相隔时间 (T_1)。

在时间 T_1 相同的情况下，极限量差比越小，量尺线越陡，越容易突破。极限量差比越大，量尺线越平缓，突破量尺线需要的量越大，突破越难。

在极限量差相同的情况下，时间 T_1 越短，坡度越陡；时间 T_1 越长，坡度越平缓。通常量尺线的坡度不宜太小，也不宜太大。坡度太陡，太容易突破，需要时间很短。坡度太平缓，太难突破，需要的时间很长。坡度以 30°至 70°为合适区间。

量尺线自然突破和主动突破

量尺线的突破主要分为两种：自然突破和主动突破。

量尺线为向下的射线，射线与成交量零线必然有一个交点，这个交点为零量交点。在零量交点之前，成交量还没有突破量尺线，直到股价达到了零量交点时才突破量尺线，这种突破就为零量交点自然突破。在零量交点时突破量尺线，不需要成交量有多大，只要有成交量就能突破量尺线。时间达到了，自然就会突破量尺线，但相比主动突破力度要弱。

案例解析

图 8.38 为四创电子 2013 年 11 月 14 日至 2014 年 2 月 25 日日线图。四创电子在 11 月 25 日出现"T"字涨停，当日成交量出现阶段极限高量，即图中 A 处，之后市场开始下跌。在后期反弹中出现了一个次极限高量，即图中的 B 处，连接 AB 画量尺线，AB 射线与零

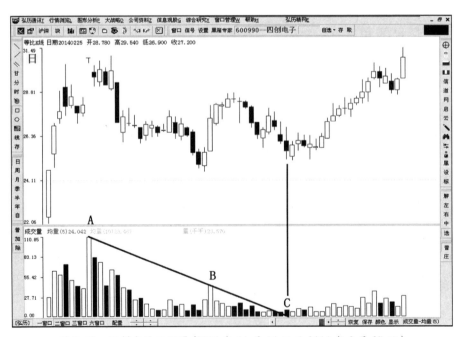

图 8.38　四创电子日线图（2013 年 11 月 14 日至 2014 年 2 月 25 日）

量水平线出现了交点，为图中的 C 点。在零量交点 C 点前，成交量一直没有突破量尺线，当到达了 C 点，股价就开始上涨，这种变盘就是零量交点自然突破。

自然突破的优点是可预测性强，量尺线一旦定下来，角度就定下来了，零量交点也就定下来了，所以，可以提前预测。

主动突破比自然突破更能反映多方的买入力度。极限高量和次高量的间隔时间记为 T_1，次高量与突破量之间的间隔时间记为 T_2，T_2 比 T_1 的比值越小，说明多方主动意图越强。

案例解析

图 8.39 为太平洋 2013 年 11 月 7 日至 2014 年 2 月 13 日日线图。太平洋在 2013 年 11 月份开始调整，其中有两个非常明显的极限量，分别为图中 A 处和 B 处。连接两点画量尺线射线 AB，零量交点为 C 处。在图中 D 处多方投资者积极买入，提前突破了量尺线压力，股价开始上涨，这种突破为主动突破，力度相对比较强。主动突破具备突

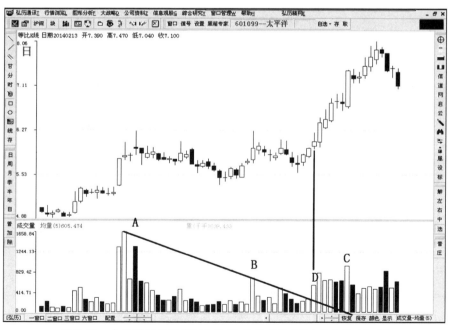

图 8.39　太平洋日线图 (2013 年 11 月 7 日至 2014 年 2 月 13 日)

然性，投资者不知道哪天就会突破量尺线。而自然突破就能提前知道突破时间。当然，在没有达到零量交点之前，投资者对是否有主动突破也不确定。

量尺天涯扇

扇形量尺天涯，主要指成交量出现了极限高量之后，后期走势中成交量出现了多个突出的次极限高量，注意，次极限高量都要比开始的成交量要少。以极限高量与各次极限高量画量尺线，则以极限高量为起点形成了多条量尺线，就像一把打开的扇子，故称为量尺天涯扇。一般情况下，每突破量尺线，价格会上涨一次。

案例解析

图 8.40 为上证指数 2008 年 11 月 27 日至 2009 年 2 月 17 日的日线图。上证指数在 2008 年 10 月 28 日见底，之后开始反弹，成交量却在 2008 年 12 月 4 日（A 处）达到了极限，12 月 5 日出现了成交

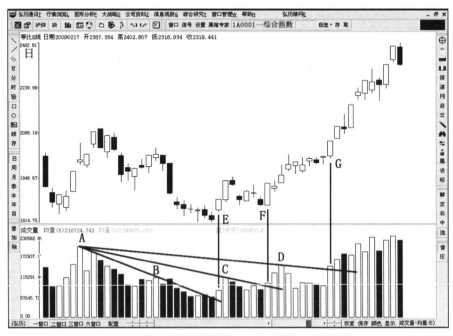

图 8.40　上证指数日线图(2008 年 11 月 27 日至 2009 年 2 月 17 日)

量萎缩，成交量提前股指创出高点。12 月 9 日指数出现了 2100 点的高点，然后开始回调。连接 AB 画量尺线，在 E 处成交量突破了 AB 量尺线，可以买入。在 C 处成交量为次极限高量，连接 AC 画量尺线 AC，在图中的 F 处突破，此点是横盘启动的买点，上涨力度比 E 处强。然后以 D 处作为次极限高量，画量尺线 AD，在图中的 G 处突破了量尺线 AD，价格进入加速上涨期。每突破一次量尺线，上涨力度就增强一次。

量尺天涯量价背离

在通常情况下，成交量与价格是同步运行的，量增价涨，量缩价跌。在量能的 8 种关系中有一种情况，价格上涨，成交量反而是下跌的，呈现了量价背离，对于这种情况，量尺天涯同样适用。

背离时间：两量高点相隔时间最好为 7 至 9 日或 12 至 14 日等。

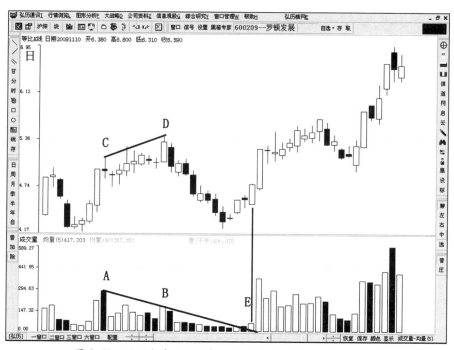

图 8.41　罗顿发展日线图(2009 年 8 月 27 日至 11 月 10 日)

多方占优势：成交量有效突破量尺压力线，连续两天在对应的量尺线之上收阳线，介入。

案例解析

图 8.41 为罗顿发展 2009 年 8 月 27 日至 11 月 10 日日线图。在图中 CD 股价是抬高的，而相对应的成交量 AB 出现了降低，出现了量价背离，量高点 AB 相隔 8 个单元，在 AB 处画量尺压力线，当股价在 E 处（10 月 13 日）成交量突破量尺线，为介入时机。

案例解析

图 8.42 为新华联 2013 年 10 月 15 日至 2014 年 1 月 27 日日线图。新华联 2013 年 11 月 22 日突破了 11 月 5 日的高点，但是成交量并未创出新高，成交量缩量不支持股价的上涨。在 11 月 5 日出现极限高量 13 个交易日后，走出了高点，股价开始回调。根据量尺天涯画出量尺线，在 12 月 20 日成交量突破了量尺线，意味着上涨行情的

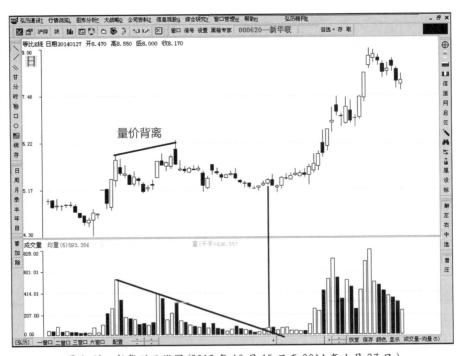

图 8.42　新华联日线图（2013 年 10 月 15 日至 2014 年 1 月 27 日）

开始。

量尺天涯的量尺线突破时间通常要比股价趋势线突破时间提前。

案例解析

图8.43为松芝股份2013年9月17日至2014年3月6日日线图。连接极限高量画出一条量尺线AB，在图中的C处成交量突破了量尺线，离最低价就只差2天的时间。通过价格的高点，画出了两条趋势线，分别为L_1和L_2，在图中可以看出，两条趋势线的突破时间都要比量尺线的突破晚。

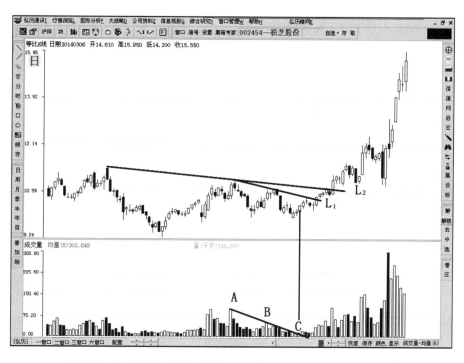

图8.43 松芝股份日线图(2013年9月17日至2014年3月6日)

量尺天涯应用环境

量尺天涯不是在任何时候都可使用。量尺天涯的使用需要注意以下几点：

1．股价在上涨的过程中出现了调整，同时寻找股价回调低点。下跌趋势中慎用。

2．量尺线不宜太平缓，也不能太陡。

3．两极限高量之间的时间（T_1）不能太短。

4．极限量差比太小最好慎用。如果 T_1 时间比较长，此时坡度将趋于平缓，也可以酌情考虑。

5．平台型次级调整更加适合量尺天涯。

6．止损价为收盘价的 −5%。

量尺天涯应回避的环境

1．未有明显的次极限高量。次高量必须在极限高量柱的 2/3 以下，否则，没有必要去画量尺线。

2．在应用量尺天涯的时候，对于某些股票，投资者应该小心量尺线突破"一日游"的情况。何为"一日游"？就是成交量突然放大量突破了量尺线，次日成交量萎缩，再次回到量尺线之下，这种情况为无效的突破。若连续 2 日站上量尺线，此时量尺线可作为有效的研判方法。如果出现"一日游"突破，投资者可根据股票情况适当调整仓位。

案例解析

图 8.44 为闽福发 2013 年 7 月 29 日至 2014 年 2 月 26 日日线图。闽福发 2013 年 11 月份、12 月份出现调整，并且也出现了明显的极限高量和次极限高量，画量尺线 AB，其中，在图中的 C 处成交量突破了量尺线，但是，次日成交量再次回到了量尺线之下，为"一日游"突破，应该卖出股票。在图中的 D 处，再次突破量尺线，并且后期都站在量尺线之上，是一个好的介入时机。

针对"一日游"的情况，投资者可以用两种方案来解决。其一，先买入，出现"一日游"再卖出，以免错失机会。其二，因为量尺线

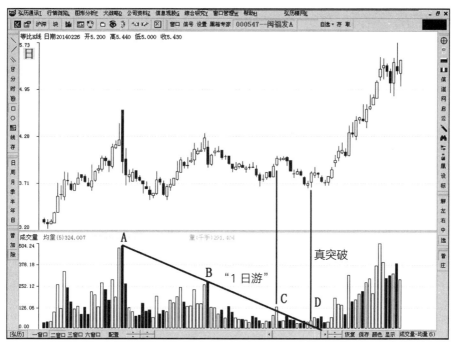

图 8.44　闽福发日线图 (2013 年 7 月 29 日至 2014 年 2 月 26 日)

的买入时机比较早，价格比较低，为了避免"一日游"行情，投资者可等次日成交量再站稳量尺线上再介入，此时也不晚。

3. 突破量尺线时价格在高位，此时，投资者反而要小心，可能是主力放量出货，这种情况容易变盘下跌。这种情况还有一个明显的特征，就是成交量站上量尺线的时间会很短暂，成交量回到量尺线下，就是一个变弱的标志。

案例解析

图 8.45 为长虹美菱 2013 年 11 月 28 日至 2014 年 3 月 25 日日线图。长虹美菱 2013 年 12 月份出现了调整，在 12 月 9 日，即图中的 A 处，走出了极限高量，其后在回调中，成交量都在极限高量的 1/2 以下，并且没有明显的高成交量。直到 2014 年 1 月 22 日出现了次极限高量，即图中的 B 处，画出量尺线 AB，在图中 C 处突破了量尺线，但是价格已经涨到高位了，此时，不适宜买入。在图中的 D 处，再次

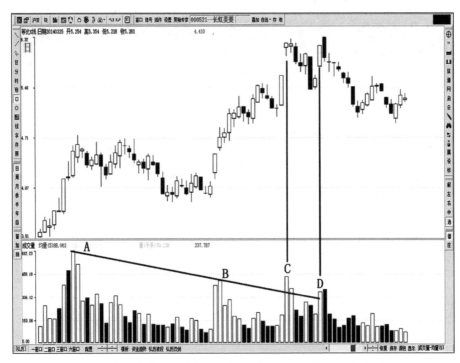

图 8.45　长虹美菱日线图 (2013 年 11 月 28 日至 2014 年 3 月 25 日)

突破量尺线，但是，价格依然在高位，不适宜买入，反而要小心市场的下跌，C 处和 D 处突破量尺线之后，成交量保持在量尺线上只有 2 天时间，时间短暂。

　　可见，极限量和阶段高点同现，从时间的角度看，低点通常出现在极限量后的 5、8、13 和 23 个单元。量尺天涯通过量能突破量尺线把握股价启动点，量尺线突破通常比价格趋势线突破要来得早些。

第九章 遗忘式 3-3-4 密码

　　市场可以用四个字来概括：起、承、转、合。起，为开始，趋势的启动位置。承，为延续，是指趋势会不断延续。股市大利润来源于趋势，而不是追求短线小利润。转，为转折停顿之意，主要体现为趋势的次级运动，此阶段主力机构主要以洗盘为目的。合，是为趋势的结束，此阶段主力、机构已经实现了利润，开始相继出货。

　　经过研究发现，起、承、转、合的时间和空间，不是随意出现的。不管是波段式上涨和下跌，还是反弹和回调，它们运行的时间都符合一定的规律和节奏。笔者通过研究发现，价格运行中在时间周期上遵循 3-3-4 模型。

第一节　遗忘式 3-3-4 密码

　　3-3-4 模型不是趋势类指标和量能指标，也不是摆动类指标。如果说它是交易系统，它也可以进行预测；如果说它是预测工具，它也可以进行交易。它是集预测和交易的结合体，是非常规的间断跳跃式数字变盘密码链，是一种价格和时间综合模型。它不是指标的右侧交易，而是左侧预测交易模型。

　　德国心理学家艾宾浩斯 (H. Ebbinghaus) 研究人体大脑对新事物

的记忆存在的规律和节奏时，发现了著名的遗忘曲线。

艾宾浩斯在 1885 年发表了他的实验报告：人们接触到的信息在经过人的学习后，便成为人的短时记忆，如果不经过及时的复习，这些记住过的东西就会遗忘。并且艾宾浩斯做了个著名的实验。他选用了一些根本没有意义的音节，也就是那些不能拼出单词来的众多字母的组合，比如 asewk、cfhhj、ijikmb、rfyjbc，等等。他经过对自己的测试，得到了一些数据：

时间间隔	记忆量
刚刚记忆完毕	100%
20 分钟之后	58.2%
1 小时后	44.2%
8 至 9 小时之后	35.8%
1 天后	33.7%
2 天后	27.8%
6 天后	25.4%
一个月后	21.1%

我们找到股票的日线图谱，每一根 K 线就相当于当天信息的记载和记忆。K 线间隔时间正好为 1 天，如果股价每增加 1 根 K 线，就相当于多增加一天的记忆，投资者在操作股票的时候，就相当于人对股票的记忆又增加 1 天。根据遗忘曲线的原理，人对 K 线的记忆或者持股的信心，会随着时间的长短产生阶段性变化。人的耐心和毅力会随着 K 线数量的增加参数变化，例如说，我们买入股票，3 天内没有赚钱，我们有耐心继续持有。如果 10 天没有带来利润，我们是否还像之前那样坚决持有？那么，要是 30 天、3 个月、1 年没有带来利润，我们还愿意持有吗？所以，股票市场也存在一种间断性跳跃性记忆。价格就像遗忘曲线，在一些固定的时间点，很容易产生市场转折。而笔者发现 3-3-4 密码就属于其中一种。

何为 3-3-4 数字密码

在趋势中，在次级运动中，甚至在日常波动中，各种不同周期都存有这种间断跳跃式 3-3-4 数字密码。

何为 3-3-4 数字密码？在上涨波段中，以股价起始低点为记忆起点，此 K 线的最高价记为基点，价格在连续创出 3 次新高后，往往容易形成短期高点。当股价再连续创出 3 次新高，也容易形成新的高点。再连续创出 4 次新高，容易形成波段高点。下跌行情与此正好相反。这种跳跃高低点，就形成了 3-3-4 数字密码。下面我们用两个案例分别说明上涨和下跌的 3-3-4 数字密码。

案例解析

图 9.1 为上证指数 2013 年 5 月 10 日至 12 月 6 日周线图。2013 年 6 月份出现了连续 4 周下跌，在 6 月 28 日此周上证指数下跌到

图 9.1 上证指数周线图 (2013 年 5 月 10 日至 12 月 6 日)

1849点，出现长下影线，随后展开了上涨，于是我们就把这根K线记为上涨的低点基点，此K线的最高点作为基点0，如图所示。次周虽然收阳线，其最高点并未创出前期基点0的新高，不能标数。在其后的第2根K线，其最高点突破了基点指数，就可以标数1。同理，其后K线若创出前面新高时，就可以进行标数，而转折最容易出现在标数3和标数6以及标数10，这就是3-3-4跳跃式数字链。这波上涨正好在上涨到标数3时结束了整个行情反弹，出现了8周的回调。

案例解析

图9.2为上证指数2015年1月19日至2月26日日线图。2015年1月23日上证指数出现了长上影线十字星，走出了3406点的阶段性高点，其后，股指出现了回调。因为回调的最高点是1月23日，以23日为高点基点，基点即为23日的最低价3328点，在图中标数为0，次日股指虽然上涨收阳，但是，次日最低跌破了3328点，为

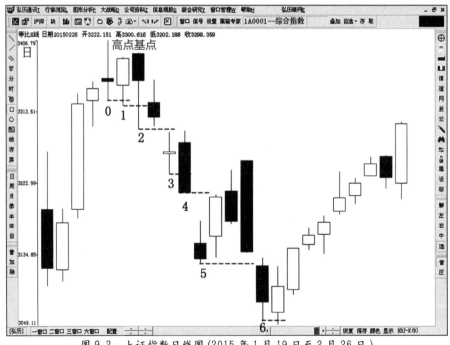

图9.2　上证指数日线图（2015年1月19日至2月26日）

3321 点，于是标数为1，依此类推，最终股指跌到标数6后，结束了回调，开始上涨。

3-3-4 模型标数规则

3-3-4 模型主要包括基点、标数规则、转折。

基点：记为零。基点 K 线为波段的起始最低价或最高价 K 线。上涨和下跌的基点价格标记法不同。下跌的基点价格为前波上涨的最高价 K 线的最低价；上涨的基点价格为前波下跌的最低价 K 线的最高价。

标数规则：高点到低点标数方法为找到股价上涨波段的最高价，首先找到基点高点 0 及基点最低价格，当其后 K 线最低价价格跌破基点最低价时，就可以标为 1。然后，以标数 1 的 K 线最低价作为标准。其后，K 线最低价跌破标数 1 的最低价，就可以标为数 2。如果没有跌破就不标数，标数依然保留前标数。当后期 K 线最低价再跌

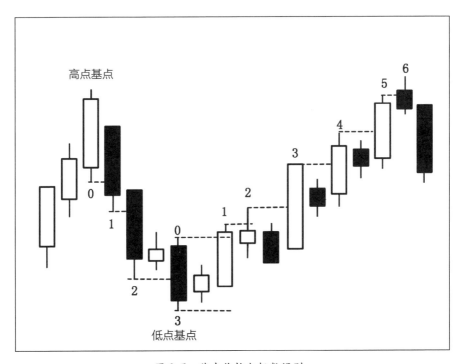

图 9.3　基点价格与标数规则

破标数 2 的最低价，标数为 3，以此类推。低点到高点标数方法正好相反，找到最低价 K 线作为基点 0，最低价当日 K 线的最高价作为第 1 个标准，后期 K 线最高价突破了标准值，标数增加 1，以此类推。图 9.3 为基点价格和标数的规则。

3-3-4 模型从基点开始，当标数到 3 的时候，股票就容易产生回调（反弹）的第 1 个转折。第 2 个转折点通常出现在标数 3 之后的再数 3 个标数，也就是标数 6。第 3 个转折点通常在标数 6 后再数 4 个标数，也就是从基点开始的标数 10。中级回调（中级波段）和下跌（上涨）的转折，通常在股价的标数到 10 就基本上结束了。个别疯狂的可能会延续到标数 13。

3-3-4 模型转折：股价的转折通常出现在标数 3、标数 6、标数 10，在它们之后的下一个交易日可以作为参考买入（卖出）时间点。

案例解析

图 9.4 为恒顺醋业 2012 年 2 月 7 日至 5 月 9 日日线图。恒顺醋业在 2012 年 3 月份下旬的中期回调中，股价从 3 月 19 日的最高价 6.09 元跌到了 3 月 30 日的 5.16 元，在这个下跌过程中，通过 3-3-4 模型进行标数，以最高价 3 月 19 日为高点基点 0，然后，找到基点 0 当日的最低价 5.89 元，此价位作为标杆衡量价，若股价最低价跌破了此价，就标数为 1。在 3 月 20 日，股价最低价达到了 5.87 元，跌破了 5.89 元。20 日标为数 1，此时，标杆衡量价格不再是 5.89 元，而是以标数 1 的最低价 5.87 元作为标杆价。21 日最低价为 5.71 元，创 5.87 元以来新低。21 日标数为 2，此时标杆衡量价应为 5.71 元，22 日最低价为 5.80 元，未破 5.71 元，不能标数，21 日依然保持为标数 2。在 23 日最低价为 5.49 元，记住，23 日应该与 21 日标数 2 的最低价进行对比，不是与 22 日的最低价进行对比。23 日最低价 5.49 元创标数 2 最低价 5.71 元以来新低，23 日标为数 3。依此类推，

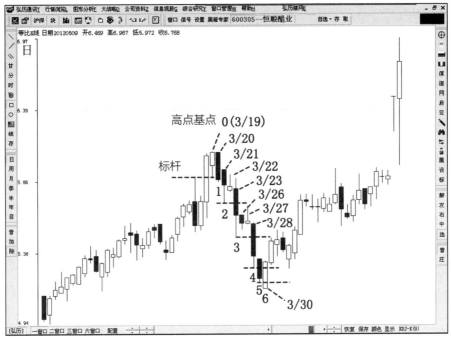

图 9.4　恒顺醋业日线图(2012 年 2 月 7 日至 5 月 9 日)

在图中 26 日和 27 日都未破标数 3 的新低，所以，不标数(标数非股价)。28 日最低价破标数 3(3 月 23 日)新低，标为数 4。29 日最低价破标数 4 新低，标为数 5。30 日最低价破标数 5 新低，标为数 6。最终股价在标数 6 就停止了回调开始上涨，标数 6 为市场的转折点。

案例解析

图 9.5 为金正大 2013 年 7 月 16 日至 11 月 22 日日线图。金正大在 2013 下半年进入了上涨趋势，在上涨趋势中出现了多次的短期回调，在图中出现的四次回调都遵循了 3-3-4 模型。如果在次日买入，都能买在回调低位、上涨的起点，甚至有可能买在最低价当日。短期强势回调的股票，通常回调到标数 3 就容易产生转折。

在下跌中，若当日最低价与之前一个标数的最低价相等时，此日不往后标数。在上涨中，若当日最高价与之前一个标数的最高价相等

图 9.5　金正大日线图 (2013 年 7 月 16 日至 11 月 22 日)

时，此日也不往后标数。假设某股在下跌中，前一日为标数 5，最低价 6.88 元。而在当日最低价依然为 6.88 元，那么，当天就不能标为 6，应该忽略，标数依然以前面的为标准，价格以 6.88 元为衡量值。

第二节　因材施教 3-3-4 模型

股价走势不同，所遵循股价的规律也不同，针对不同阶段股市走势，3-3-4 模型也会出现不同的变盘模型。依不同走势，3-3-4 模型分为强势回调的 3-3-4 模型、a-b-c"之"字形中线回调的 3-3-4 模型、反弹中的 3-3-4 模型和矩形中的 3-3-4 模型四种类型。

强势回调的 3-3-4 模型

对于强势股的强势回调，主力调整的目的在于洗去短线跟风的投机者。短线投机者主要以短线盈利为目的，最容易被主力洗掉。这种调整通常表现为时间短，空间少，这类股票的回调时间通常可以用两种方式来把握：一是调 3 个交易日；二是调到标数 3，此时就会出现继续上涨。有时，两种同时符合。

案例解析

图 9.6 为爱尔眼科 2013 年 6 月 6 日至 8 月 26 日日线图。爱尔眼科在 2013 年 6 月份至 8 月份期间的上涨，出现了两次调整，两次调整的空间都比较少，时间也都较短，标数到 3 时，就都结束了回调。第 1 次的调整为 3 个交易日，也正好符合 3-3-4 密码的第一时间拐点标数 3，出现了两次共振。

图 9.6　爱尔眼科日线图(2013 年 6 月 6 日至 8 月 26 日)

a-b-c "之" 字形中线回调的 3-3-4 模型

如果股价是属于 a-b-c "之" 字形回调的，其中 a 浪的结束点也通常为标数 3 的位置，b 浪上涨通常在标数 3 的位置完成，c 浪通常运行到标数 6 的位置。

案例解析

图 9.7 为上证指数 2008 年 10 月 21 日至 2009 年 2 月 10 日日线图。上证指数在 2008 年惨跌之后，在 10 月 28 日见底 1664.9 点，其后市场展开了上涨，从 1664.9 点到回调次低点 1814.7 点（2008 年 10 月 31 日），在此期间出现了一次短线回调和一次中线回调。短线回调的时间短，空间小，一波下跌回调到数字 3 就结束了，在图中已经标出。第 2 次回调为中期回调，下跌的空间较大，时间较长，回调方式为 a-b-c "之" 字形回调，在图中，a 浪、b 浪和 c 浪已经标出来了。

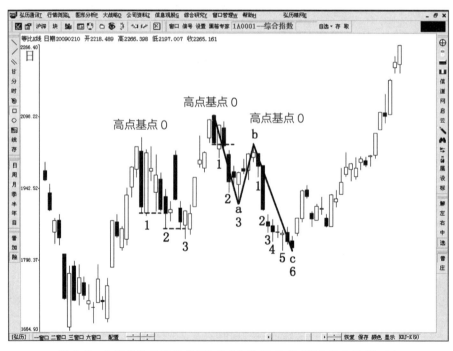

图 9.7　上证指数日线图 (2008 年 10 月 21 日至 2009 年 2 月 10 日)

其中 a 浪下跌在标数 3 就停止了，b 浪反弹也在上涨标数 3 就结束了，在图中没有标出。c 浪的下跌幅度强于 a 浪，所以，c 浪下跌到标数 6，最终股指在 1814 点结束了下跌，从而展开了一波新的开始。

反弹中的 3-3-4 模型

下跌趋势中反弹有两种。第一种是日常波动的反弹，反弹的特点是空间少、时间短。第二种是波段式反弹。这种反弹时间通常为 3 周到 3 个月之间，空间以 10% 至 30% 居多。日常波动的反弹往往上涨到标数 3，如果反弹力度弱，这种反弹就没有操作的意义，反而将成为投资者补仓或抄底的介入点，当然，最后股票以赔钱居多。所以，股价在下跌反弹中要注意标数 3 的位置，因为此点可能结束日常波动的反弹。

案例解析

图 9.8 为深证成指 2012 年 7 月 6 日至 9 月 24 日日线图。深证成

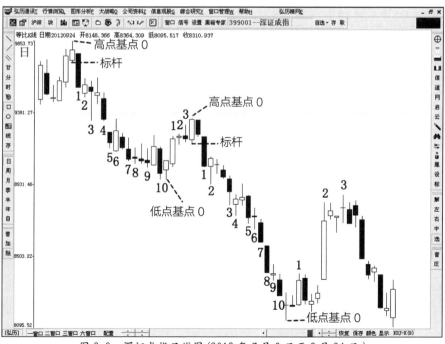

图 9.8　深证成指日线图 (2012 年 7 月 6 日至 9 月 24 日)

指在 2012 年 7 月份到 9 月份的这段下跌期间，市场出现了两次小反弹。两次下跌都到标数 10，其后都出现了小反弹，两次反弹的时间达到标数 3 就结束了，标数 3 为弱势反弹的一个重要关卡，此时，持股需要谨慎。基点 0 到标数 3 如果是连续标数，即中间没有未标数，通常反弹弱。图中，第一次反弹是连续出现标数，最终深证成指只反弹了 4 个交易日。第二次反弹标数 1 到标数 2 之间空了 3 根 K 线没有达到标数标准，没有标数，标数 2 到标数 3 之间有 2 根 K 线没有标数，反弹的交易时间多了 5 日，总共反弹了 9 个交易日，比第 1 次反弹时间要长，力度要略强点。

案例解析

图 9.9 为上证指数 2011 年 5 月 18 日至 8 月 8 日日线图。上证指数在 2011 年 6 月份出现了一波中级反弹，反弹空间从低点 2010 点到 2826 点。这波反弹以 6 月 20 日（最低点 2010 点）当日作为基点 K 线，

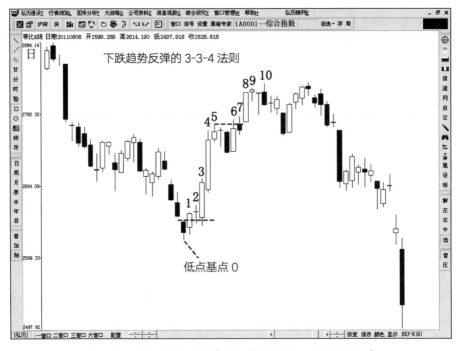

图 9.9　上证指数日线图 (2011 年 5 月 18 日至 8 月 8 日)

按照标数的规则，如图所示，股指最后上涨，标数到了 10，当日正好为 7 月 7 日，正好符合每月的同月同日变盘日规律。两种方法出现了变盘共振，其后股价开始快速下跌。

矩形中的 3-3-4 模型

股价除了上涨趋势和下跌趋势以外，就是无趋势阶段，其中矩形整理是市场中常见的走势。在矩形整理中，价格走势也同样出现了 3-3-4 模型。矩形整理的空间是一个箱体，每当股价达到箱体上沿附近时为卖点，达到箱底下沿附近时为买点。如果在空间达到的情况下，时间上也正好符合 3-3-4 变盘，这种买卖准确概率将再次提高。

图 9.10　上证指数日线图 (2010 年 7 月 1 日至 10 月 11 日)

案例解析

图 9.10 为上证指数 2010 年 7 月 1 日至 10 月 11 日日线图。上证指数在 2010 年的 8 月和 9 月的箱体整理中，箱体调整空间为 2564 点和 2700 点，在这 2 个月的整理中，出现了四高三低。调整中的三次低点中，第一次和第三次调整到标数 3，第二次调整到图中的标数 6，都符合 3-3-4 模型。

3-3-4 模型的出现绝不是寥若晨星，反而是数不胜数。上证指数从 2013 年的 6 月份到 10 月份，4 个月的时间，指数的运行都符合 3-3-4 模型。

案例解析

图 9.11 为上证指数 2013 年 6 月 18 日至 10 月 24 日日线图。图中，上证指数 3-3-4 ① 为第一波上涨，标数达到了第二阶段的 6。3-3-4 ② 为第一波回调，标数为第一阶段 3。第三次 3-3-4 ③ 上涨到了 8 月 14 日，标数为 9，离 10 还差一点点，在 8 月 16 日光大证券出现了乌龙指事件，最终完成了标数 10。第四次 3-3-4 ④ 上涨到标数 10，其后 3-3-4 ⑤ 股价回调到标数 3，最后一次 3-3-4 ⑥ 股价虽然出现了标数 6，多于 3-3-4 ⑤，但却未创出 3-3-4 ⑤ 前高点，市场在变弱，做多更需小心。

股票回调或反弹的力度，与最终达到的标数多少有关联。上涨行情中的回调，回调的标数越多，下跌空间就越大，时间越长。回调标数越少，往往下跌空间越少，时间越短。下跌行情中的反弹，标数越多，反弹空间就越大，时间越长。反弹标数越少，往往反弹空间越少，时间越短。两者之间通常成正比。

图 9.11　上证指数日线图 (2013 年 6 月 18 日至 10 月 24 日)

第三节　股市中的"9"

　　九，这个数字，在股市中也非常神奇。投资大师的理论中也多次提到九，江恩有九方图和三天九点图，艾略特波浪理论上涨延长浪有九浪，当标数达到 9 的时候，容易产生变盘，因而标数 9 在股市中也非常重要。

　　被中国媒体称为"预言帝"的汤姆·狄马克大师在他的 TD 理论中，把结构定位为 9，亦说明 9 在股市中至关重要。中国文化中有河图洛书，洛书就是 9 个数字的排列。

案例解析

　　图 9.12 为大恒科技 2012 年 3 月 7 日至 5 月 15 日日线图。大恒科技在 2012 年 4 月份的反弹中，只上涨到了标数 9，市场就开始下跌。

图9.12　大恒科技日线图(2012年3月7日至5月15日)

　　在操作中，投资者应该注意标数9，因为它也是一个非常重要的转折点。当股价连续达到9次新高或新低的时候，我们就需要留意，随时做好相应准备，因为股价不一定会到标数10。

　　案例解析

　　图9.13为上证指数2013年8月30日至11月18日日线图。上证指数始于2013年9月的这波下跌历经2个月，在11月14日结束了下跌，下跌方式为a-b-c"之"字形下跌，在图中画出了两组标数，一组以9月12日高点作为基点开始，最终结束为标数9；一组以10月14日次高点作为基点，最终结束标数也为9。两组标数都为9，正所谓，九九归一，终成变盘。

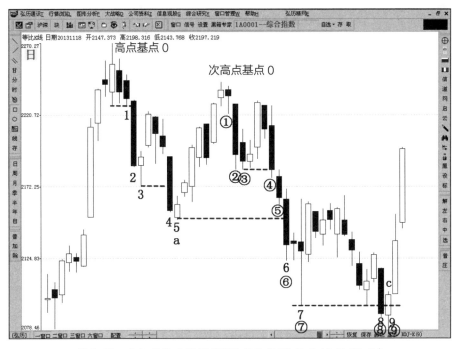

图 9.13 上证指数日线图（2013 年 8 月 30 日至 11 月 18 日）

第四节　1 年周期 3-3-4 模型

地球围绕太阳旋转，旋转一圈的时间为一年，每 4 年有一个闰月。如果我们把 4 年作为一个结点、一个大循环，循环时间为 $365 \times 4 + 1 = 1461$ 天。365 为 1 年的时间，4 年有一个闰月，即 2 月有 29 日，故多加 1 日。按照时间出现的先后顺序，1461 日可以标为 1461 个序列。

那么，我们可以得出：每 4 年为一个周期，周而复始，不断循环。每 4 年中的同一序列时间，将达到的是同一个时间点。同一件事情不断重复发生，就会产生非常明显的规律。4 年为一个大周期，这个周期将非常精准。当然，按照阳历来计算，每年为 365 日，每 4 年才多出 1 日的时间，误差比较少。所以，每年也是一个非常重要的周期，正所谓春夏秋冬，四季循环，年复一年。正所谓年年岁岁花相似，岁岁年年人不同。在1年的周期中也存在着3-3-4模型。

1年有365天，52个星期，12个月，4个季节。在12个月中，每年的1月份都是非常重要的月份，市场也经常在1月份出现中级转折。另外，每年还有个特殊的近日点也出现在1月份。

根据开普勒定律，地球是在椭圆轨道上绕太阳公转的，太阳在椭圆的一个焦点上，这样就出现了近日点和远日点。地球轨道离太阳最远的一点，为远日点；地球轨道离太阳最近的一点，为近日点。

近日点出现在1月份初，角速度为61分／天，线速度为30.3千米／秒，太阳地球距离1.471亿千米。远日点出现在7月份初，太阳地球距离1.521亿千米，角速度为57分／天，线速度为29.3千米／秒。

在天体运动中，近日点和远日点是地球公转轨迹上的两个极限点，一个是远的极限点，一个是近的极限点，对自然界的影响非常大，对股票市场影响也很大，对期货市场影响更大，每年的1月份和7月份是重要的变盘月，在这两个月中最容易形成中期的顶底。

案例解析

图9.14为上证指数2005年4月27日至2008年1月29日日线图。上证指数在2005年至2007年的大牛市中，从998点到6124点，上证指数出现了5次中级调整，其后出现了1次反弹。这6次调整时间，要么出现在1月份，要么出现在7月份，并且两者交替出现，每半年为一个调整的周期。

1月份和7月份是每年的重要变盘月，往往容易形成重要的高低点。这两个月之间是相互关联的，不是独立的。可以通过1月份高低点提前去预知7月份是高点还是低点，同样，通过7月份也可以预知第二年1月份将是高点还是低点。两者的关系主要体现为循环、突破（包括跌破）和转折三种关系，在此不再过多讲解。

图 9.14　上证指数日线图（2005 年 4 月 27 日至 2008 年 1 月 29 日）

1 年的周期循环，同样也存在着 3-3-4 规律。以 1 月份为基点，根据 3-3-4 模型的规律，在 1 月份的基础上加 3 个月，将是一个重要变盘月，即为 4 月份。再往后累加 3 个月，即 7 月份，也是一个重要的变盘月。再往后不再加 3，应该加上 4 个月，为 11 月份。根据 3-3-4 模型，每年的 1 月份、4 月份、7 月份和 11 月份是重要的变盘月。每年的重要高低点大多出现在这 4 个月中。

案例解析

图 9.15 为上证指数 2008 年 8 月 29 日至 2011 年 6 月 17 日周线图。上证指数在 2008 年 10 月 28 日见底 1664 点，虽然当月为 10 月份，但是，离 11 月份也只差 4 个交易日，在 11 月 7 日结束了 8 日的横盘，市场真正开始上涨。在 2008 年的 12 月 31 日见 1814 点，2009 年 1 月 5 日跳空上涨，股指一路上涨，5 月份、6 月份和 7 月份出现了单边上涨走势，在 7 月 29 日出现了一根中阴线，上涨开始受阻，其后，日

线上涨 4 天，见顶 3478 点。7 月份之后，就是 11 月份。在 2009 年的 11 月 24 日，走出了反弹的次高点 3361 点。在 2010 年 1 月份中旬股指再次出现反弹高点，其后股指下跌，1 月份成为阶段性高点。2010 年 4 月 16 日股指期货正式交易，其后，期货做空。4 月 15 日形成阶段性高点 3186 点。在股指期货的做空机制下，单边下跌一直延续到 7 月 2 日，见底 2319 点。在 11 月 11 日光棍节，见顶点 3186 点。2011 年的 1 月份见底 2661 点，同年 4 月份再次见顶 3067 点。

图 9.15　上证指数周线图（2008 年 8 月 29 日至 2011 年 6 月 17 日）

　　事实证明，上证指数每年在 1 月份、4 月份、7 月份和 11 月份是重要的变盘月，这种规律正好就符合 3-3-4 模型。如果能提前预知某月是高点或低点，这样就相当于预知了 3 个月的涨跌。

　　例如，上证指数在 7 月份见底，开始上涨，现在是 8 月份，指数继续上涨，如果我们能提前知道 11 月份是高点。那么，10 月份将是上涨的，11 月份将见高点，12 月份是下跌的。可见知道 1 个月的方向，就相当于知道了 3 个月的涨跌情况。

先大后小，先长后短，顺势而为。当知道了上证指数的高低点出现的月份，见低点做多，见顶点做空。可顺势而为，轻松操作。在个股月线上也会出现 3-3-4 模型，大多数个股的高低点将和指数同步出现。

案例解析

图 9.16 为敦煌种业 2012 年 11 月 12 日至 2014 年 1 月 9 日日线图。敦煌种业在 2012 年 12 月 4 日见低点，低点虽然没有出现在 11 月份，其实也仅延后了两个交易日。在接下来的 2013 年 1 月份、4 月份、7 月份和 11 月份都出现了重要的转折点。其中，2012 年 11 月份与 2013 年 4 月份、7 月份和 11 月份都是重要的低点。

在 1 年的周期中，根据价格运行的级别大小，变盘的周期和月份也有区别。级别越大，变盘周期越长；级别越小，变盘周期越短。

图 9.16　敦煌种业日线图（2012 年 11 月 12 日至 2014 年 1 月 9 日）

1. 趋势明确的情况下，通常以 6 个月为一个变盘周期，重要的高低点通常出现在 1 月份和 7 月份，例如 2005 年至 2007 年的上证指数的上涨趋势。如图 9.17。

2. 在波段行情级别中，高低点主要变盘周期以 3 个月为转折。按照这种规律，若 1 月份是低点，那么，4 月份就是高点，7 月份很有可能就是低点，11 月份就是高点。如图 9.18。

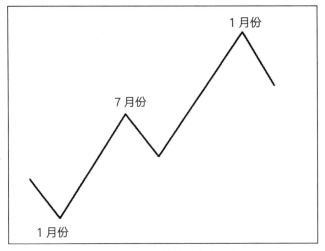

图 9.17　大趋势变盘周期

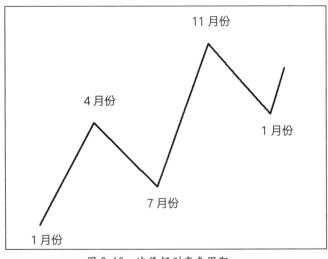

图 9.18　波段级别变盘周期

案例解析

图 9.19 为上证指数 2010 年 3 月 11 日至 2011 年 5 月 19 日日线图。在 2010 年 4 月份因股指期货的上市交易，上证指数股指也出现了阶段性高点，因为股指期货的做空机制，市场出现了快速暴跌，此波下跌持续了 3 个月的时间，最后下跌延续到了 7 月份，在 2319 点最终见底。其后，展开上涨行情，在 11 月 11 日出现了高点 3186 点，延续时间也为 3 个月。在 2011 年 1 月 25 日再次出现了阶段性的低点，在 4 月 18 日出现了阶段性高点 3067 点。在连续的 1 年时间中，出现了 5 个重要的高低点，它们出现的时间分别在 1 月份、4 月份、7 月份、11 月份，遵循 3-3-4 模型的规律。

图 9.19　上证指数日线图（2010 年 3 月 11 日至 2011 年 5 月 19 日）

3. 在震荡行情中，高低点主要变盘周期以 3 个月为循环。循环包括低低（底底）循环和高高（顶顶）循环。按照这种规律，若 1 月份是低点，因为市场弱，往往不能延续到 4 月份，于是在 1 月份和 4 月份之间出现一个高点，然后在 4 月份就是一个低点，1 月份和 4 月份就形成了低低循环。如图 9.20。

2010 年 4 月份至 2011 年 4 月份一年的时间中，3-3-4 就成为上证指数转折密码。图 9.20 已经阐述了从 2010 年 4 月份至 2011 年 4 月份它们是如何运行的。

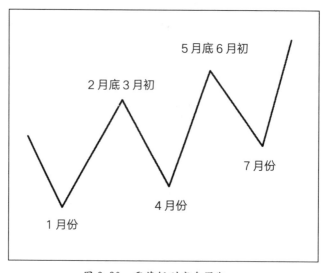

图 9.20　震荡级别变盘周期

案例解析

图 9.21 为上证指数 2011 年 3 月 14 日至 2012 年 4 月 27 日日线图。通过图我们知道，2011 年上证指数主要是以 3 个月为循环进行变盘，从 2011 年 4 月 18 日高点开始，在 7 月 16 日走出了一个阶段次高点，形成了高高循环，时间为 3 个月。在两者之间出现了一个低点，出现时间为 6 月 20 日。根据 3-3-4 规律，下一个重要变盘时间在 11 月，在 11 月 16 日走出了次高点，与 7 月份次高点形成了高高循环，两者之间在 10 月 24 日出现了一个低点。11 月 16 日开始下跌，下跌级别

图 9.21　上证指数日线图（2011 年 3 月 14 日至 2012 年 4 月 27 日）

比较大，时间较长，一直下跌到 2012 年 1 月 6 日的 2132 点才见底。在其后的上涨中，因为上涨力度不强，在 2 月 23 日出现了阶段性高点，展开了回调，在 3 月 29 日形成了回调的低点，离 4 月份非常近，只提前了 2 个交易日。

震荡行情中高低点的转折规律，需要在 3-3-4 中间再加入一个转折点，这个转折点，称为插入转折点。高低点数量在原有的基础上翻了一倍，把原有的一波时间变成了两波时间，插入转折点位置就是分界点。插入转折点左右波段运行时间上也蕴含规律，时间比大约以 2∶1 和 3∶1 及 1∶1 三种情况为主，若要想更加精准，可以根据螺线时空坐标进行计算。

案例解析

图 9.22 为上证指数 2011 年 3 月 23 日至 8 月 3 日日线图。上证指数在 2011 年 4 月 18 日出现高点，开始下跌。7 月 18 日为阶段性次

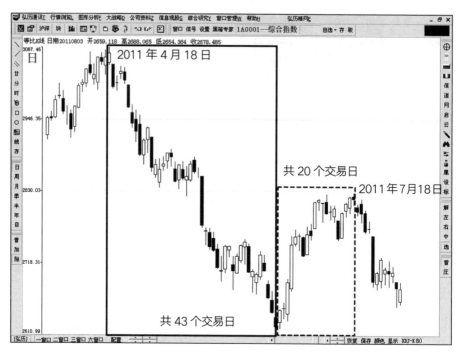

图 9.22　上证指数日线图（2011 年 3 月 23 日至 8 月 3 日）

高点，在两者中出现了一个插入转折低点，时间为 6 月 20 日。以插入点作为分界点，4 月 18 日至 6 月 20 日下跌了 43 个交易日，6 月 20 日至 7 月 18 日反弹为 20 个交易日，左右两者交易时间比例约为 2∶1。

根据每年的 3-3-4 规律，在震荡行情中，以插入转折点为分界点，左右波段的时间关系主要有以下几种。

1 月份至 4 月份之间，中间因为有春节放假，未交易时间偏多，通常以 2∶1 居多；

4 月份至 7 月份之间，也以 2∶1 居多；

7 月份至 11 月份，因为时间长，容易出现 3∶1；

11 月份至 1 月份，因为时间短，易出现 1∶1。

为了更好地说明，见图 9.23：

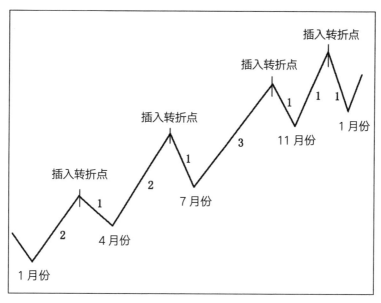

图 9.23 插入转折点左右时间比

案例解析

图 9.24 为乐普医疗 2012 年 9 月 7 日至 2014 年 3 月 11 日日线图。乐普医疗在 2012 年 12 月 3 日见底，因为 1 日、2 日为周末，低点就向后推了一个交易日。2013 年 3 月 6 日走出了阶段性高点。通过图可以看到，其后在 7 月 8 日、11 月 1 日和 2014 年 1 月 3 日、1 月 20 日都出现了波段的转折点。在这些变盘时间中，都出现了插入转折点，分别为：2013 年的 3 月 6 日、5 月 31 日、10 月 15 日。这些转折点之间有什么规律吗？我们以插入转折点作为分界点，看看在时间上的规律。

以 2013 年 3 月 6 日为插入分界点：

2012 年 12 月 3 日至 2013 年 3 月 6 日，交易日为 57 日；

2013 年 3 月 6 日至 2013 年 4 月 16 日，交易日为 27 日。

3 月 6 日插入转折点左右两者时间比接近 2∶1。

以 2013 年 5 月 31 日为插入分界点：

2013 年 4 月 16 日至 2013 年 5 月 31 日，交易日为 30 日；

275

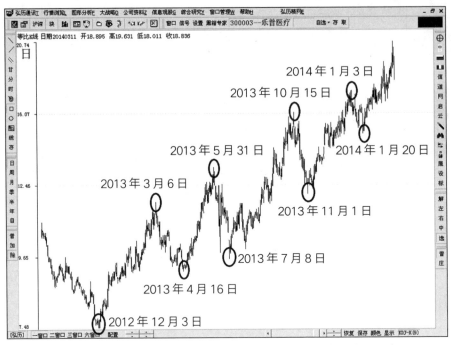

图 9.24　乐普医疗日线图（2012 年 9 月 7 日至 2014 年 3 月 11 日）

2013 年 5 月 31 日至 2013 年 7 月 8 日，交易日为 14 日。

5 月 31 日插入转折点左右两者时间比接近 2：1。

以 2013 年 10 月 15 日为插入分界点：

2013 年 7 月 8 日至 2013 年 10 月 15 日，交易日为 63 日；

2013 年 10 月 15 日至 2013 年 11 月 1 日，交易日为 13 日。

10 月 15 日插入转折点左右两者时间比接近 5：1，比例有点大。

11 月 1 日至 1 月 3 日出现了单边上涨行情。

插入转折点左边的时间，不一定比右边时间长。左右时间也有可能出现 1：2、1：3 的情形。左右的时间主要根据当时市场强弱来划分，另外，在急涨和急跌的情况下，如股价因为利空消息，出现几根大阴线或者跌停，3 至 5 天的时间就能把获利空间回吐一半。此时，这种比例会失衡。若变盘时间为月初或月底，此时插入点时间比例可能也会发生改变。

插入转折点时间比的计算步骤：

第一步：大体预计 2 个变盘月相间的时间差数量（交易日数量），用 T 表示。

1 月份到 4 月份高低点两者时间差有 60 至 70 个交易日，4 月份至 7 月份高低点时间差有 65 至 80 个交易日，7 月份至 11 月份高低点时间差有 85 至 100 个交易日，11 月份至 1 月份有 45 至 55 个交易日。

第二步：插入转折点出现后，找到左边已经出现的 K 线数量（记为 a），计算与之相对应的时间差数相差的 K 线数量，用 b 表示。b=T−a。

第三步：计算比例。a 与 b 的比值就是两者之间的比例。

总结：在牛市中，变盘周期以 6 个月为转折。在波段中，变盘周期以 3 个月为转折。在震荡行情中，变盘周期以 3 个月循环。循环左右时间最容易出现的时间比为 1∶1、2∶1 和 3∶1 三种。

第五节　远日点、近日点价格推演图

地球围绕太阳转，运行轨迹为椭圆形。1 月份地球离太阳距离最近时，这一点叫作近日点。远日点出现在 7 月份初。在近日点和远日点这两个时间点附近，股市出现转折变盘的情形非常多。

1 月份和 7 月份之间相辅相成，密不可分。两者之间存在关联，其表现形式可以归纳为三种：转折、突破（跌破）和循环。

转折：转折也意味着结束。转折分为同年的转折和次年转折。同年转折是指本年的 1 月份和 7 月份（8 月份）之间的转折。次年转折指本年的 7 月份（8 月份）与次年的 1 月份之间的转折。假如股价 1 月份见高点后开始下跌，7 月份或 8 月份结束股价的下跌，低点转为向上，为向上转折变盘。或者，7 月份走出低点，开始上涨，而在 1 月份结束上涨，转为下跌，此为向下转折变盘。其中，7 月份和 8 月份可认为是一个时间段。

案例解析

图 9.25 为上证指数 2008 年 9 月 24 日至 2009 年 8 月 31 日日线图。上证指数在 2008 年 10 月 28 日出现了 1664 点的历史低点，在 2009 年 1 月份形成了不创新的次低点。如图中所示，这波上涨行情，从 1 月份开始加速上涨，越涨越快，最终最高涨到 3478 点，在 2009 年的 8 月 4 日停止上涨，1 月份和 7 月份、8 月份形成了转折变盘。

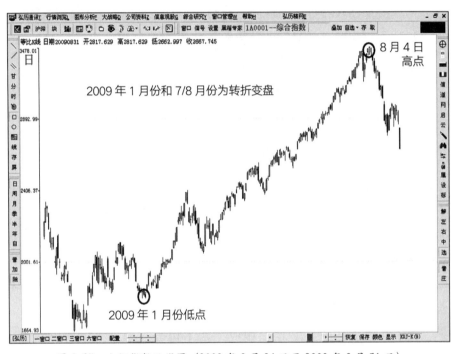

图 9.25　上证指数日线图（2008 年 9 月 24 日至 2009 年 8 月 31 日）

突破：股指在 1 月份走出高点，而这个高点要到 7 月份或 8 月份才能突破，这种情况就称转折突破。7 月份或 8 月份出现高点，而突破这个高点在次年的 1 月份，这也属于突破。

跌破：股指在 1 月份走出低点，而跌破这个低点往往要到 7 月份或 8 月份，这就是跌破。7 月份或 8 月份出现低点，而跌破这个低点在次年的 1 月份，这也属于跌破。

循环：股指在 1 月份走出低点，然后开始上涨，但是上涨时间不长，其后转为下跌，股指再次下跌的次低点，最好不破 1 月份低点，出现在 7 月份或 8 月份，这就是低低循环。相反，股指在 1 月份走出高点，然后开始下跌，但是下跌时间不长，其后转为上涨，股指再次上涨的次高点，最好不破 1 月份高点，出现在 7 月份和 8 月份，这就是顶顶循环。

案例解析

图 9.26 为上证指数 2013 年 11 月 29 日至 2014 年 9 月 30 日日线图。上证指数在 2014 年 1 月走出了 1984 点的低点，其后数月股指出现了震荡走势，出现两个波段高点，在 5 月份指数再次回到 1 月低点附近，开始盘整，横盘坚持了 2 个月，直到 7 月份时，股指才真正开始上涨，7 月份低点比 1 月份低点要略高，如图中所示。可见，2014 年的 1 月份和 7 月份组成了低低循环。

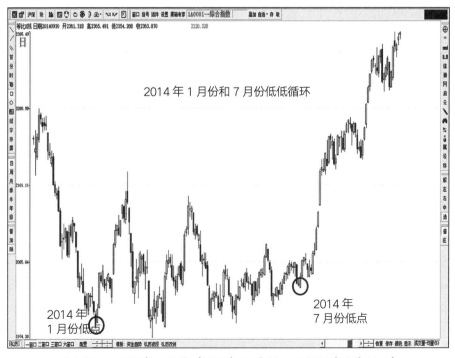

图 9.26　上证指数日线图 (2013 年 11 月 29 日至 2014 年 9 月 30 日)

近日点远日点价格推演图

上文已经讲述，近日点和远日点两者产生的关联有三种，分别为转折、突破（跌破）和循环。如果我们能够提前预知它们，在投资的过程中，我们就能够先人一步，提前布局，运筹帷幄，决胜千里。

» 预知 1 个月顶底，就知 3 个月涨跌

如果我们知道月线上的高（低）点，那么，就可以推导其前后 2 个月的涨跌，知道 1 个月的变盘，我们就能知道 3 个月的涨跌。假设我们能提前预知 1 月份是低点，那么，我们可以得出，12 月份是下跌，2 月份是上涨。若 7 月份是高点，就意味着 6 月份是上涨，8 月份是下跌。1 年有两次循环，总共 6 个月，如果我们能知道每年 1 月份和 7 月份的高低点，就相当于知道了半年的涨跌。

那么，近日点（1 月份）和远日点（7 月份）的股价能不能提前进行预判？当越接近近日点和远日点的时候，这种关联就更明显，既然这样，当市场接近 1 月份或 7 月份 /8 月份时，就可以进行推演。假设我们以 1 月份作为低点，在 5 月份和 6 月份就可去预测 7 月份 /8 月份的走势。两者有什么关联呢？1 月份和 7 月份 /8 月份的高低点可以分为三种推演图。下面我们假设 1 月份为低点，进行推演。

推演模型（一）：见图 9.27

已知条件：1 月份为低点，股价一直上涨到 5 月份、6 月份。

推演 a：其后，股价一直上涨，直接上涨到 7 月份 /8 月份，结束这波行情的上涨，两者形成转折变盘，出现的概率非常高。

推演 b：其后，股价略涨，或者不涨，然后，转折向下，开始下跌，一直下跌到 7 月份 /8 月份，下跌的空间要达到之前上涨的 1/2 以下，因为时间紧促，下跌要延续到 8 月份，形成低低循环。因为时间短，所以这种情况出现的概率低。

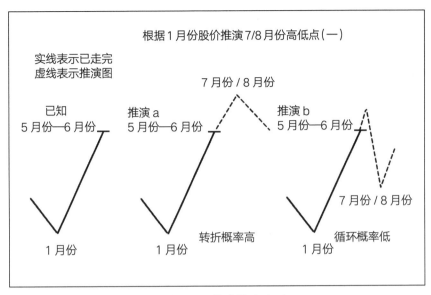

图 9.27 推演模型（一）

推演模型（二）：见图 9.28

已知条件：1 月份为低点，股价上涨，然后转折向下，下跌到 5 月份、6 月份，下跌幅度小。

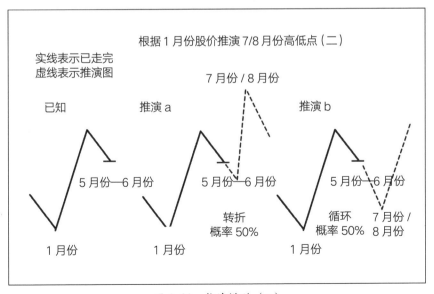

图 9.28 推演模型（二）

推演 a：其后，股价再略微下跌或不跌，其后转折上涨，一路上涨，到 7 月份 /8 月份才结束上涨行情，两者形成转折变盘。这种情况出现概率为 50%。

推演 b：其后，股价继续下跌，一路下跌到 7 月份 /8 月份，不破 1 月份低点，两者形成了低低循环，这种情况出现概率为 50%。

推演模型（三）：见图 9.29

已知条件：1 月份为低点，股价上涨，然后转折向下，下跌到 5 月份、6 月份，下跌幅度大。

推演 a：其后，股价继续下跌或不跌，到 7 月份 /8 月份，不破 1 月份低点，两者形成了低低循环，这种情况出现概率为 50%。

推演 b：其后，股价继续下跌，在 7 月份 /8 月份跌破 1 月份的低点，然后，股价继续下跌，两者形成了跌破关联，这种情况出现概率为 50%。

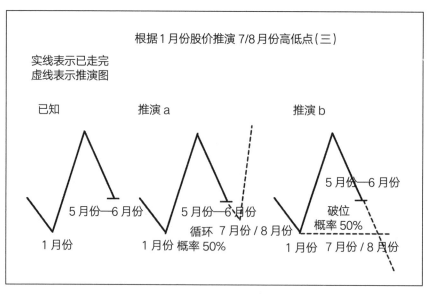

图 9.29　推演模型（三）

案例解析

图 9.30 为上证指数 2013 年 12 月 12 日至 2014 年 6 月 5 日日线图。上证指数在 2014 年 1 月份走出一个 1984 点的低点，在 5 月 21 日最低达到了 1991 点，回到了 1 月份低点附近，然后，展开了 6 天上涨，调整了 4 天，在 6 月 5 日收了一个大阳线，指数一直围绕在 1 月份低点 1984 点附近。根据这种情况，我们不妨推演一下。

图 9.30 上证指数日线图（2013 年 12 月 12 日至 2014 年 6 月 5 日）

在推演过程中，有四个要点：

首先，找准模型。我们必须明白股价走势符合第几推演图。

其次，推演形态。找到推演图内的推演形态。

再次，追踪核实。追踪和核实选择哪种推演形态。

最后，见机行事。做出正确的操作。

现在，我们对图 9.30 进行推演，按照推演要点来分析。

首先，找准模型。5 月份、6 月份在 1 月份低点附近运行，并且两者价格非常接近，符合第三推演模型。

其次，第三推演模型可形成循环和破位两种，如图 9.29，它们出现的概率各占一半。

再次，追踪核实。循环和破位两者的核心差别在于指数创不创 1 月份 1984 点的新低，如果创 1 月份低点，两者就属于跌破关联，说明后期还要下跌。不创新低，两者属于循环关联，后期要转折向上。通过追踪和核实，最终选择了循环关联。

最后，见机行事。因为选择了循环关联，后期要上涨，所以，我们的决定是看涨，可以买入股票，股指期货选择做多。

从 7 月份开始上涨以后，上证指数一路上涨，并且越涨越快，在 11 月份底 12 月份初的时候，指数进入了单边拉升阶段，那么，此时，我们能继续对市场进行推演吗？答案是肯定的。

案例解析

图 9.31 为上证指数 2013 年 12 月 12 日至 2014 年 12 月 2 日日线图。我们可以看出，7 月份是低点，12 月份初为上涨行情，离 1 月份相隔 1 个月时间，那么后期怎么走，我们不妨推演一下。

首先，找准模型。7 月份是低点，12 月份上涨，在高位，那么，符合第一推演模型。

其次，推演形态。第一推演模型包括转折关联和循环关联。其中转折关联出现概率居高。

再次，追踪核实。推演形态，我们知道了转折关联出现概率更高，所以，我们更加担心转折的风险。当然，具体会怎么样尚不清楚，我们不妨持有股票，等待答案出现。后期，上证指数在 12 月份依然上涨，那么，我们就可以知道最可能出现转折关联。

图 9.31　上证指数日线图（2013 年 12 月 12 日至 2014 年 12 月 2 日）

案例解析

图 9.32 为上证指数 2013 年 12 月 12 日至 2015 年 2 月 6 日日线图。上证指数在 2015 年 1 月份开始中级整理。

在 1 月份股价开始了调整，那么，意味着股市风险的来临，我们需要回避 1 月份转折向下或者盘整的风险。

在推演运用近日点和远日点两者关联时，需要大家先记住推演的三种模型，1 月份推演的是当年的 7 月份 /8 月份，而 7 月份 /8 月份推演的是第二年的 1 月份，这样就形成不间断的循环推演。在推演过程中，追踪和见机行事很重要。追踪的目标是让我们核准推演的准确性。见机行事的目的就是要我们把握机会和回避风险，更重要的是执行。

遗忘式 3-3-4 数字密码链，是价格和时间的结合体，应用范围非常广泛，小到价格图表，中到 1 年循环，大到 10 年循环，都存在遗忘式 3-3-4 数字密码规律。希望读者能认真学习以更好地应用于实战。

图 9.32　上证指数日线图（2013 年 12 月 12 日至 2015 年 2 月 6 日）

第十章 方圆预知变盘模型

《易传·系辞下》："日往则月来，月往则日来，日月相推而明生焉。寒往则暑来，暑往则寒来，寒暑相推而岁成焉。"说明天体的运行是具有周期性循环特征的。

当代易学大家杨力先生曾经对圆道也发表了自己的看法：圆道不仅包括形象的圆，更重要的是强调内在的运动是依周而复始的规律进行着的，或者说事物是以圆的形式相互联系着、发展着的。

第一节 方圆之道

中国是一个历史悠久、源远流长的国家。中国人喜欢圆。元宵节吃的汤圆、中秋节的月饼等无不是圆形。

世界观倾向"圆形"的投资者会认为市场价格起跌只不过受到周期循环的影响，何时会涨，何时会跌，一切都有定数，市场不会永远上升，也不会永远下跌。这一观点典型的代表人物是江恩。

世界观倾向"线性"的投资者，认为市场价格走势有其总趋势与方向，一切涨落只属于短期波动的噪声，需屏蔽噪声抓住主流，这类投资者的分析方法永远是以趋势为主。典型的代表是查尔斯的道氏理论。

若将上述两种世界观结合起来，既关注历史的循环特性，也注重历史的方向，则两者之间可以相融，也可以相互转换。

方圆转换密码

伟大的数学家和哲学家毕达哥拉斯认为，宇宙是和谐的，就像音乐中的和谐一样，必定存在某种数字比例关系。他相信所有的关系都能够描述成数字之间的关系。例如方与圆之间相互转换，圆周率 π 是它们之间转换的密码。

圆周率（π）是一个无理数，是物理学和数学中普遍存在的数学常数，是一个无限不循环小数，定义为圆周长与圆直径之比。圆面积与圆半径平方之比亦是圆周率。通常用 3.14 来近似代表圆周率去进行计算。

数千年来，古今中外一代又一代的数学家为计算圆周率献出了自己的智慧和劳动。祖冲之计算出圆周率后的 7 位数，阿拉伯数学家卡西求得圆周率 17 位精确小数值，1706 年英国数学家梅钦计算 π 值突破 100 位小数大关，1948 年英国的弗格森和美国的伦奇共同发表了 π 的 808 位小数值，成为人工计算圆周率值的最高纪录。

方圆之间可以相互转换，正所谓方亦圆时圆亦方。

无论期货、股票、债券，都存在神奇的转换规律。这种转换规律是什么呢？就是我们即将要学习的方圆预知变盘模型。

第二节　方圆预知变盘模型

方圆预知变盘模型是通过股市中的"方"，计算股市中的"圆"，即把圆周率 π 与证券市场有机结合，从而找到市场的时间拐点和空间目标。方和圆的转换，可为投资提供新的预测模型。谈到圆，有几个概念：半径、直径、周长和面积。在圆周长和圆面积的计算中，都会应用到一个常数，就是圆周率 π。

方圆预知变盘模型的原理

　　整体和局部存在逻辑性和关联性，市场中的每一波浪级、杠杆和循环，它们都不是独立存在的，它们将受到前期走势的影响，也将同样影响后期走势。

　　方圆预知变盘模型建立在"LHJ""N"形模型基础之上，如图10.1，模型的计算原则为，把波段作为圆的半径或直径，当达到圆周长时容易产生变盘。以"N"形中的 1 浪（JH）和 2 浪（HL）的时间或空间，作为圆的半径或者直径，来计算圆的周长，以此来预测股价未来的空间目标位或时间拐点，如果把直径和半径看为"方"，那么，圆周长就是"圆"。这是通过已知的"方"预测未来"圆"的转折，称之为方圆预知变盘模型。

　　方圆预知变盘时间模型：统计"JHL"中的 1 浪（JH）和 2 浪（HL）以及 1 浪和 2 浪的总时间（即 JL），以它们的 K 线数作为变盘圆中的直径或半径，从而计算出未来变盘时间。在未来的这个时间上，股价最容易产生转折或者加速。"方"的时间将在圆的规律上体现。把浪级作为圆的直径，这个直径对股市的影响将在这个圆的周长上体现。图 10.1 为方圆预知时间变盘模型。

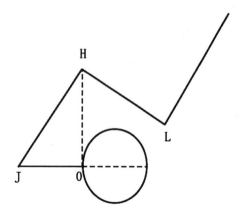

图 10.1 方圆预知变盘：时间模型

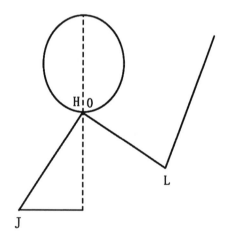

图 10.2 方圆预知变盘：空间模型

模型计算流程

我们以时间模型来做说明，J 点到 H 点运行时间（K 线数）记为 T 天，标记为变盘圆的直径（d），未来股价的变盘时间就是以 T 为直径（d）的圆的周长 C，圆周长的计算公式：C= π × d。d 为直径。

也就是，从 H 点开始往后运行 T × π 个单元，就是一个变盘日，此时最容易引发市场价格的变盘。这种计算方式称为方圆预知变盘的时间模型。

圆周长的变盘时间是从直径结束日之后开始计算 K 线，而非直径开始日开始计算时间。比方说，我们以低点 J 至高点 H 作为直径，未来的变盘点是要从 H 点计算圆周长，而非 J 点来计算。

在数 K 线的时候，笔者有一个原则，第 1 根 K 线不计数，即为 0，最后 1 根 K 线需要计数，也就是计数尾而不计数头。

下面我们以案例说明：

案例解析

如图 10.3 为上证指数 2009 年 8 月 6 日至 12 月 23 日日线图。首先我们找到了"JHL"模型，如图所示，上证指数在图中 J 处（2009 年 9 月 1 日）走了一个下跌的最低价 2639 点，结束了之前从 3478 点以来的快速下跌，其后，展开了反弹，直到 H 处（9 月 18 日）的 3068 点受阻，

图 10.3 上证指数日线图（2009 年 8 月 6 日至 12 月 23 日）

总共运行了 13 个交易日（在数 K 线时有一个小规则，起始点记为零）。股指再次回落到 L 处（9 月 29 日）的 2712 点，没有再创新低。此时，根据方圆预知变盘时间变盘规律，以 JH 运行的时间作为变盘圆的直径，

根据周长 C=π×d,

求出变盘圆周长 C=JH 时间 ×π=13×3.14=40.82。

意味着从 H 点开始之后的第 40 或 41 根 K 线（因为有小数点）将是一个变盘点。在图中的 D 处当日冲到最高点 3361.39 点受阻，开始回落。而 D 处到 H 处正好是 41 个交易日。与刚才所计算出的时间一天不差。

方圆预知变盘的空间模型，把"JHL"中的 JH 作为 1 浪，HL 作为 2 浪，以价格空间(JL)作为圆的直径，计算未来股价上涨目标位。圆周长的计算公式：C=π×d。圆周长的数值将为未来股价上涨或者下跌目标位。后文会重点来说明。

第三节　方圆预知时间变盘模型

方圆预知变盘用于计算时间和空间，可以划分为方圆预知时间变盘和方圆预知空间变盘两种。把方圆模型融入"JHL"模型中，通过改变直径，可以得出更多种不同的方圆模型，以不同模型的综合预测，我们能够更加精准地预测市场的高低点转折。

本节我们主要讲解方圆时间模型，根据直径不同，方圆时间模型大体上可以分为三种。

第一方圆时间 JH 模型

第一方圆模型，以模型中的 JH 运行时间为变盘圆直径，求出变盘圆周长 C，从 H 点开始的 C 单元即为变盘日。变盘圆周长：C=dπ=JH 时间 ×3.14。第一方圆时间模型分为上涨和下跌两种情

形，分别为图 10.4 和图 10.5。

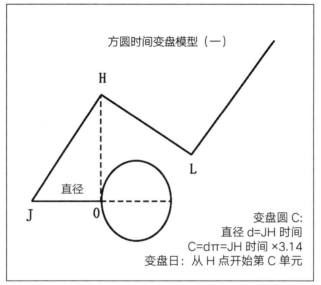

图 10.4 第一方圆模型上涨情形

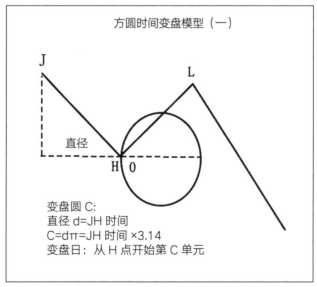

图 10.5 第一方圆模型下跌情形

此模型是以"JHL"的第 1 波 JH 时间作为圆的直径，计算变盘圆的圆周长，从 H 点之后数圆周长时间，就为变盘点。

为了更好理解，以上证指数举例说明。图 10.6 是上证指数周线图。图中 J 点为 2319.74 点（2010 年 7 月 2 日），是上涨趋势的起点，H 点（2010 年 8 月 20 日）为 2701.93 点，为第 1 波上涨的高点。之后上证指数未再创新低。J 点到 H 点为 7 周，求出变盘圆周长 C=d× π =JH 时间 ×3.14=7×3.14=21.98。股指将在 H 点之后的 22 周变盘。

案例解析

图 10.6 为上证指数 2010 年 4 月 16 日至 2011 年 2 月 18 日周线图。图中的 D 点为 2011 年 1 月 21 日，从 H 点到 D 点正好是 22 周，与方圆变盘时间正好相同，其后指数开始反转连续上涨。当时，笔者在弘历公司网络交流平台上，发表了文章《2011 年上半年周线的第一变盘》。具体内容如图 10.7。

图 10.6　上证指数周线图（2010 年 4 月 16 日至 2011 年 2 月 18 日）

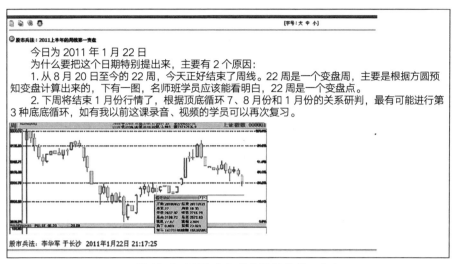

图 10.7　2011 年上半年周线的第一变盘

图片解析：图 10.7 为笔者在 2011 年 1 月 22 日 21：17 发表于弘历网络交流平台上的文章。这篇文章准确计算了上证指数之后产生的中期拐点。

方圆预知时间变盘第一模型既可以在上涨趋势中使用，同样，在下跌市场中也很准确。

案例解析

图 10.8 为上证指数 2000 年 6 月份至 2004 年 6 月份月线图。上证指数在 2245 点见顶之后，意味着牛市开始变熊市，市场开始下跌。股指下跌在图中的 H 点（2002 年 1 月份最低点）的 1339 点受到多方支持，当月收长下影线，之后开始了 5 个月的反弹。图中的 JH 时间可以作为变盘圆的直径，这个"杠杆 JH"将对后期市场走势产生影响。根据第一方圆时间变盘模型，可以提前预测其后的时间变盘点。JH 时间为 7 个月，变盘圆周长 C 为：C=π×d=7×π=21.98，也就是说从 H 点开始第 21 个月或 22 个月将是一个变盘点。H 点为起始点，记为零。在图中的 D 处（2003 年 11 月份）最低点 1307 点开始反弹，市场出现 5 连阳的月线。后期走势证明了 HD 的时间间隔正

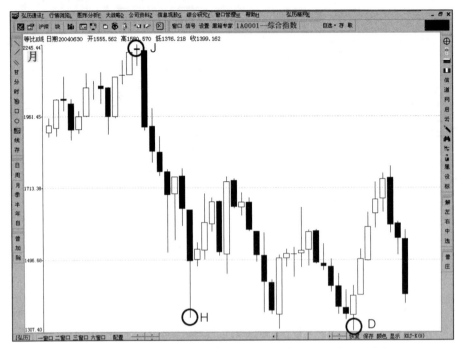

图 10.8　上证指数月线图（2000 年 6 月份至 2004 年 6 月份）

好为 22 个月，非常神奇。

直径越大，圆周长就越大，未来的变盘时间就会越远。圆周长时间变盘并不一定是短期的变盘点，也可能是中、长期趋势的变盘点。

案例解析

图 10.9 为上证指数 2009 年 8 月 17 日至 12 月 21 日日线图。以 2009 年 9 月 1 日的低点作为 J 点，9 月 18 日高点作为 H 点，JH 上涨时间为 13 日（起始第 1 根 K 线为 0）。如果我们想知道股价短期回调的时间，我们就可以用 13 乘以 0.728，等于 9.5，也就是股价下跌约 9 天将是一个变盘点，那天，正好为 10 月份的第 1 个交易日（10 月 9 日），是一个时间共振变盘。当时，我在上海讲课的时候，就特别提出了这个变盘点。如果我们想要计算股票上涨的终极高点，就应该用"方圆预知变盘"来计算，以 13 为直径的圆周长就是未来变盘点，13 乘以 3.14，约等于 40.8。从 H 点后的 40 日（或 41 日），为

图 10.9　上证指数日线图（2009 年 8 月 17 日至 12 月 21 日）

上涨的终极高点，在 11 月 23 日收了阳线，正好为 H 点后的第 40 根 K 线（11 月 22 日为周日，没有交易，往后推移 1 天，也就是 11 月 23 日），也正好为每月四变盘的倍数变盘，时间变盘产生了共振，先知先觉的投资者就应该开始减仓。次日，也就是第 41 日，股指冲高 3361 点的高点，图中的 E 点当日出现了大阴线，意味着短期下跌要开始了。

盘整的股票究竟要横多长时间，这是一个难点，我们很难预知。其实，很多情况下，这种盘整时间符合和遵循第一方圆时间模型，变盘圆的圆周长，往往也是横盘的时间。

案例解析

图 10.10 为上证指数 2010 年 6 月 11 日至 12 月 1 日日线图。股指从 8 月 3 日的 H 开始横盘，在这波横盘中 5 次达到了箱体的上沿，3 次回调到箱体下沿。横盘将会延续多久，这是投资者很难解决的困

惑点。如果我们以离 H 点最近的低点作为 J 点，即 2010 年 7 月 16 日为 J 点，JH 上涨时间为 12 日，方圆变盘预测的变盘点应该是 37.7 日，HE 正好为 38 日，次日，股指出现了大阳，快速上涨。那么，股指的这种快速上涨会运行多长时间？从 H 点到 L 点，一共是 34 日，现在我们把 34 除以 3.14，就能得出快速上涨的时间，得出的答案为 10.8，也就是从 L 点开始，能快速上涨应该是 10 日或 11 日，正好为图中的 F 点（10 月 15 日），从 10 月 18 日股价开始转为缓慢上涨。

　　大家都知道股市中时间和速度往往是成反比的关系。上涨速度快，意味上涨时间短。当股价突破中长期横盘整理之后，快速上涨的时间往往只有盘整时间的 1/3.14。也就是说，盘整时间除以 3.14，将是股价快速上涨的结束时间，这就是"圆"转成为"方"的变盘点。方圆预知变盘既是"方"的转换，也有"圆"的转换。

图 10.10　上证指数日线图（2010 年 6 月 11 日至 12 月 1 日）

第二方圆时间 HL 模型

何为第二方圆模型？以高点开始作为直径的起点，以回调低点 L 作为直径的终点，HL 时间作为变盘圆直径，变盘时间为圆周长 C。即从 L 点开始，算到 C，为未来变盘日。若 HL 调整的时间比较短，通常能预测之后的短中期高低点。此模型对短中线投资者尤显重要，实战性也非常强。如图 10.11、图 10.12 所示：

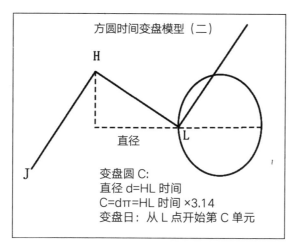

图 10.11　方圆时间变盘模型（二）上涨行情

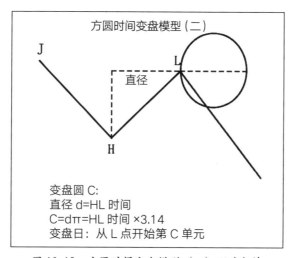

图 10.12　方圆时间变盘模型（二）下跌行情

案例解析

图 10.13 为华茂股份 2014 年 4 月 24 日至 10 月 24 日日线图。在图中我们标出了 JHL 模型，其中，JH 上涨速度非常快，时间偏短，只有 6 个交易日。据方圆时间第一模型，圆直径为 6，可以得出圆周长为 18.84，即股价 H 点之后的第 18 或 19 根 K 线是变盘点，在图中的 D 点就是下跌的第 18 根 K 线。在下跌到了 15 日的时候，股价走出了最低价 4.58 元，即图中的 L 点，在 17 日股价再次下跌到 4.58 元，与之前最低价格一样，展开了上涨，且上涨时间比较长。如何进行计算？我们现在用方圆时间第二模型来预测，把 HL 的下跌时间作为圆直径，计算出其圆周长，就是未来第二模型的变盘时间。

图 10.13　华茂股份日线图 (2014 年 4 月 24 日至 10 月 24 日)

变盘圆直径 d=HL=15

变盘圆周长 C=HL×3.14=15×3.14=47.1

变盘时间为 L 后的第 47 或 48 个交易日

最终股价在图中的 E 处形成了阶段性高点，从 L 点开始计算时间，为 49 个交易日，与第二模型计算出的变盘时间只相差一两天。

案例解析

图 10.14 为中鼎股份 2014 年 10 月 30 日至 2015 年 2 月 3 日日线图。股价在 2014 年 12 月 2 日见高点之后，出现了中期次级调整，调整方式为 a-b-c 三浪调整。在图中标出了 JHL 模型，根据方圆第二时间模型，我们以 HL 为圆直径，它的圆周长就是未来变盘时间。HL=4，圆周长 C 为 12.56，未来变盘时间为其后 12 或者 13 个交易日。从 L 点开始下跌 13 日，为图中的 D 处，正好为下跌的最低价，其后，股价产生了转折，开始了后期的上涨。

股价为什么会横盘整理，为什么横盘时高低点会频繁出现，这种现象我们用方圆模型来阐释就相对简单多了。当股价在某一阶段，如果振幅空间小，高低点相隔时间短，说明股价多空双方博弈非常厉

图 10.14　中鼎股份日线图 (2014 年 10 月 30 日至 2015 年 2 月 3 日)

害，就像势均力敌的拔河赛一样，这个时候会横盘整理，因为谁也奈何不了谁。如果高低点非常密集，时间非常短，即圆直径很短，那么，圆周长也短。圆周长越短，变盘时间越短，距下一个高点或者低点的时间就会变短，也意味着下一个圆直径也将很短。而下一个变盘圆直径很短，意味下一个圆周长时间不会很长。以此类推，这种现象还将会延续下去。所以，股价一旦出现了横盘就会延续。这就是股票市场中的"遗传性"，直到变盘圆直径增大才会结束这种惯性现象。

案例解析

图 10.15 为上证指数 2010 年 6 月 22 日至 11 月 16 日日线图。上证指数在 2010 年 7 月 2 日见底之后，反弹了 6 个交易日，在 A 处受阻，4 天时间回落到 B 点，之后开始上涨。7 月 2 日从 A 点再到 B 点，为一个小型的 JHL 上涨模型，根据方圆预知变盘，如以 AB 为变盘圆直径，变盘圆周长 =AB 时间 × π=4×3.14=12.56，也就是说，在

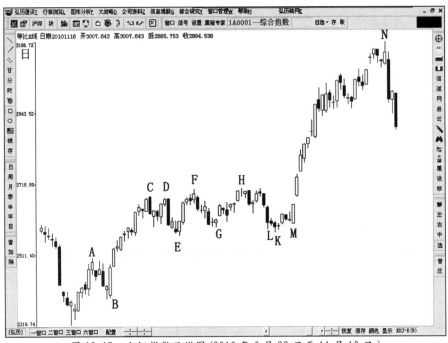

图 10.15　上证指数日线图 (2010 年 6 月 22 日至 11 月 16 日)

B 点之后的第 12 个或 13 个交易日将是一个变盘日。而事实上，B 点到 C 点正好为 12 个交易日，股指由上涨变为横盘。同理，我们也可以 CE、DE、FG 和 HL 分别为变盘圆直径，看看结果会怎样。

CE 时间 =8，变盘圆周长 =8π=25.12，计算得出的变盘日为图中的 K 点；

DE 时间 =4，变盘圆周长 =4π=12.56，计算得出的变盘日为图中的 G 点；

FG 时间 =6，变盘圆周长 =6π=18.84，计算得出的变盘日为图中的 M 点；

HL 时间 =8，变盘圆周长 =8π=25.12，计算得出的变盘日为图中的 N 点。

通过上面的计算，不难看出，后期市场横盘整理所出现的低点和高点，与前面计算相差无几。在图中，我们只是对市场的调整时间进行计算，如果以反弹时间作为变盘直径，那么，会计算出更多的高低点转折点。正是这些频繁的高低点，形成了股价的盘整。只有变盘圆直径增大之后，才能打破这种惯性，此时，横盘整理行情才会结束。

第三方圆时间 JL 模型

股市是阴阳相济的，它们不能独立，只涨不跌不会存在，市场不是单一的，而是阴阳循环。循环可保证一个事物长期发展，循环对股市后期的"遗传性"会更加明显，更加直观。上证指数中很多重要性高低点，大多数可以通过这种变盘圆来得出。

方圆变盘第三时间模型根据趋势方向不同，可以分为上涨和下跌两种情况。如图 10.16 和图 10.17。

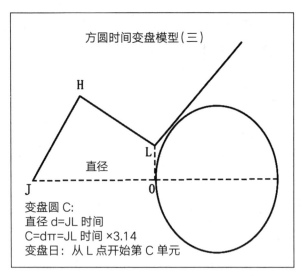

图 10.16　方圆时间变盘模型（三）上涨情形

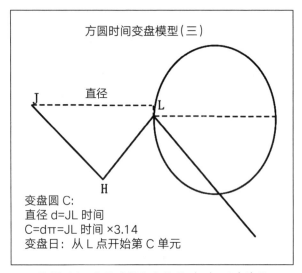

图 10.17　方圆时间变盘模型（三）下跌情形

　　方圆时间变盘第三模型，是以 JHL 模型中的 JL 为变盘圆直径，通过这种低低循环或高高循环，进而得出未来股市中更加长远的变盘，此种模型变盘时间跨度会更大，周期更长，级别更高，在股市中的意义更加深远。

案例解析

图 10.18 为上证指数 2007 年 5 月 10 日至 2009 年 5 月 15 日周线图。大盘在 2007 年 10 月 16 日结束两年半的上涨牛市，见顶 6124 点。后一路下跌，连续下跌了 6 周，才出现了反弹，在 2008 年 1 月份反弹到 L 点 5522 点受阻回落。其后股价跌破了 4778 点的前低，开始了疯狂下跌，熊市行情得到正式确认。

在图中，J 和 L 两点为高点与高点之间的循环，我们把 JL 循环的时间作为一个变盘圆的直径，就可以得到一个重要性的变盘点。JL 变盘圆直径为 13 周，根据方圆预知时间变盘计算所得，变盘圆圆周长 C=13×3.14=40.82，意味着从 L 点开始的第 40 周或 41 周将是一个重要变盘周。

而从图中 L 点开始的第 41 周，正好是上证指数创出了 1664.93 的最低点，图中 LD 时间正好为 41 周，通过此法，准确计算了 2008

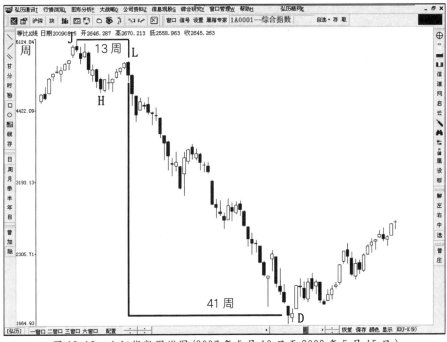

图 10.18　上证指数周线图 (2007 年 5 月 10 日至 2009 年 5 月 15 日)

年 10 月 28 日的底部。之后股指从 1664 点上涨至 3478 点，产生了翻倍的行情。

1664 点见底之后，股价进行上涨，那么上涨还会遵循这种规律吗？ 1664 点的出现是不是偶然的？让我们继续跟随市场前进的脚步探索答案。是偶然还是规律？我们继续往下看。

案例解析

图 10.19 为上证指数 2008 年 8 月 1 日至 2010 年 2 月 5 日周线图。通过上面的分析可知，上证指数在 2008 年 10 月 28 日见 1664.93 低点，市场开始反弹，在图中 2100 点（H）受阻，其后回调到 L 点，未跌破之前 1664 点低点，形成了 JHL 上涨模型。根据方圆时间变盘第三模型，

已知：变盘圆直径 d=JL=9 周

求得：变盘圆周长 C=JL×π=9×3.14=28.26 周

图 10.19　上证指数周线图 (2008 年 8 月 1 日至 2010 年 2 月 5 日)

结论：从 L 点开始的第 28 周或 29 周将为重要性变盘

在图中，D 处为 2009 年 8 月 4 日最高点 3478.01 点，而 LD 时间间隔为 30 周，离 29 周只相差 1 周。也就是说，通过计算可知，2009 年 7 月 31 日所在周 K 线为变盘周，而实际次周 8 月 7 日出现中阴线，全部吃掉了前面的阳 K 线，高位风险明显。后期，上证指数从 3478.01 点下跌到 2010 年 7 月 2 日的 2719.74 点。我们再次精准预测了上证指数的重要性高点位置。接下来不妨再追随市场走势。

案例解析

图 10.20 为上证指数 2009 年 6 月 5 日至 2011 年 3 月 4 日周线图。大盘在 2009 年 8 月 7 日周线见顶 3478 点后开始回落。图 10.20 中，根据第三方圆变盘模型计算。

已知：变盘圆直径 d=JL=16 周

求得：变盘圆周长 C=16×3.14=50.24

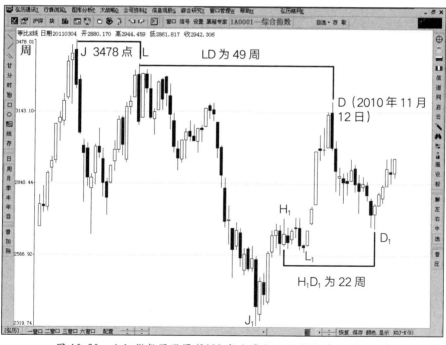

图 10.20　上证指数周线图(2009 年 6 月 5 日至 2011 年 3 月 4 日)

结论：从 L 点之后的第 50 周或 51 周为变盘。

在图中 LD 一共运行了 49 周，在图中的 D 处，当周收中阴线，下跌 4.60%。从 K 线组合来分析，出现阴包阳的穿头破脚 K 线组合，在高位为看空变盘，在第 2 周继续出现中阴线下跌，确定了高点的成立。

我们继续往下分析，图 10.20 中的 J_1、H_1 和 L_1，组成了小级别的 JHL 上涨模型。根据方圆时间变盘第一模型，变盘圆直径 $J_1H_1=7$ 周，变盘圆周长 $=7 \times 3.14=21.98$，而图中的 H_1 到 D_1 为 22 周，股指转折向上。

通过上证指数实际走势的分析与测算，我们应该知道了圆周率 π 的神奇性。在周线或月线级别上，根据第三方圆预知变盘计算出来的变盘，都是非常重要的变盘拐点。周期越大，变盘级别越高。掌握了此法，我们就能在提前预知股市的变盘上再添胜算。

圆周长的变盘多数为转折变盘。圆周长的变盘时间到来时，之前的走势为上涨，就应注意风险；反之，圆周长的变盘时间到来时，如果之前的走势为下跌，则是机会的来临。

等距变盘圆时间窗

上文我们讲述了方圆预知时间变盘模型的三种变盘，即从直径结束日开始，第一个变盘圆周长为变盘时间点。其实，通过研究发现，变盘圆周长时间的整数倍，也容易产生市场的变盘。从圆直径开始，每相隔变盘圆周长长度时间，就是一个变盘日。以此类推，就形成了一个等距变盘圆时间窗，我们称之为等距圆周长时间窗。如图 10.21：

变盘圆周长的整数倍，是由一个个变盘圆周长所组合。而每一个变盘圆周长都是一个变盘点。所以，变盘圆周长时间的整数倍，也是一个变盘点的复制，并没有破坏这种和谐的自然规律。

变盘圆本来就代表着循环，循环代表着圆满与和谐。只要没有外

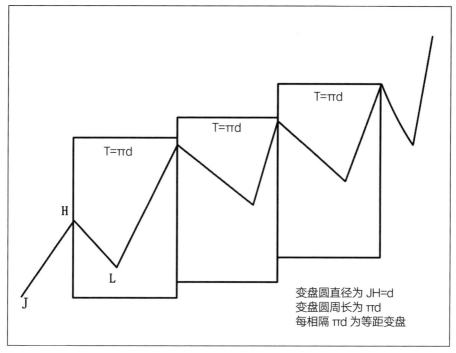

变盘圆直径为 JH=d
变盘圆周长为 πd
每相隔 πd 为等距变盘

图 10.21 等距圆周长变盘时间窗

力打破这种圆满和和谐，这种循环节奏就将会延续下去。等距圆周长变盘时间窗是复制的循环，是基因的遗传。

案例解析

图 10.22 为上证指数 2009 年 7 月 8 日至 2010 年 10 月 13 日日线图。上证指数从图中的 J 处见 3478.01 点，股指开始下跌，跌到图中的 H 点，即 9 月 1 日的 2639.7 点，JH 历经 20 个交易日。根据方圆时间变盘第一模型，变盘圆周长为第 63 日。图中 HD 正好相隔 63 个交易日，D 点之后的第 64 个交易日为图中 E 点，相差一天，也为一个变盘日。同理，E 点之后第 63 个交易日为图中的 F 点。F 点之后的第 63 个交易日为图中的 G 点。在图中将等距箱体标示出来，连续出现了 4 个等距变盘圆。从图中可以看出，股价在等距圆周长时间窗，多次出现了变盘。不管股市如何人为操作，仍然符合自然界的韵律，因为人本身就是自然界的一部分，将受到自然界韵律的约束。

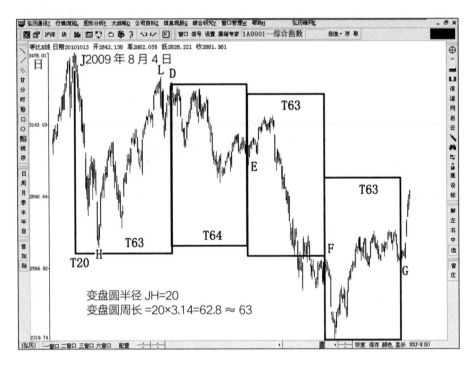

图 10.22　上证指数日线图 (2009 年 7 月 8 日至 2010 年 10 月 13 日)

等距变盘圆时间窗的操作规则：

首先，计算第 1 个变盘圆周长。

其次，上一个变盘圆周长之后的变盘圆周长日为变盘日，依此循环，直到这种完美规律被打破为止。

通过模型计算出的时间可能有小数，但是，K 线不可能有小数点。所以，变盘点存在 1 至 2 个交易日的误差，这完全符合时间变盘规律。如果在等距圆周长变盘时间窗出现了 1 至 2 个交易日的误差，我们可以进行纠正，可以以真实的高点或低点进行测算。如图 10.22 中的 DE 相隔为 64 个交易日，出现 1 天的误差，而下一个等距变盘圆起始点，可以以图中的实际低点 E 点再往后进行计算。

等距圆周长时间变盘窗，建立在方圆时间变盘三种模型基础之上，三种模型都可以进行等距圆周长时间窗的计算。在实战中，可以从两个角度来分析。

其一，变盘圆直径通常从趋势的起始位置开始。

其二，变盘圆直径不宜太长，最好在 5 至 21 个单元为好。直径越长，两个相邻变盘相隔也越长。

方圆预知时间模型四部曲

此法实战效果非常好，准确率也较高，基本上能把中国股市中的高低点时间计算出来。为更加系统地学习这种方法，并且更加灵活使用此法，笔者总结出一套流程，读者可以程序化地进行操作。这套流程分为四步。

第一步：找到变盘圆的直径。

在实际运用中，投资者可能会对半径或直径的起点难以把握。给大家推荐两种方法：

其一，选择最近趋势的启动位置。上涨趋势中的最低点可作为上涨趋势变盘圆的半径或直径的起点，下跌趋势可以以趋势的最高点作为变盘圆半径或直径的起点。当股价远离趋势的启动位置，可以改变、扩大周期的大小。如 60 分钟线—日线—周线—月线进行扩大等。

案例解析

图 10.23 为煤气化 2010 年 6 月 7 日至 12 月 22 日日线图。煤气化在图中 J 处（2010 年 7 月 2 日）见底 11.80 元，开始上涨，反弹到 H 点，再回落到 L 点，L 点未创新低，出现了上涨 JHL 模型，之后股价开始进入上涨趋势。根据上文所述，找到这波上涨趋势的起点，作为变盘圆的直径的起点，即 J 点（2010 年 7 月 2 日）。图中的 JH 运行的时间为变盘圆的直径，时间为 22 日，变盘圆周长为：C＝πd=3.14×22=69.08，通过变盘圆的计算，可以预知，在 H 处（2010 年 8 月 3 日）之后的 69 日或 70 日将是一个变盘日，而这种变盘通常为转折变盘。在图中的 E 点（2011 年 11 月 8 日）为一个低点。

图 10.23 煤气化日线图（2010 年 6 月 7 日至 12 月 22 日）

从 H 处到 E 处正好为 69 个交易日，在 E 处前期股价短线下跌，产生转折变盘后，股价将向上运行，可以作为短期的买点。其后，股价展开了新一波上涨，投资者根据此法能提前把握机遇。时间变盘的方向，可以借助于 K 线组合、指标、软件各方面来分析，在本书后面章节中会详细讲解。

其二，针对近期行情，寻找明显的次高点或次低点进行计算，计算出离目前行情最近的一个预测变盘点。这样，对短期的行情也可以起到指导作用。

仍以图 10.23 举例说明：如以 JH 作为变盘圆直径，未来的变盘将离 H 点有 69 个交易日，对于短线来说，指导意义不大。为了更加适合短线投资，我们可以找到更小更基本的模型。我们以次高点 H 和次低点 L 作为直径。因为 HL 时间才 8 个交易日，这样，计算变盘圆周长 =HL 时间 ×3.14=8×3.14=25.12，将会比 JH 变盘圆的变盘来得更早，对短线指导意义更加明显，对趋势的次级高低点的把握也会更加精确。图中 LD 长度正好为 25 个交易日，因 D 点之前短期下跌，根据转折变盘，D 点就是一个抄底的好时机。

第二步：计算变盘圆的周长。计算公式：C＝πd＝2πr（C 为周长，d 为直径，r 为半径）。

第三步：从直径或者半径结束日起，之后的变盘圆周长处就是未来股价的变盘日。

方圆之间是密不可分的，两者相辅相成。圆的周长是从方的结束之日开始。也就是说，从直径或半径结束日起，就是变盘圆周长开始之日。

第四步：识别真假变盘及方向。

圆周长的变盘通常为转折变盘。变盘之前，股市为上涨行情，产生转折变盘就应该谨防风险，可能要见高点；相反，若变盘之前，股市为下跌行情，产生转折变盘反而是买入机会。具体可以根据当时股票走势来判断。图 10.24 为圆周长的高点转折变盘，风险居多。图 10.25 为圆周长的低点转折变盘，机会居多。

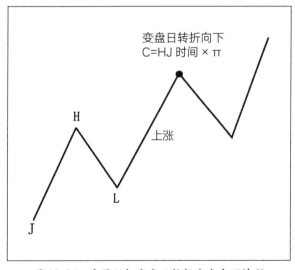

图 10.24　方圆预知变盘日转折变盘向下情形

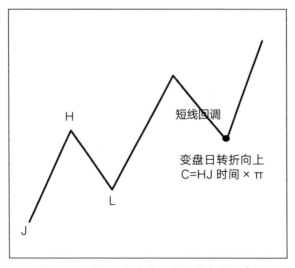

图 10.25　方圆预知变盘日转折变盘向上情形

方圆预知时间变盘模型应用细节

1. 如果日线是单边上涨，并且是中长线的上涨，建议读者把周期放大，根据实际情况，可以用周线、月线来预测上涨趋势的结束。

2. 圆周长的时间拐点是一个变盘点，至于变盘方向要根据市场行情进行判断。不要错误地认为上涨 JHL 模型计算的是高点，下跌 JHL 模型计算的是低点。

3. 方圆时间模型有几种模型，到底如何选择？第一和第二方圆模型所提示的时间拐点出现最早，第三方圆模型的变盘出现最晚。我们可以把三种模型先都提前计算出，将离 K 线最近的一个时间拐点作为近期关注的第 1 个变盘日。股票走势还未判断出来则很难确定出哪一种方圆模型最有效。所以，最简单的方法是提前算出 3 个变盘日，配合市场和方法，再进行方向的判断。

为了便于大家去使用，下面把直径为 1 至 20 的圆周长列出来，大家只要对照就可以知道变盘时间。如表 10.1：

变盘圆直径不是每一个都非常重要，直径 1 至 20，其中有几个

表 10.1 圆周长对照表

1π =3.14	11π =34.54
2π =6.28	12π =37.68
3π =9.42	13π =40.82
4π =12.56	14π =43.96
5π =15.7	15π =47.1
6π =18.84	16π =50.24
7π =21.98	17π =53.38
8π =25.12	18π =56.52
9π =28.26	19π =59.66
10π =31.4	20π =62.8

比较重要，在市场中出现比较多，主要有 4π、5π、7π、11π 和 13π，需要重点记住。

第四节 方圆预知空间模型

在艾略特的波浪理论中提出了上涨下跌五浪三浪结构，并且明确提出了每一个浪之间的比例关系。方圆空间模型主要预测的是同级别的第五浪的高点。为了区分时间和空间的不同，笔者把方圆时间变盘模型称为变盘圆，空间模型称为目标圆。方圆空间模型分为一步到位和步步为营两种模型。

方圆空间模型是把浪级的上涨空间作为一个目标圆的直径，对应未来股价的目标位置，也呈现了一种圆周率 π 的和谐美，这种和谐美同样通过圆的周长体现出来。例如：6124 点这个顶部就可以通过 2245 点和 998 点计算出来。

方圆空间模型之一步到位

第一方圆空间模型也称为一步到位空间模型。顾名思义，就是指经过一次计算得出趋势的极限位置。追求的是终极目标位置。如图10.26、图10.27。

这种模型的计算方法，以JH之间的价格差作为目标圆直径d，再求出目标圆周长。股价上涨的目标位等于直径的高点加上圆周长。而下跌的目标位等于直径的低点减去圆周长。

如图所示：

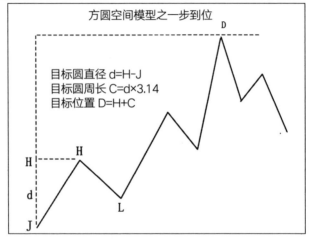

目标圆直径 d=H-J
目标圆周长 C=d×3.14
目标位置 D=H+C

图 10.26　上涨趋势

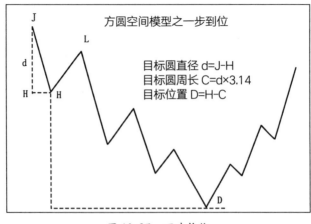

目标圆直径 d=J-H
目标圆周长 C=d×3.14
目标位置 D=H-C

图 10.27　下跌趋势

图 10.26 为上涨趋势的方圆空间模型之一步到位，图 10.27 为下跌趋势的方圆空间模型之一步到位。

案例解析

图 10.28 为上证指数 2008 年 8 月 15 日至 2009 年 9 月 4 日周线图。上证指数从 2008 年 10 月 28 日最低点 1664.93 见底，股指一路反弹到 H 点 2100.81 点，受阻回落到图中 L 点 1814.75 点，之后股指突破了 2100.81 点。根据方圆空间模型计算，目标圆直径：d=H−J=2100.81−1664.93=435.88；目标圆周长：C=πd=3.14×435.88=1368.66；未来股指目标位置：H+C=2100.81+1368.66=3469.47。而上证指数在 2009 年 8 月 4 日的最高点 3478.01 点是 2009 年的最高点。高点与计算目标位置只相差 8.54 点（3478.01−3469.47=8.54）。如此可见，根据此法，能精确测算未来目标位。

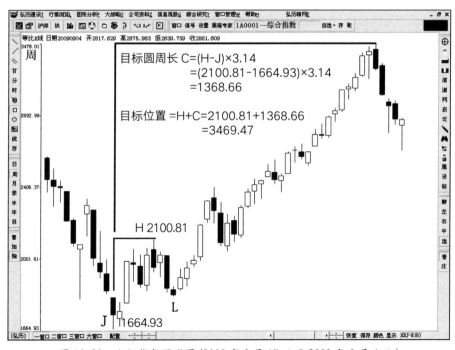

图 10.28　上证指数周线图 (2008 年 8 月 15 日至 2009 年 9 月 4 日)

案例解析

图 10.29 为黑猫股份 2008 年 7 月 4 日至 2010 年 7 月 9 日周线图。黑猫股份在图中的 1.49 元（J）上涨到图中的 3.19 元（H），回调到 L 点，其后股价再次突破了 3.19 元的高点，形成低点－低点抬高、高点－高点抬高走势，组成了 JHL 模型。以 JH 上涨空间作为目标圆直径，为 3.19－1.49＝1.7 元。计算出目标圆周长为 1.7×3.14 ≈ 5.34，上涨方圆空间模型目标位为 5.34+3.19＝8.53，在 12 月 4 日最高价达到 8.57 元，相差只有 4 分钱。其后股价进入数月的横盘，整理后又破位下跌。通过这种方法，直接计算上涨的终极目标位置简单、实用。当然，这种计算主要是用来计算中长期上涨行情。

这种方法对于下跌的空间模型要慎用，特别是大周期内的下跌。若股价价格较低，通过这种模型计算，就会出现负数。所以，这种模型主要是针对上涨趋势而设置的。

图 10.29 黑猫股份周线图 (2008 年 7 月 4 日至 2010 年 7 月 9 日)

方圆空间模型之步步为营

罗贯中《三国演义》第七十一回有"可激劝士卒，拔寨前进，步步为营，诱渊来战而擒之"。

步步为营原意是军队每向前推进一步就设下一道营垒，形容进军谨慎，也比喻行动、做事谨慎。

股价上涨过程中通常伴有次级运动，次级调整的幅度将根据行情、环境而有所不同，调整通常控制在 −8% 至 −25% 区间内。为了回避股票中级回调或上涨结束所带来的风险，在投资中可以设置阶段性关卡，稳扎稳打，步步为营。

步步为营的上涨目标计算原理为：在 JHL 结构中以 HL 作为目标圆直径，然后，以 H 点为起始价，向上上涨到圆周长幅度就会产生上涨阻力，容易出现调整和下跌。若股价突破了第一个目标圆圆周长点，再上升到下一个目标圆时也是一个重要阻力位。以此类推，股价以圆周长作为箱体，不断进行向上累加。如图 10.30 所示：

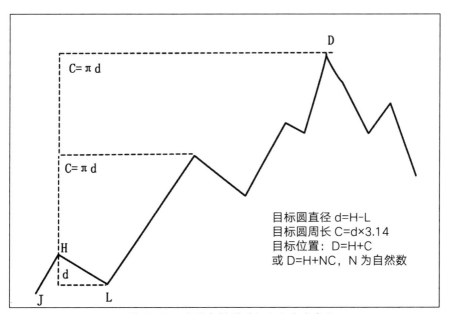

图 10.30　方圆空间模型之上涨步步为营

步步为营的下跌目标计算原理为在 JHL 结构中以 HL 作为目标圆直径，然后，以 L 点为起始价，向下下跌到圆周长幅度就会产生支撑，容易出现反弹和上涨。若股价跌破第一个目标圆圆周长点，再下跌到下一个目标圆时也是一个重要支撑位。以此类推，股价以圆周长作为箱体，不断进行向下累加。如图 10.31 所示：

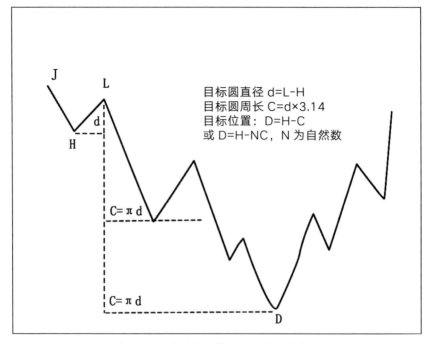

目标圆直径 d=L-H
目标圆周长 C=d×3.14
目标位置：D=H-C
或 D=H-NC，N 为自然数

图 10.31　方圆空间模型之下跌步步为营

步步为营作用：把握股价阶段性高点，为高抛提供目标位置。另外，也可在上涨趋势中提前预知风险，在小级别周期中若出现了卖出信号，部分资金就可以止盈。这样，投资者就不会因获利回吐太多而追悔莫及。可见，资金的分批控制，不但能使利润最大化，还能让投资者保持良好心态。

下跌趋势中的密码除了 3.14，还有两个小级别的，为 1.618 和 2.618，它们也非常重要。在计算下跌目标位时一定要注意下跌目标的价格，再怎么下跌也不可能低于 0。所以，上涨的步步为营可以无限，但是，下跌的步步为营是有限的。

案例解析

图 10.32 为美利纸业 2008 年 9 月 12 日至 2010 年 4 月 9 日周线图。根据步步为营计算股价阶段性高点。HL 为波浪回调，目标圆直径 d=H−L=3.5−2.7=0.8，目标圆周长 =0.8×3.14=2.512，最终计算出的目标位为 6.012 元，离图中 D 处 6.042 元的高点只差 3 分钱。股价之后连续出现了 3 周下跌，经过大幅调整，再次突破了 6.042 元，那么，我们就可以在 H 的基础上增加两个圆周长。即

未来目标位 =H+C×2=3.5+2.512×2=8.524

如果后期股价上涨到 8.524 元，需要注意市场的风险，并且这种风险会非常大，每往上累加一个箱体，股市风险就会增大。

图 10.32　美利纸业周线图 (2008 年 9 月 12 日至 2010 年 4 月 9 日)

案例解析

图 10.33 为上证指数 2000 年 2 月至 2008 年 6 月月线图。上证指数从 1595 点上涨至 2001 年的 2245.44 点之后见顶，在之后延续了 5 年的熊市，直跌到 998.23 点。以 HL 作为直径，根据步步为营测算，目标圆直径 d=2245.44−998.23=1247.21，目标圆周长 = 1247.21×3.14=3916.24，目标位置为 2245.44+3916.24=6161.68 点，离上证指数 6124.04 点的高点只相差 37.64 点。若投资者在 6000 点回避风险，那么，这波惨烈下跌就可以提前规避。

通过上面两节的学习，可知方圆预知变盘模型在时间变盘上预测达到了高胜算，在空间预知上涨的目标位置也非常精确。若时间和空间出现了共振，把握变盘概率更有保障。

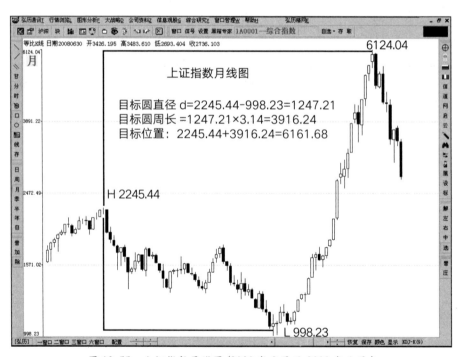

图 10.33　上证指数月线图(2000 年 2 月至 2008 年 6 月)

第五节　方圆时空共振模型

股市是一个非线性的非因果性的市场，特定的时间内有时达到特定的目标，有时则会出现错乱。根据股票上涨或下跌的速率，方圆时间与空间变盘可以分为三种情况：其一，空间达到，时间未到。其二，时空完美共振。其三，时间达到，空间未到。下面我们主要对方圆变盘时空共振进行阐述。

方圆完美时空共振

理论上的完美走势，应该是在变盘圆时间内达到了预期的价格，价格和空间同时实现。即方圆空间模型计算出的目标位，应该出现在变盘圆的变盘日。在变盘圆的变盘日，股价应该达到目标圆的目标位，这就是完美方圆时空变盘。

拐点时间正好达到目标价位，是自然界完美的图形。当股价的时间和空间正好产生共振时，市场的变盘意图将非常强烈。

上涨（反弹）高点卖出口诀：时间到，空间到。不再上涨，要抛掉。

狙击回调（底部）买点口诀：时间到，空间到。不再下跌，底部到。

案例解析

图 10.34 为上证指数 2008 年 8 月 15 日至 2009 年 9 月 4 日周线图。大盘在 2008 年 10 月 28 日见最低点 1664.93 点，为图中的 J 点，之后股指反弹到 H 点 2100.81 点，其后再次回落，在 L 点出现次低点 1814.75 点，形成了一个有效的 JHL 模型。根据空间模型上涨的一步到位计算，这波上涨的终极目标为 3469.47 点，在图中有详细的计算过程。最终在 8 月 7 日（D 点）最高达到了 3478.01 点，预测指数与真实指数两者只相差 8.54 点。据第三方圆变盘模型，变盘圆直径 JL=9，变盘圆周长为 28 或 29，得出：从 L 点开始第 28 或 29 周是一

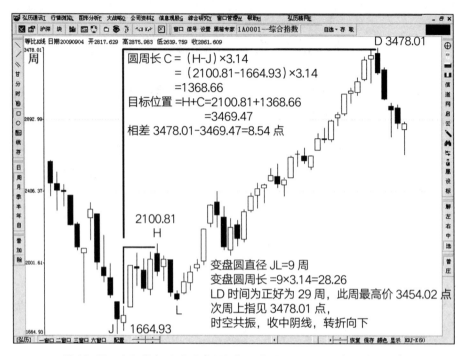

图 10.34　上证指数周线图（2008 年 8 月 15 日至 2009 年 9 月 4 日）

个变盘周，为图中的 D 处，时间和空间产生了共振。事实上，上证指数在 29 周达到了 3469.47 附近，时间到，空间到，不再上涨要抛掉。次周，股指最高到达 3478.01 点，收盘跌 4.44%。意味着风险来临，为卖出时机。

在使用方圆预知变盘时，最重要的是要找准一个正确的浪形，有了正确的浪形，才会有正确的结果。如果我们提前知道结果，我们也就不会对未来迷茫和恐惧。

方圆预知变盘是把股市中的直线浪形通过圆的方式表达出来，从而预测市场的变盘，而这种变盘方式表示为圆周长。我们只需要知道直径，根据圆周率 π，就能计算市场的拐点时间。方圆产生的变盘往往为中级变盘，是市场运行的极限时间和极限空间。要想计算最近市场的变盘，往往需要寻找之前一段时间内的浪形进行计算。

第十一章　十二生肖预测法

世界上有四大文明古国：中国、古埃及、古印度、古巴比伦。为什么只有我们中国前面没有"古"字，因为只有中国的文化流传了下来，我们中国是一个幅员辽阔、民族众多的国家，五千年的文明为中华民族留下了极其丰富的文化遗产，每一种文化自成一种规律，是老祖宗智慧的结晶。本章通过讲解十二生肖文化，从生肖文化中找到自然界的一种规律，以期应用于我们的市场投资中。

十二生肖，又叫属相，是一种文化，而不是宗教。中国与十二地支相对应的十二种动物，包括鼠、牛、虎、兔、龙、蛇、马、羊、猴、鸡、狗、猪。十二生肖文化是中华民族优秀传统文化的重要组成部分，是凝结了劳动人民智慧和结晶的文化瑰宝。当然，现在十二生肖文化已流传到全球其他国家，被世人广为传扬。

第一节　生肖文化

为何十二生肖文化能够生生不息？正是因为它是中华民族的独特象征符号，有着深厚的文化内涵，才能够在悠久历史文化长河中独树一帜，繁荣发展。其文化内涵主要表现在以下几个方面。

带有浓厚的图腾崇拜色彩

十二生肖以十二种动物为代表，在古代，人们常以动物作为自己的图腾。图腾崇拜普遍存在于世界各个原始民族之中，是人类社会文化发展的最早象征，十二生肖作为一种图腾崇拜，是原始图腾崇拜的延伸，有着浓厚的图腾文化色彩。

带有浓厚的干支文化色彩

十二生肖可纪年、月、日、时。最早完整记录十二生肖且与今天相同的是东汉王充的《论衡》。《论衡》卷三《物势篇》：寅木也，其禽虎也；戌土也，其禽犬也；丑未亦土也，丑禽牛，未禽羊也。木胜土，故犬与牛羊为虎所服也。亥水也，其禽豕也；巳火也，其禽蛇也；子亦水也，其禽鼠也；午亦火也，其禽马也……午马也，子鼠也，酉鸡也，卯兔也。水胜火，鼠何不逐马？金胜木，鸡何不啄兔？亥豕也，未羊也，丑牛也。土胜水，牛羊何不杀豕？巳蛇也，申猴也，火胜金，蛇何不食猕猴？

图 11.1　生肖与地支

子，鼠矣。丑，牛矣。寅，虎矣。卯，兔矣。辰，龙矣。巳，蛇矣。午，马矣。未，羊矣。申，猴矣。酉，鸡矣。戌，犬矣。亥，豕矣。

子时，时间半夜23：00至1：00，正是老鼠趁夜深人静频繁活动之时，故称"子鼠"。

丑时，时间凌晨1：00至3：00，牛习惯夜间吃草，牛无夜草不肥。农家常在深夜起来挑灯喂牛，故称"丑牛"。

寅时，时间凌晨3：00至5：00，此时昼伏夜行的老虎最凶猛，古人常会在此时听到虎啸声，故称"寅虎"。

卯时，时间早晨5：00至7：00，天刚亮，兔子出窝，喜欢吃带有晨露的青草，故称"卯兔"。

辰时，时间早晨7：00至9：00，此时一般容易起雾，传说龙喜腾云驾雾，又值旭日东升，蒸蒸日上，故称"辰龙"。

巳时，时间上午9：00至11：00，艳阳高照，蛇类出洞觅食，故称"巳蛇"。

午时，时间中午11：00至13：00，每当午时，马会四处奔跑嘶鸣，故称"午马"。

未时，时间13：00至15：00，放羊的好时候，故称"未羊"。

申时，时间15：00至17：00，太阳偏西了，猴子喜在此时啼叫，故为"申猴"。

酉时，时间17：00至19：00，太阳落山时，鸡在窝前打转，故称"酉鸡"。

戌时，时间19：00至21：00点，狗卧门前看家守护，一有动静，就汪汪大叫，故为"戌狗"。

亥时，时间21：00至23：00，夜深人静，能听见猪拱槽的声音，于是称作"亥猪"。

第二节　生肖五行判牛熊

十二生肖也有五行属性，十二生肖的五行包括：

金：猴、鸡

木：虎、兔

水：鼠、猪

火：蛇、马

土：牛、龙、羊、狗

笔者把上证指数、十二生肖和五行相结合，总结出三大规律：

规律 1：属土容易收阳线。

属土者包括四个生肖：牛、龙、羊和狗。属牛年份有 1997 年和

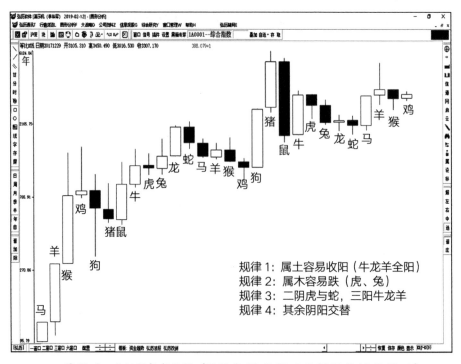

图 11.2　上证指数年线图（1990 年 12 月 29 日至 2017 年 12 月 29 日）

2009 年，都上涨。属龙的年份有 2000 年和 2012 年，都收阳。属羊的年份有三次，分别 1991 年、2003 年和 2015 年，都收阳线。属狗的年份有 1994 年和 2006 年，1994 年是收长下影线的阴线，2006 年大牛市。属土的生肖中龙、牛、羊都收阳，而狗出现一阴一阳。

规律 2：属木容易收阴线。 属木者包括虎和兔两个生肖。虎年有 1998 年和 2010 年，均收阴线，其中 1998 年小阴线。兔年有 1999 年和 2011 年，一阳一阴。总体来说，四年中有三年是收阴线。

规律 3：二阴虎与蛇，三阳牛龙羊。 虎年和蛇年都收阴线，牛年、龙年和羊年都收阳线。

规律 4：其余生肖阴阳交替出现。 除了上述的二阴三阳五个生肖，其余的七个生肖符合阴阳交替。如果上一次该生肖是阳线，下一次就是阴线。以马年为例，1990 年上涨，2002 年就下跌，2014 年再上涨收阳，为阳－阴－阳。1995 年属猪年收阴线下跌，则在 2007 年收阳。

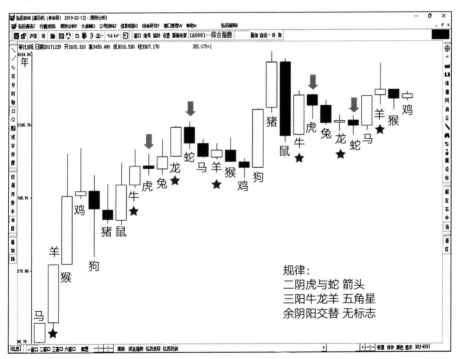

图 11.3　上证指数年线图（1990 年 12 月 29 日至 2017 年 12 月 29 日）

第三节　生肖循环定顶底

五千年的文明为中华民族留下了极其丰富的文化遗产，其背后蕴涵的规律和真理，是我们的瑰宝。我们学习十二生肖，不但要学习其文化，更要学十二生肖背后的规律和秘密，这些才是自然界最精华的自然法则。把这些精准的法则运用到我们的股市投资中，既能让我们做到弘扬中华文化，也能使我们遨游股海天下。

十二生肖中有两个最重要的本质：其一，生肖不断循环。说明自然是有周期的，并且周而复始。其二，周期包括 12 个不同秩序。说明循环是相同的，秩序各有特征。

十二生肖规律的实战应用

从重要的顶部（底部）开始，其后的相同生肖都容易产生变盘点。当然，相同生肖之间相隔 12 个单元。

案例解析

上证指数从 2018 年 1 月 29 日的 3587 点的顶点开始下跌，在图 11.4 中，当日提示生肖牛，根据生肖的循环原理，下一个生肖牛将在 12 个交易日之后，并且不断地循环。后期一共出现了 6 次生肖牛。从 1 月 29 日下跌到第 1 个生肖牛（1 处）为低点，涨到第 2 个（2 处）为高点，再下跌到图中 3，为第 3 个牛。第 4 个牛下跌，离高点相差 2 天。然后又在第 5 牛见低点，最后第 6 牛出现反弹高点。由此可见，生肖的循环是非常重要的转折点。

此规律不但在指数上适合，在个股上也依然有效。下文以万科为例进行说明。

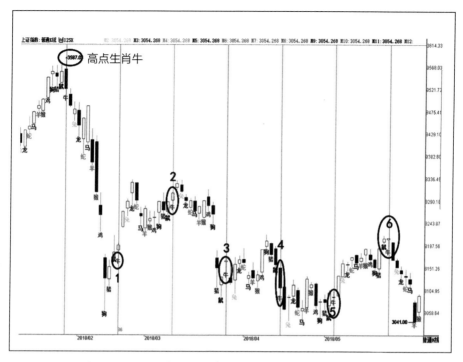

图 11.4 上证指数日线图 (2018 年 1 月 15 日至 5 月 31 日)

案例解析

万科在 2018 年 8 月份出现了反弹的低点，在十二生肖中提示为马，在每一根 K 线下面都有一个生肖。截至 10 月 29 日，总共出现了"四匹马"，分别为图 11.5 中的 A、B、C 和 D，很神奇的是，都让股价产生了转折变盘。马 A 是高点，跌到马 B，再涨到马 C，最后跌到马 D，又为重要的低位转折点。

有人说 K 线图上是没有生肖提示的，那我们怎么用十二生肖循环呢？不管顶点或低点当日生肖是什么，反正，后面的同生肖是在之后的 12、24、36、48，等等，即 12 的倍数位置。在本节开篇就阐述过，我们要学习中国文化背后的规律。我们只需用 12 的等差数列就可以解决这个问题，在国外市场中十二生肖循环也特别有效。

我们以美股道琼斯工业指数为例，从 2018 年 4 月 2 日低点开始，

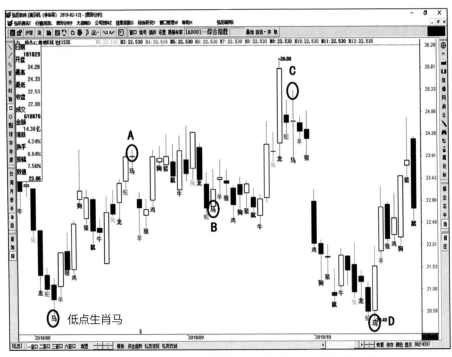

图 11.5　万科 A 日线图(2018 年 7 月 30 日至 10 月 29 日)

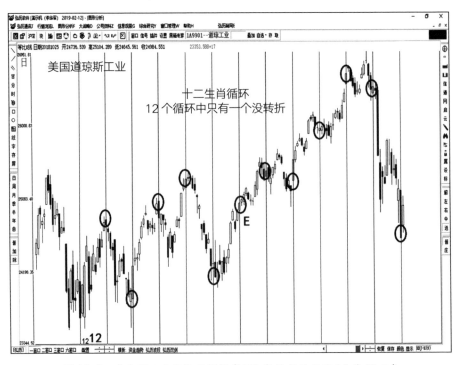

图 11.6　道琼斯工业指数日线图(2018 年 3 月 2 日至 10 月 25 日)

以每相隔 12 根 K 线为周期画垂线，截至 10 月 25 日，其间一共有 12 个循环。如图 11.6 所示，让我们感觉不可思议的是，12 个循环中有 11 个发生了或大或小的转折，只有图中的 E 处没有发生转折，太神奇了。自然规律超越了国界，超越了时间的制约。

十二生肖循环三种结构

一个循环中的十二生肖，不一定是单边的和只有一个方向，生肖循环中的图形走势大体包括三种结构图形，分别为单波、V 波和 N 波。

单波：在十二生肖循环中，中间没有转折点，单边上涨或单边下跌。强势形态。

V 波：在整个循环中，有一个转折点，包括 V 形和倒 V 形两种情况。转折点通常出现在 1/2 处。

N 波：在整个循环中，有两个转折点，包括 N 形和倒 N 形两种，转折点通常出现在 1/3 或 2/3 位置。

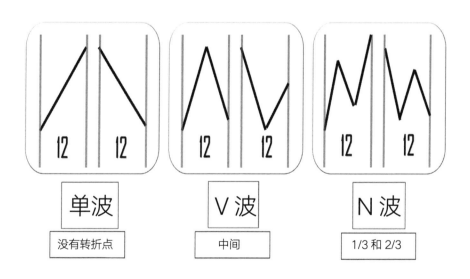

图 11.7 十二生肖循环中三种结构图谱

案例解析

图 11.8 为上证指数 2015 年 12 月至 2018 年 4 月周线图。指数图十二生肖的结构中主要以单波和 V 波居多，N 波相对较少，没有出现连续的两个单波行情。可见上证指数上涨一个单波之后，下一个循环可能就只涨半个或者 1/3 个循环，甚至不涨了。

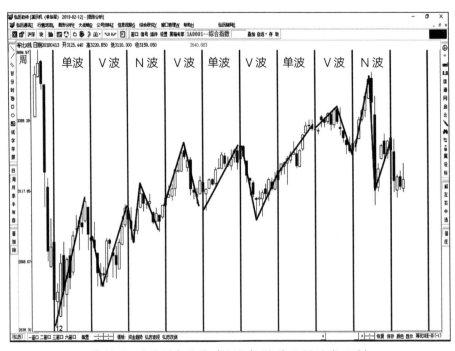

图 11.8　上指周期线图（2015 年 12 月至 2018 年 4 月）

案例解析

德新交运从 2017 年 11 月 2 日起开始停牌，直到 2018 年 3 月 30 日复牌，然后连续跌停，下跌了一个单波循环，之后就是 V 波，下跌了 7 日，然后反弹，没有持续两个单波下跌。第 3 个循环为单波下跌，第 4 个为 N 波，也没有持续单波下跌。在后期的上涨中，也就出现了一个单波，如图 11.9 中的第 6 个循环。通常来看，一个股票出现单波上涨后，再上涨半个单波行情就快结束了。

单波通常以一波出现，只有强势股才有连续的两个单波，往往很

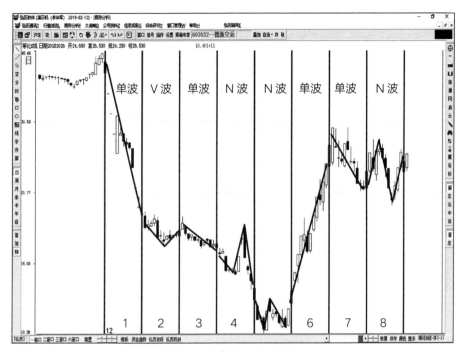

图 11.9 德新交运日线图

难超过连续三波单波。故，如果连续出现了两个单波的走势，第三个单波将难以为继，要么为 V 波，要么是 N 波。

第四节 十二生肖之十面埋伏

上一节讲述的是十二生肖的循环，从本节开始我们学习十二生肖的神奇战法。先给大家介绍十二生肖之十面埋伏战法。

十二生肖之十面埋伏

十面埋伏是利用十二生肖的循环原理，当价格达到下跌的耗竭区域，以同生肖替换的方式，来捕捉股价波段回调起涨点。

》十面埋伏底部模型

条件 1：价格达到耗竭区域。先找 1 个循环周期，生肖必须形成

8 跌以上。比如：9 跌 3 涨、10 跌 2 涨也符合。

条件 2：第 1 根 K 线必须下跌。假阳线也算下跌。

条件 3：循环外的第 1 根生肖，取代循环中的第 1 根阴线 K 线，最

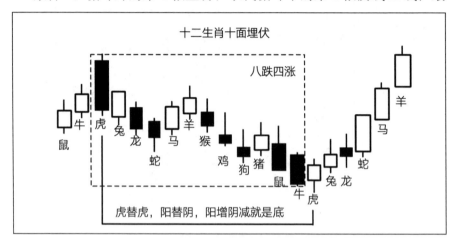

图 11.10　十面埋伏模型

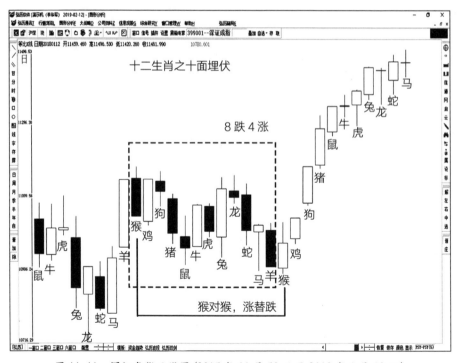

图 11.11　深证成指日线图 (2017 年 11 月 30 日至 2018 年 1 月 12 日)

终实现阳线替换了同生肖阴线，阳线增加，阴线减少，就构成了买入点。如图 11.10。如果是阴线替代阴线，转移到下一个生肖，继续进行对比，直到阳线换阴线为止，阳增阴少，就符合买入点。见图 11.11。

案例解析

深证成指在 2017 年 12 月 12 日猴日开始调整，调整到羊日结束，为一个循环。在这 12 天中跌 8 涨 4，说明股价回调进入衰竭区域，后面的生肖猴与循环的猴进行对比，后面的猴是上涨替代了前面的下跌猴，上涨在增加，下跌在减少，为一个低吸的介入时机。其后，深证成指在此出现一波反弹，十面埋伏在低位就提示了买入点。

根据循环中的下跌 K 线数进行划分，十面埋伏底部分为一级底部、二级底部、三级底部和超级底部。八跌五涨为一级底部，九跌四涨为二级底部，十跌三涨为三级底部，十一跌和十二跌为超级底。级别越高，成功率越高。

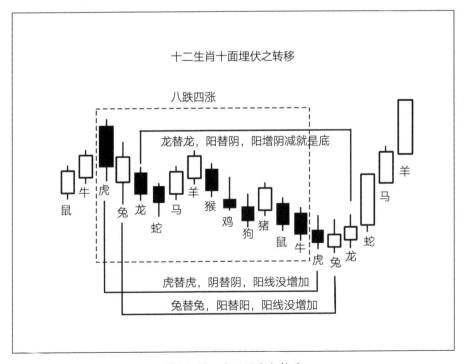

图 11.12 十面埋伏之转移

案例解析

中国平安走出上涨之后，出现了一波回调。在图 11.13 中的虚线区，"狗－鸡"循环中，形成了 9 跌 3 涨。K 线的上涨和下跌是根据当日收盘价与前一日收盘价进行对比，当日收盘价大于前一日收盘价为上涨，当日收盘价小于前一日收盘价为下跌，假阳线是下跌的，假阴线是上涨的。接下来需要用上涨的 K 线替换掉循环中同生肖下跌 K 线。

狗对狗，下跌替下跌，替换不成功，转换到后一 K 线生肖猪。猪对猪，上涨替下跌，上涨增加，下跌减少，替换成功。生肖猪就是买点。

十面埋伏需要使用十二生肖，并且需要向后转换，K 线图上没有十二生肖怎么办？下面给大家介绍一种十二生肖的精要版本。

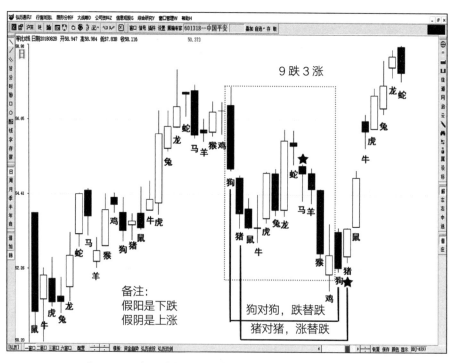

图 11.13　中国平安日线图 (2018 年 7 月 2 日至 8 月 28 日)

» 十面埋伏底部精要版

条件 1：找到连续 13 个单元（至少 8 个单元下跌）。

条件 2：第 1 个单元必须下跌。

条件 3：最后 1 个单元（第 13 根 K 线）必须上涨。

只要达成前两个条件，证明存在十面埋伏，满足上面的三点就符合十面埋伏底部模型。条件 3 是用上涨替换下跌来确认买点。

十面埋伏底部模型出现在月线上，是重要的牛市底部。在月线上的十面埋伏需要使用二级底部，即符合 9 跌 4 涨，才是真正的底部。

案例解析

上证指数在 2015 年的牛市之前，在 2013 年出现了一个低点 1849 点，1849 点反弹了 3 个月，再次进入一年多的调整，为什么后期股指不再跌破这个低点？因为在 1849 点出现了十面埋伏的二级底

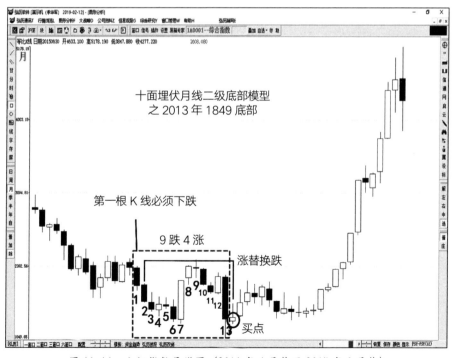

图 11.14　上证指数月线图（2011 年 4 月份至 2015 年 6 月份）

部,在图 11.14 中标示出连续的 13 根 K 线,符合 9 跌 4 涨,存在十面埋伏。第一根 K 线为下跌,最后一根 K 线也是下跌,所以买点还未确认,只有等待上涨 K 线替换下跌 K 线,才能确定买点。在图中,标数 13 的次日上涨替换了标数 2 的下跌,买点确认。

案例解析

2008 年上证指数从大牛市进入大熊市,连续惨烈下跌,下跌幅度创出当时全球之最。在图 11.15 中我们找出了 13 根连续 K 线,9 跌 4 涨。最后的阳线替代了第 1 根 K 线,符合二级十面埋伏底部模型,之后,上证指数在 2008 年的 11 月份开始了一波翻倍的牛市,这就是 1664 点的底部。基本上每次大盘的启动,都会出现十面埋伏模型。

十面埋伏的三级底部出现超跌时,股价快速、大幅度下跌,特别

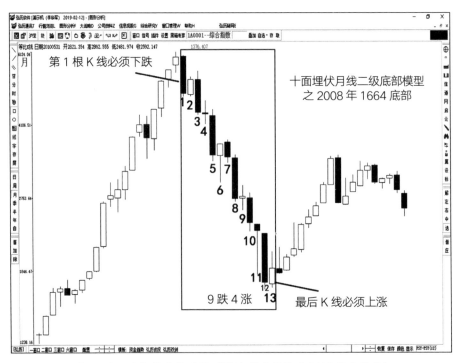

图 11.15 上证指数月线图 (2006 年 3 月份至 2010 年 5 月份)

是股灾时更突出。暴跌速度快，时间往往短。三级底部可以用来做超跌反弹的底部。

案例解析

2015 年中国股市见顶 5178 点，展开了 3 轮股灾，个股进入了快速跳水阶段，其中特立 A 从 32.9 元开始，短短 20 个交易日跌到了9.88 元。超跌多有反弹，7 月 9 日的涨停板，终于结束连续跌停，以当日往前推 13 个交易日，符合跌 10 涨 3，然后最后的涨停 K 线替代了第 1 根阴线，符合超跌三级十面埋伏底部模型。

十面埋伏不仅可在日线上使用，亦可以在周线和月线上，往小周期还可以在分时线上，需要注意封住涨停的股票，因为它们的分时 K线都是水平"一"字，不涨也不跌。十面埋伏有底部模型，反之，就是顶部形态。

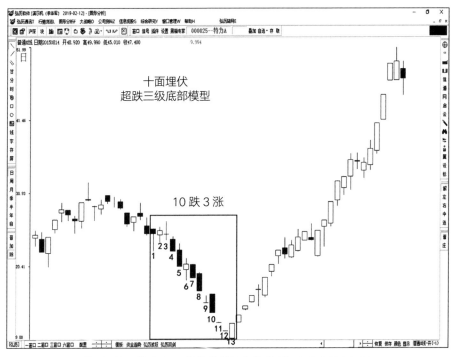

图 11.16　特力 A 日线图（2015 年 5 月 27 日至 8 月 14 日）

» 十面埋伏顶部精要版

条件1：连数13根K线（至少8根K线上涨）。

条件2：第1根K线必须是阳线。

条件3：最后1根K线必须是阴线。

十面埋伏顶部模型，顾名思义，是用来把握股票波段的顶部，在高位卖出，回避接下来回调的风险。

同样，根据循环中的下跌K线数进行划分，十面埋伏顶部分为一级顶部、二级顶部、三级顶部和超级顶部。8涨5跌为一级顶部，9涨4跌为二级顶部，10涨3跌为三级顶部，11涨和12涨为超级顶部。级别越高，成功率越高。

案例解析

上证指数2018年开年之后，突破了2017年12月份的横盘小平台，在四大银行股的带动下，两波上涨18连阳。18连阳中间被一根阴线（即图11.17中的B）分为11连阳和7连阳，于是形成了第1个11涨2跌的组合，此时到底要卖出还是持有？当时在重庆巡讲时笔者的观点是：今天不是卖点，若在未来的11天内只要见到1根下跌的阴线就卖出。因为K线B替换K线A，属于跌替跌，下跌K线没有增加。如果B提前或者延后一天就该卖出，太巧合！其后一直坚持了7日上涨的阳线，形成了2018年开局的18连阳。图中C为下跌的阴线，往前推13根K线（包括C），为11涨2跌组合，第1根K线是上涨阳线，C替换了前面的上涨阳线，符合十面埋伏超级顶部模型之11涨2跌。

十面埋伏分为底部和顶部模型，底部模型主要用来捕捉上升趋势回调的启动点，如果再结合其他预测方法和交易系统的跟踪，将会如虎添翼。切记，不要在下跌趋势的股票中使用。

十面埋伏顶部模型表达的是极端危险的时候，风险已经悄然来临，呈九死一生的格局。所以，往往提示重要顶部的卖出，也可以用

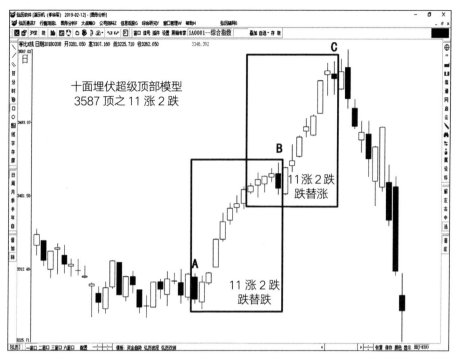

图 11.17　上证指数日线图（2017年11月24日至2018年2月8日）

来预示牛市的顶。行情总是在疯狂中结束，所以，牛市的顶部往往是股民最疯狂时，此时通常要用月线来分析，并且要出现三级顶部 11 涨 2 跌才是真正的顶部。

第五节　生肖之回眸一笑模型

通过长时间的观察与研究可知，股价总是在回调 2 周之后，进入加速的下跌或上涨，而这种加速运行往往非常短暂，之后容易发生转折。针对这种情形，笔者特意研究出回眸一笑模型来解决此类问题。

回眸一笑一词出自唐代诗人白居易的《长恨歌》："回眸一笑百媚生，六宫粉黛无颜色。"

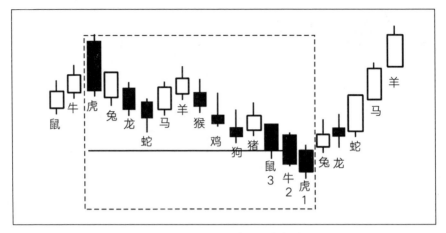

图 11.18　生肖之回眸一笑底部模型

回眸一笑模型融合十二生肖循环推理研究而成，用来预判大波段的底部或下跌的低点。

回眸一笑底部模型

条件 1：连续 3 生肖下跌；

条件 2：往前寻找与最后 K 线生肖相同、相邻的生肖；

条件 3：倒数第 3 生肖收盘价跌破之前生肖所有价格。

案例解析

2018 年因为中美贸易摩擦，中兴通讯公司股价从 31.9 元下跌至 11.85 元，在 7 月份中旬才有数天的快速反弹，反弹之后就是暴跌，如图 11.20 所示，狗猪鼠连续 3 天下跌，鼠虽然是阳线，但是假阳线，价格是下跌的。倒数第 3 个生肖为狗，狗的收盘价跌破了前面从鼠至鸡的所有生肖的所有价格。所以，鼠符合回眸一笑底部模型，并且是在最低价当日。可见，回眸一笑底部模型是一种左侧交易模型，是在价格耗竭低点介入的一种方法。

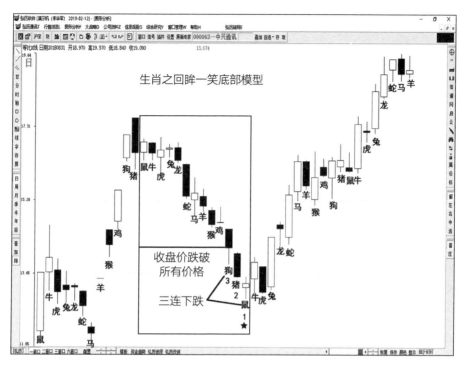

图 11.19　中兴通讯日线图（2018 年 7 月 13 日至 8 月 31 日）

案例解析

回眸一笑可以用来提前预判牛市的底部，在中国股市中牛市的底部，不管是上证指数还是深证成指，在月线上，大多数符合回眸一笑模型。如图 11.20 所示，在图中 A 处，蛇马羊连续三连下跌，并且蛇的收盘价跌破了前面 10 个生肖最低价，所以，生肖羊符合回眸一笑，这就是 2005 年 998 点的底部。在 2008 年 10 月份的 1664 点底部，在生肖鼠的位置也符合回眸一笑。

股价在破位回调，可能会演变成快速下跌，甚至成为股灾下跌。若三连生肖下跌连续出现，应该以最后一个为准。

回眸一笑在不同的周期下都有效，大到日线、周线和月线，小到分时。如图 11.21 所示，上证指数 2018 年 10 月 14 日至 10 月 23 日

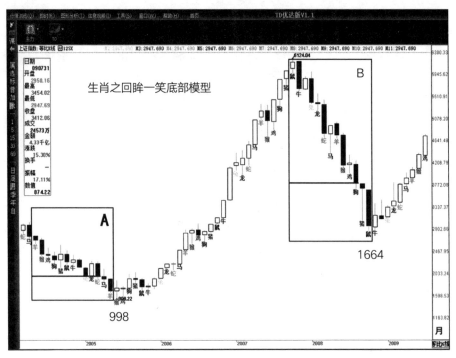

图 11.20　上证指数月线图（2004 年 3 月份至 2009 年 6 月份）

60 分钟线中，在 A 的位置出现三连生肖（鸡狗猪）下跌，鸡的收盘价并没有跌破前面的猪、鼠和牛的最低价，故不符合回眸一笑。在 B 的范围内，龙蛇马为三个下跌生肖，而蛇马羊也是三个下跌生肖，此时，只需要研究最后符合的生肖，如图 11.21 中的蛇马羊。蛇的收盘价跌破了前面 10 个生肖的最低价，符合回眸一笑底部模型，其后就见最低价，展开了反弹。

下跌趋势如南方春雨，绵绵不断，灰沉沉一片，不见太阳。当走势符合回眸一笑底部模型，主力常常并不买入，还会继续打压股价，价格还将可能继续下跌，此类情况，需要等到创 3 次新低，才是真正的低点。

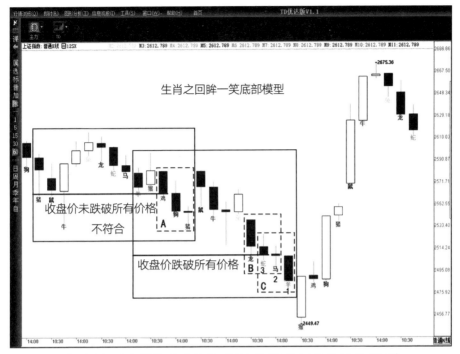

图 11.21　上证指数 60 分钟线（2018 年 10 月 14 日至 10 月 23 日）

案例解析

哈投股份在 2018 年 10 月份形成 9 连阴，10 月 16 日为假阴线。所以，最后的三连下跌为鼠牛虎，鼠的收盘价跌破了前面 10 个生肖的最低价，符合回眸一笑底部模型。但是主力资金并没有马上拉升股价，而是在原有的基础向下跌了 3 次新低，如图 11.22 所示，第 3 次低点当日（10 月 19 日），见了真实低点，之后 8 个交易日上涨高达 40%。在下跌趋势中，创 3 次低点的股票比较多，所以风险控制是必须有的。

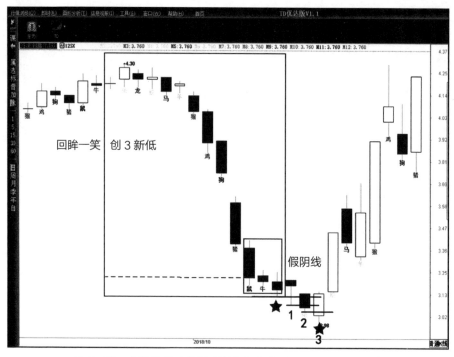

图 11.22　哈投股份日线图 (2018 年 9 月 12 日至 10 月 30 日)

设置止损和仓位控制

回眸一笑底部模型是一种左侧交易模型，提示的买卖点比较提前，通常出现在最低点或最高点当日或左侧。为了控制风险，我们必须设置止损点和止盈点。通过仓位的控制，可以分担下跌的风险。如果分不清楚回眸一笑之后是否还会继续创 3 次新低，分步建仓是比较合理和科学的，出现回眸一笑先建仓 1/3，后期上涨了再加仓买入。风险控制在 5% 至 10% 内，超过 10% 就应该认输出局。

回眸一笑顶部模型

条件 1：连续 3 生肖上涨，以最后为主。

条件 2：往前寻找与最后 K 线生肖相同、相邻的生肖。

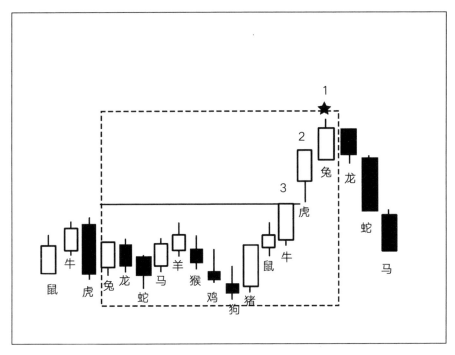

图 11.23　生肖之回眸一笑顶部模型

条件 3：倒数第 3 生肖收盘价高于之前生肖所有价格。

一些强势股票在快速上涨的时候，"回眸一笑"还会继续上涨，同理，当价格突破高点，再创出 3 次新高就要减仓。在很强势的市场中，将会有第 2 次和第 3 次符合回眸一笑顶部模型。

案例解析

德新交运是 2018 年的超级"妖股"，在大盘弱势下跌的情况下，短短 16 个交易日，从 10.38 元涨到了 30.56 元。在图 11.24 中，从生肖兔至猴连续 6 阳上涨，最后符合的三连上涨生肖为马、羊和猴。倒数第 3 个生肖马的收盘价高于前面 10 个生肖的所有价格。所以，猴为回眸一笑模型的顶部，在次日股价大阴线下跌。当时，主力拉升特别强势，又一波新的拉升开始了。狗猪鼠虽然是三连上涨阳线，但是狗没有突破前面 10 个生肖的最高价，不符合回眸一笑顶部模型。

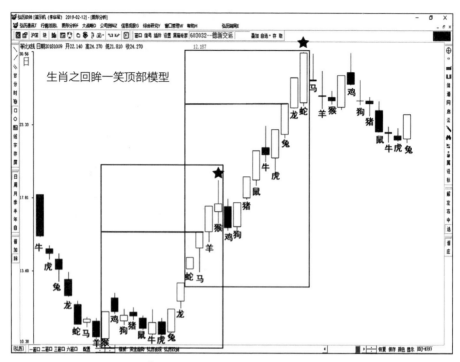

图 11.24　德新交运日线图（2018 年 8 月 31 日至 10 月 9 日）

兔龙蛇三个生肖，为最后的三连上涨，并且兔的收盘价高于前面 10 个生肖的最高价，符合回眸一笑顶部模型。在这波强势主力拉升中，一共出现了 2 次"回眸一笑"。

"回眸一笑"和"十面埋伏"两者结合实战效果更好。"回眸一笑"是左侧交易，而"十面埋伏"是高点和低点形成不久的一种确认买卖点，"回眸一笑"提前于"十面埋伏"形成。两者组合，不仅能提前预知，也能跟踪验证，为黄金搭档。

第十二章　变盘方向定位

"虽有智慧，不如乘势；虽有镃基，不如待时。"出自《孟子·公孙丑》，大概意思就是有智慧不如借助时势，正如在农业生产中与其有农具，不如不误农时。时机确实很重要。

当一个人在森林行走，如果方向走错了，速度再快也没有用，反而后果更严重。如果手中能有一个指南针，正确指示方向，速度越快，就越早能走出困境。方向对了，才能事半功倍。关键是如何正确辨识时间拐点的方向，以及空间目标位。本章主要讲述如何确定时间拐点和空间的变盘方向。

第一节　定位变盘势在必行

在前些章节中，讲述了多种识别变盘的方法。当变盘时间来临的时候，投资者面临新的重大问题，就是变盘方向与是否产生转折。如何定位变盘的方向，成为新的话题。

一、变盘定位的转折方向对操作股票的影响主要表现在三方面

①若股价向上变盘，此时为机会，可以买入。

②若股价向下变盘，此时为风险，可以卖出。

③若股价进行加速变盘，说明原有方向运行速度加快。上涨中可以加速跟进，下跌中继续空仓。

变盘是提示市场转折的第一个信号，主要原因有两个：其一，变盘时间不是滞后的，大多数的变盘日可以提前预测。在前几章中讲述了很多方法提前预知变盘，克服了技术分析滞后的弱点。其二，变盘日通常提示的是最高价或最低价当日或者次日，往往不会超过2根K线。如图12.1中的两个变盘日，一个为最低价当日，一个为最高价当日。

二、定位时间变盘方向势在必行

1. 变盘是短期买卖的依据，是机会与风险的第一先锋。时间变盘通常提示转折拐点当日或次日，提示的时间往往要超越指标给出的买卖时间，有时相比K线组合的提示还要早。所以，它是短期买卖的重要依据，能在第一时间给出提示信号。

案例解析

图12.1为上证指数2010年9月3日至12月1日日线图。根据月线变盘每月倍数变盘，上证指数在2010年9月20日出现了一个转折点（因为9月18日和19日休市，于是往后推至20日）。20日最低点为2573.63点，为下跌的最低点，而当日收小阴线，无论从K线的角度，还是从指标的角度，很难看出它是一个转折点，但是通过每月变盘能提示当日是一个变盘日。优先提示变盘，可谓提示市场转折的第一先锋。

随着股价的上涨，根据每月神奇四变盘，11月11日为同月同日变盘，在这个"光棍节"，最高点达到了3186.72点，成为上涨的最高点，第一时间提示市场的变盘。次日，股价大跌，就能在盘中卖出股票。如果在这个"光棍节"不卖股票，后期就真变成"光棍"了。

2. 发现市场的变盘方向，就能把握好市场的转折点，从而能做

图 12.1　上证指数日线图（2010 年 9 月 3 日至 12 月 1 日）

好高抛低吸。把握好市场的转折时机，就能顺势而为。操作好市场的转折点，就能使利润最大化。

案例解析

图 12.2 为中信证券 2010 年 9 月 3 日至 2011 年 1 月 17 日日线图。中信证券从 2010 年 9 月 7 日至 9 月 29 日呈现单边匀速下跌，其中，只有一根阳线，并且是小阳星星，市场下跌非常惨烈。在 9 月 30 日出现一根小阳线，涨幅 1.14%。股指是否产生转折呢？因为 10 月国庆假期市场放假，在 10 月 8 日才开始交易，根据每月变盘的规律，10 月份的第 1 个交易日为变盘日。所以，10 月 8 日为变盘日，而当日股价高开高走，开盘价为最低价，表现非常强势，最终涨幅 6.1%。此变盘日为向上转折，为一个买入时机，激进投资者可以在高开时买入股票，保守投资者可以在盘中择机介入，实现低吸买入。

据每月变盘的规律，下一个变盘日应为 10 月 20 日。在 20 日最

图 12.2　中信证券日线图（2010 年 9 月 3 日至 2011 年 1 月 17 日）

高价为 15.87 元，收盘价为 15.36 元，在尾盘可以卖出股票，进行一次高抛，把利润放在口袋里。之后，股价略微创新高，其后，股价开始了大幅度的下跌。通过时间变盘预测能很成功地实现高抛低吸，9 个交易日振幅达到了 53.82%，涨幅为 48.88%，实现了利润最大化。

3．把握好选股的时机。有人说，做股票就是把握好三点：选势、选股和选点。选股是大众投资者最喜欢、最热衷的。在选股的时候，选股方案十分重要。一个好的选股方案，能让投资者选中好的股票和买点。在选股的过程中，必然出现一个问题：同样的选股方案，在不同的时间点选择的效果就不同，有时上涨，有时下跌。很让人迷茫和无奈。那么，如何提高选股的成功率？

股票很难分好坏，大多数股票有上涨的时候，也必然有下跌的时候。只看我们买卖股票的时间合不合适，时间对了，选出的股票就上涨；时间不对，选出的股票将达不到预期的标准，甚至大跌。白天干活，晚上睡觉，符合自然界的规律，否则，阴阳颠倒，有损元气，不利身体健康。股市也同理，只有把握时机，顺势而为，才是正道，才是长久之道。

所谓投机，就是投的时和机。有很多的典故和名言是来说明时机的。如"时势造英雄""时也，势也""时也，命也"。在三国赤壁之战中，更有孔明借东风，正如苏东坡所说：东风不与周郎便，铜雀春深锁二乔。关于时机的成语有待时守分，动不失时，观机而动，机不可失、时不再来，等等。

好的选股方案能否发挥相应的作用，主要在于投资者是否用在合适的时机。选股日期非常重要。很多投资者自认为选股日期最容易，就是每个交易日，其实不然。

一个好的选股方案，不是在任何时候都能选股，正如，一件漂亮的衣服不是在任何时候都适合穿，必须注意场合和时机。一件貂皮大衣，非常漂亮，十分保暖，却不适宜在炎热的夏天穿。笔者通过无数次的实验得知，同一个方案，在不同的日期选股，选出的股票成功概率及上涨力度都将不同。所以，定位好时间变盘方向，才能把握选股的时机。当变盘向上时，就是我们买入的好时机，同时也是选股的好时机。正所谓：

> 短线在于抢时间，
> 快速获利敢为先。
> 赢利实现不留恋，
> 感觉不好落袋安。

4.减少获利回吐，高位止盈，避免深套。俗话说：会买的是徒弟，会卖的是师傅，会止损的是祖师爷。卖出股票一直是投资者最大的难题。卖得太早，担心股价再涨；卖得太晚，利润已经回吐。如果把时间变盘学好了，将在第一时间知道高点或低点，从而规避风险或者把握机会。

在高位出现变盘日，并明显提示向下，卖出股票，就能够回避股市的下跌，规避市场深度套牢的风险。通常，股民出现深套，不是他们没有发现卖出信号，而是发现卖出信号的时候比较晚，舍不得再卖出股票，自认为只要不卖出股票，钱还在股票上，就不会赔钱。若能通过时间变盘提前发现市场的变盘风险，那么，进行折半减仓也能避免股票的深套。

卖股票有全仓卖出和分仓卖出两种，而很多投资者却认为分仓是多余的，挺麻烦，觉得股票不行就一次性全部卖出，挺直爽的。其实不然，分仓操作是有科学依据的。

假设一只股票从 9 元开始上涨，股民老张以 10 元买入 2 万股，涨到 12 元，价格上涨 3 元，涨幅为 33.3%，投资者赚了 2 元，获利20%。此刻，主力想把像老张一样的跟风投资者洗盘出局，将低价介入的获利筹码转换成高位筹码。于是，主力开始洗盘，价格从 12 元跌到了 11.5 元，出现了卖点，老张犹豫没有卖出，然后又跌到了 10.5元，此时，离老张买入成本价 10 元很近。老张到底卖不卖，很纠结。

不管是投资者，还是主力，最大的支撑与压力就是你的成本价。当股价达到买入成本价时，价格围绕成本价上下震荡，一会儿赚一会儿赔，股民心里非常难受，最考验心态，这是主力最常用的洗盘心理战术。

在 10.5 元处卖还是不卖，老张很纠结。之前 1 股赚 2 元没卖，现在才赚 0.5 元，要是卖掉，心里不甘心，可能过几天就会上涨，此时卖出不合适。要是不卖，股价万一下跌，就没有钱赚了，甚至跌破成本价，还会赔掉。不卖怕下跌，卖了怕上涨。怎么办？

笔者建议：在高位跌至 11.5 元，此时每股获利 15%，赚了 3 万元，出现卖点时，老张应该果断卖出 50% 的筹码，即 1 万股，余仓

1 万股，在 11.5 元卖出后，老张可以这样想，若后期股价还是上涨，还有一半的股票；若后期股价下跌，已经卖出了一半，有一部分利润已落袋为安。

此时，主力就算把价格回调至 10 元，老张也已获利，除非跌到 8.5 元，就不赚不赔了。这样老张操作就更有弹性。当然股价要是从 12 元跌到 8.5 元，就不是短期洗盘了。通常，主力洗盘可能会跌到 10 元附近，很少跌到 8.5 元，因为跌幅太大，对自己操盘也不利，主力的盈利也在减少。

分仓，是交易中的一个重要方法。如果将股市比喻为战场两军交战，分仓操作就相当于派出侦察兵，侦察兵起到的作用就是观察。没有了分仓，就相当于盲人摸象。分仓的另一个作用就是试探，识别真假涨跌。假跌，避免被全仓清仓出局。真跌，高位已经逃了一半。投资者应该重视分仓。

第二节 变盘方向定位方式

在上涨行情中，时间变盘到了，一定要卖出股票？在下跌行情中，时间变盘到了，一定是买入股票时机吗？当然不是。若是这样，我们就有点捕风捉影了。时间变盘来了，能否产生市场的变盘，也需要去研究和总结的。不是每一个时间变盘都能产生市场的买卖行为。

条条大道通罗马。一个结果，可能由很多的原因促成。变盘的方向最终只有一种，判断方向的方法却很多。笔者在本节提供几种定位变盘方向的研判方式供投资者作为参考。

> 消息研判变盘日方向
>
> 变盘日近两日判断方向
>
> 变盘日位置判断方向

　　　　级别与周期定位方向

　　　　变盘共振定位方向

　　　　K 线组合判断转折变盘

　　　　分形定位转折变盘

　　　　技术指标定位变盘

　　　　百分比定位变盘方向

下面，我们针对每种研判方式进行具体详细讲解。

一、消息研判变盘日方向

消息研判变盘日方向，指的是通过市场当时所公布的消息分辨时间变盘方向。即当变盘时间达到的时候，正好碰上了各种消息或政策的出台，从而产生了市场的变盘。如果说价格走势图是果，那么，出台的政策或消息就是因。政策或者消息可以大到国家出台的宏观调控，中到行业出台的中观调控，小到企业出现的微观调控。如印花税的调整、银行准备金利率的调整、行业板块的扶持、个股的重组、ST 的摘帽，等等。

案例解析

图 12.3 为上证指数 2010 年 2 月 5 日至 8 月 3 日日线图。上证指数 4 月份从 3186 点下跌到 2319 点，这波下跌主要是因为 4 月 16 日股指期货的上市交易，股指期货为 T+0，并且为双向操作，既可做空，也可做多。股指期货选择做空，沪深 300 股指期货开始打压大跌，股指期货下跌导致上证指数的下跌。期民杠杆做空获大利，股民深套亏大钱。这轮下跌的最高点为 4 月 15 日，正好为每月月中变盘，当日为下跌的转折日，而这波下跌主要是因为股指期货的上市交易。

图 12.3　上证指数日线图（2010 年 2 月 5 日至 8 月 3 日）

二、变盘日近两日判断方向

通过总结历史可知，时间变盘日产生股价转折变盘。所以，市场中很多阶段性高点和低点所出现的时间，往往就是时间变盘当日或者次日。

若时间变盘日正好为股价高（低）点转折日，根据当日转折意图，可以分为两种情况来考虑。

其一，时间变盘日有明显的转折意图。

时间变盘日有时会产生很明显的多空意图，如变盘日收大阴线或者大阳线、长影线、跳空缺口等。最快反映市场变化的莫过于 K 线，K 线也为每天市场的最终结果，有些特殊类型的 K 线及组合在关键位置能指示出市场的方向。

在时间变盘当日投资者就可以进行操作，从而在第一时间高位卖出规避风险，或低位买入实现盈利，使该方法真正成为短线买卖的第一先锋。

案例解析

图 12.4 为阳光照明 2012 年 1 月 31 日至 4 月 5 日日线图。根据每月变盘之同月同日变盘，3 月 3 日为 3 月份的第 1 个变盘日，因为3 月 3 日为周六，变盘时间转移至下一个交易日，即 3 月 5 日。阳光照明在 3 月 5 日变盘日高开低走，当日收长上影线，形成了射击之星，为看空 K 线，转折意图非常明显，当日尾盘就可以卖出股票。果然，在后期股价开始了 12% 的下跌。

其二，时间变盘当日并未有明显的转折意图。

假设时间变盘当日为股价转折日，在高位转折向下，并不代表在高位的时间变盘当日一定会下跌，或为明显性下跌 K 线。也许当日可能为大阳线。针对这种情况，当日就很难去判断股价下跌。此时，需要借助变盘日的次日（也叫确定变盘日）来对变盘日方向进

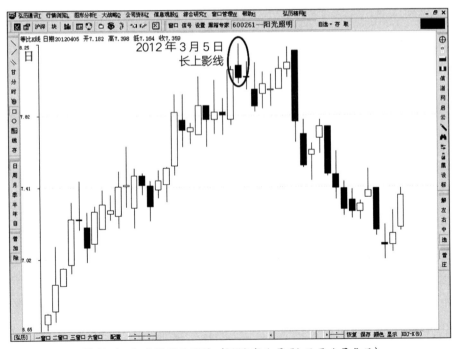

图 12.4　阳光照明日线图（2012 年 1 月 31 日至 4 月 5 日）

行确认。

案例解析

图 12.5 为上证指数 2007 年 8 月 20 日至 11 月 29 日日线图。2007 年 10 月 16 日出现最高点 6124.04 点，当日为每月神奇四变盘中的月中变盘。当日上证指数涨幅 1.03%，在当日多数板块上涨，大多数股票也是上涨，看不出市场要做出历史高点的迹象，也没有要变坏的表现。在之后的第 2 个交易日，市场才出现大跌。针对这种情况，我们就需要借助下文所介绍的方法进行综合研判：次日直接低开，并且开盘价低于前一日开盘价，当日收阴线。在第 3 日收大阴线，变盘方向非常明显，应该卖出股票。

若时间变盘当日出现明显异动，就直接在当日进行买卖交易，加减仓位。若当日不是很明确，就需要结合翌日来研判。若翌日市场变盘方向表现非常明显，翌日可以作为变盘方向的确定日，目的就是来

图 12.5　上证指数日线图（2007 年 8 月 20 日至 11 月 29 日）

确定时间的变盘方向。

案例解析

图 12.6 为航天动力 2011 年 6 月 21 日至 8 月 5 日日线图。根据每月倍数变盘，7 的 3 倍为 21，即 21 日为变盘日。航天动力在 2010 年 7 月 21 日收中阳线，当日市场还为上涨，看不出市场要变坏的迹象。变盘当日变盘不明显，但是，在次日股价高开收上影线，最后当日下跌达到了 −4.17%，把 21 日大阳线全部吃掉，开始下跌，形成阴包阳的"穿头破脚"，确定变盘向下，为卖出信号。

若时间拐点指示的时间正好为最高价当日，当日上涨，市场未出现变盘的迹象，次日的走势就非常重要。确定变盘日若出现了大阴线，应该适当卖出股票。

图 12.6 航天动力日线图（2011 年 6 月 21 日至 8 月 5 日）

案例解析

图 12.7 为上证指数 2009 年 11 月 2 日至 11 月 27 日日线图。2009 年 11 月 23 日（22 日为周日）为倍数变盘日。上证指数当日收阳线，不好研判后期涨跌。而变盘次日指数下跌 3.45%，确定为下跌，提示短期市场向下变盘，应该减仓或者卖出股票。

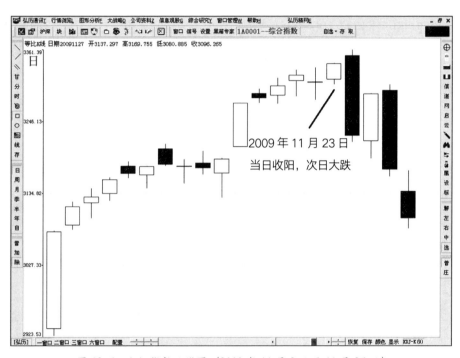

图 12.7　上证指数日线图（2009 年 11 月 2 日至 11 月 27 日）

三、变盘日位置判断方向

若变盘日出现在高位，并且收大阴线，此时，风险居多；

若变盘日出现在低位，并且收大阳线，此时，机会居多。

股价高位和低位是相对而言，此时要结合空间来研判。上涨空间到了，变盘当日为大阴线，风险来临。下跌空间到了，变盘当日为大阳线，机会来临。

案例解析

图12.8为上证指数2008年10月20日至2009年3月4日日线图。上证指数在2008年10月28日见底1664点，在12月9日走出了阶段性高点2100点，经过16个交易日的回调，下跌到1814点。2009年2月4日突破2100点，达到了2108点，创出了新高，股指一路上涨。根据内项之和等于外项之和，计算未来上涨目标位：

2100－1814+2100=2386

2月16日，股指第1次到达了2386点，当日最高达到了2389点，收盘2389点，上涨空间到了。根据每月月中变盘，2月16日正好为时间变盘日，并且空间也达到了。时间到了，空间到了，市场转折了，虽然在16日收大阳线，但是，在次日收大阴线，阴包阳，穿头破脚，为看空组合，卖出股票获利了结。2月16日正好出现在上

图12.8　上证指数日线图（2008年10月20日至2009年3月4日）

涨的高位，并且变盘日次日收大阴线，为向下变盘。

上证指数从 2402 点开始下调，其后，指数回调，最低到 3 月 3 日，为同月同日变盘日。在 3 月 4 日收大阳线，意味着指数在低位调整结束，上涨开始。为什么说是回调低位？回调的低点正好为前波上涨的 0.382 的位置。

1814+（2402−1814）×0.382=2038

2009 年 3 月 3 日最低价到达 2037 点，相差 1 个点，回调空间到了，再加上 3 月 3 日时间变盘。空间到，时间到，收大阳向上变。

位置高与低，除了通过空间的计算来判读，还可以通过指标的超买超卖来研判。当在震荡行情中，股价在超卖处出现的时间变盘，往往向上变盘居多；在超买处出现的时间变盘，向下变盘居多。

案例解析

图 12.9 为上证指数 2013 年 9 月 4 日至 12 月 4 日日线图。图片

图 12.9 上证指数日线图（2013 年 9 月 4 日至 12 月 4 日）

下窗口为常规指标 KDJ，为了更加清晰直观，剔除了 K 线和 D 线，只保存了 J 线。其中，20 以下为超卖区域，80 以上为超买区域。根据每月的四个神奇变盘，其中，图中的 9 月 16 日、10 月 15 日和 11 月 15 日，为重要月中变盘。前两个变盘日相对应的 J 值在 80 以上，为超买区域，应该注意风险。11 月 15 日所对应的 J 值刚刚从超卖区域出来，为低位，为买入时机。9 月 27 日为每月倍数变盘，股价是涨还是跌呢？此时，所对应的 J 值在 20 以下，为超卖区域，J 线后期突破 20，指数开始了反弹，为买入时机。

根据超买超卖来判断变盘日的位置，除了随机指标（KDJ）以外，还有威廉指标（WR）、相对强弱指标（RSI）和乖离率指标（BIAS）等指标也是非常重要的。

随机指标（KDJ）：摆动类指标，能第一时间反映市场的超买超卖区域，因为灵敏度非常高，更加适合短期波段和震荡的行情。中期行情中要小心指标的钝化。参数为常规参数即可。

威廉指标（WR）：表示当日的收市价格在过去一定天数里的全部价格范围中的相对位置。威廉指标的超买超卖与其他指标正好相反，20 以下反而是风险区域，80 以上为机会区域。参数设为 21 和 42。

案例解析

图 12.10 为中体产业 2013 年 12 月 24 日至 2014 年 2 月 25 日日线图，下窗口为 WR 指标。值得注意的是，WR 指标的超买超卖，与其他指标正好相反，80 以上为超卖区域，为机会区域；20 以下为超买区域，为风险区域。在图中有三个重要变盘日期，其一，1 月 15 日为月中变盘，对应 WR 正好跌穿 80，为低吸时机，次日变盘为向上。其二，2 月 2 日同月同日变盘，因为春节放假，从 1 月 31 日股市休市，2 月 7 日才是第 1 个交易日，虽然 2 月 7 日出现了涨停，但是，WR 指标在 20 以下，为风险区域，次日股价走出了上涨的最高价，当日收长上影线的十字星，为转折十字星。其三，在 2 月 17 日

图 12.10　中体产业日线图（中体产业 2013 年 12 月 24 日至 2014 年 2 月 25 日）

为中旬变盘日，WR 指标依然在 20 以下，为风险区域，还是要注意风险，在其 2 日后，股价出现了下跌。

相对强弱指标（RSI）：是韦尔斯·王尔德首创，相比 KDJ 指标更加稳定，主要用于判断中期波段和中期行情高低点的超买超卖。参数为 9 和 50，通常 30 以下为超卖区域，70 以上为超买区域。不过，在牛市和熊市中，RSI 会发生"漂移"现象，所以，80 通常成为牛市中的超买水平，而 20 则是熊市中的超卖水平。

案例解析

图 12.11 为光一科技 2014 年 1 月 2 日至 5 月 16 日日线图。光一科技从 2013 年 10 月 29 日开始上涨，最低价 10.8 元，涨到了 20.88 元，涨幅接近 1 倍。这波中期上涨中，RSI 在 80 位置出现钝化，形成顶背离（价格创新高，RSI 没有创新高）。在 3 月中旬的变盘日，因为 3 月 15 日和 16 日休市，所以，变盘日转移到 17 日。RSI 在高

图 12.11　光一科技日线图（2014年1月2日至5月16日）

位变盘向下，应以风险为主。

乖离率指标（BIAS）：此指标主要基于研究股价和均线的距离，当股价远离均线，就会有引力牵引股价回归均线。参数取为 10，乖离在 −8 以下为机会，在 8 以上为风险。

案例解析

图 12.12 为上证指数 2013 年 5 月 16 日至 9 月 16 日日线图。上证指数在 5 月 30 日后出现了一波快速杀跌行情，连续的大阴线下跌，股价也远离了均线，在 6 月 24 日，为每月倍数变盘日，乖离率达到了 −8.01，乖离太大，均线将产生引力，促使指数回归均线。在次日，股市走出了低点 1849 点，并且当日为长下影线，乖离率拐头向上，突破了 −8，达到了 −6.99，说明此变盘日向上转折，为买入时机。

位置的确认除了上述的两种，还有一种情况同样重要，就是背

图 12.12　上证指数日线图（2013 年 5 月 16 日至 9 月 16 日）

离。根据背离的位置不同，背离分为顶背离和底背离。根据背离的方式不用，常见的背离可以分为指标背离、量价背离、指数之间背离、个股与指数背离，等等。

若变盘日出现在顶背离位置，收中阴线或大阴线，风险居多；

若变盘日出现在底背离位置，收中阳线或大阳线，机会居多。

案例解析

图 12.13 为深证成指 2011 年 5 月 9 日至 2011 年 7 月 13 日日线图。深证成指在 2011 年 6 月 20 日创出了新低，而 MACD 指标快速线和慢速线并没有创出 5 月 30 日的低点，而是抬高，MACD 指标股价出现了底背离。根据每月倍数变盘，6 的 3 倍为 18，6 月 18 日为变盘日，而 18 日为周六，19 日为周日，20 日为第 1 个交易日，为变盘日。6 月 20 日为变盘日，并且 21 日收中阳线，MACD 在低位出现底背离，为买入机会。

图 12.13 深证成指日线图 (2011 年 5 月 9 日至 2011 年 7 月 13 日)

量价背离：主要是成交量和价格之间的不统一，股价创新高了，而成交量反而降低，此为顶背离。股价创新低，成交量放大，为底背离。

指数之间背离：在中国，指数背离主要是上证指数与深证成指及上证指数与创业板之间的顶底背离。

个股与指数背离：主要用来研判强势股和弱势股的一种方法，强势股要强于大盘，有时先于大盘启动，大盘在下跌，个股的低点提前大盘低点出现，为底背离，为强势。反之，为弱势。

四、级别与周期定位方向

时间变盘反映的是 1 根 K 线，是一个点，而不是一个区域。所以，为了更好地精确定位变盘方向，可通过转换不同的周期来分析和研判。

转换周期分为周期放大和周期缩小。周期放大，能更好地说明点的位置及变盘的级别。像道氏理论，讲究的是先大后小，先长后短。小级别变盘服从大级别趋势，大级别趋势影响小级别变盘。

案例解析

图 12.14 为上证指数 2011 年 4 月 26 日至 8 月 8 日日线图。上证指数从 2011 年 4 月 15 日开始下跌，跌破了趋势线的支撑位，形成了下跌趋势，在 2011 年 6 月 6 日同月同日变盘日前后，指数收三连阳。次日低开大跌，形成转折变盘，继续下跌。因为市场的中期趋势为下跌趋势，6 月 6 日转折向下。根据每月倍数变盘，6 的 3 倍为 18，即 18 日为变盘日，而 6 月 18 日为周六，6 月 20 日为其后的第 1 个交易日，为变盘日。但市场的总体中期趋势还是向下，所以，市场的转折级别只能算反弹行情。7 月 7 日变盘日，变盘向下，中期趋势依然为下跌趋势。

图 12.14　上证指数日线图（2011 年 4 月 26 日至 8 月 8 日）

所以，小级别的时间变盘要受到更大级别的影响。当小级别的变盘方向和大级别的方向相同时，此种变盘更有操作价值。若在下跌趋势中，变盘日向下转折变盘，就一定要回避风险。若在上涨趋势中，变盘日向上转折变盘，可以作为买入时机。

案例解析

图 12.15 为万东医疗 2010 年 1 月 27 日至 4 月 9 日日线图。随着 2009 年大盘牛市的上涨，万东医疗亦形成了上涨趋势。2010 年 3 月 3 日为同月同日变盘日，在 3 月 4 日低开低走，收中阴线，转折向下变盘，因为股价的总体趋势为上涨趋势，所以，这种转折变盘可以看成短期内主力的洗盘，短期的回调。事实上，在下一变盘日，即 3 月 15 日每月月中变盘日，当日收转折"十字星"，次日股价高开高走，市场转折向上变盘。

图 12.15　万东医疗日线图（2010 年 1 月 27 日至 2010 年 4 月 9 日）

如果把周期缩小进行研判，能更加具体地阐述变盘日当日详细情况，通过小级别的提前变化，从而准确研判市场的方向。这种研判方式遵循的是以小见大，见微知著。正如气象学中著名的"蝴蝶效应"，初始条件十分微小的变化经过不断放大，对其未来状态会造成极其巨大的差别。俗话说得好：千里之堤毁于蚁穴。小的量变不断地积累，可能让事物产生质变。

所以，在关键时刻和关键位置，市场小的异动显得更加重要。通过周期的缩小，更能看到这种小的具体变化。

案例解析

图 12.16 为上证指数 2012 年 11 月 26 日至 2013 年 5 月 28 日日线图。股指在 2012 年 12 月 4 日见底 1949 点低点，为"解放底"，在 2013 年 2 月 18 日见顶 2444 点，时间为春节之后的第 1 个交易日。

图 12.16　上证指数日线图（2012 年 11 月 26 日至 2013 年 5 月 28 日）

在 4 月 16 日股市走出低点 2165 点，出现了 4 日反弹，如图所示。在 5 月 2 日再次走出新低 2161 点，并且创出了 4 月 16 日以来新的低点，在 5 月 3 日（5 日周日不交易）指数跳空上涨，两个同样都是每月四变盘中的变盘时间，为什么不是 4 月 16 日最低点，而是 5 月 5 日？先别急，我们来看看图 12.17，相信大家就明白其中缘由了。

案例解析

图 12.17 为上证指数 2012 年 10 月 19 日至 2013 年 5 月 31 日周线图。在图中可以看出，1949 点至 2444 点这波上涨，用时 10 周，而这波下跌，时间上出现了对称，下跌时间也为 10 周，4 月 16 日为下跌的第 8 周，5 月 3 日（5 日为周日）确实正好是第 10 周，上涨和下跌时间相等。所以，最终下跌的最低点的变盘为 5 月 5 日这个变盘日。

每月时间变盘描述的是短期股价的高低点所出现的时间，更加适

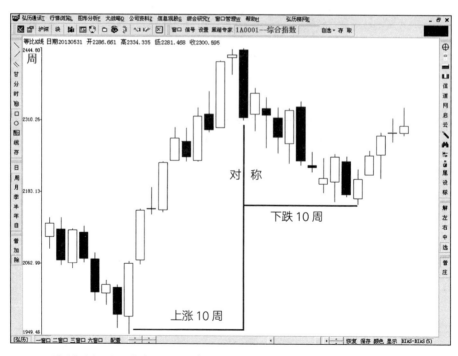

图 12.17 上证指数周线图（2012 年 10 月 19 日至 2013 年 5 月 31 日）

合短线操作，那么每月四变盘中哪个更加重要，哪个将成为股价重要转折呢？此时，应该配合更大的周期来分析，小周期的变盘将服从大周期的变盘。在大周期提示时间变盘期间，小周期时间变盘显得更加重要和有意义。

日线的时间变盘在日线上就只有 1 根 K 线，但是在 60 分钟线上就有 4 根 K 线，在 30 分钟线上就有 8 根 K 线，在 5 分钟线上就有 48 根 K 线，可以形成一个 5 分钟趋势。可见，若变盘日 1 根 K 线不能够研判股价变盘方向，投资者就可以通过更小的周期来研判。

参考不同周期预知变盘的级别，可以确定真假变盘，从而做到高抛低吸，科学合理调控买卖仓位。总之，大周期的变盘是确定变盘的级别，小周期的变盘是对大周期变盘的确定。

不同周期变盘的共振原则：

大级变盘将决定中级变盘，中级变盘将决定小级变盘。

长期变盘将影响中期变盘，中期变盘将影响短期变盘。

五、变盘共振定位方向

时间变盘的共振研判分为变盘时间之间的共振、时空之间的共振、指标与时间变盘的共振。

变盘时间之间的共振也称多重变盘时间的共振，有同级别的变盘时间共振，也有不同级别之间的变盘时间共振。同级别的变盘时间共振两者变盘方法不同，但是变盘的级别一样，如在日线上斐波那契数正好是变盘日，并且当日也为每月的变盘日，两者产生了共振，更能说明变盘的决心。

案例解析

图 12.18 为飞乐股份 2010 年 6 月 22 日至 12 月 20 日日线图。2010 年 7 月 2 日飞乐股份在 4.40 元见底，根据斐波那契神奇数列，在 2010 年 9 月 17 日正好为 7 月 2 日后的第 55 个交易日，为一个变

图 12.18　飞乐股份日线图（2010 年 6 月 22 日至 2010 年 12 月 20 日）

盘日。9 月 17 日离 9 月 18 日只相差 1 天，9 月 18 日为每月倍数变盘日，在 18 日股价高开高走，收大阳线。斐波那契数列的 55 变盘和每月变盘倍数出现了共振，其后股价突破平台，开始继续上涨，如图所示。斐波那契数列的下一个变盘日为第 89 个交易日，此日正好为 11 月 16 日，为每月月中变盘日，并且当日收大阴线，应该回避风险。两者在高位产生了共振，所以，后期下跌幅度比较大，时间比较长。

不同级别之间的变盘时间共振，若小级别变盘共振大级别变盘，说明时间变盘级别将扩大，对后期的影响也放大。大级别变盘共振小级别变盘，表示变盘迫在眉睫，加快了变盘的速度和力度。

案例解析

图 12.19 为信达地产 2008 年 9 月 5 日至 2009 年 10 月 9 日周线图。在 2008 年 10 月 28 日大盘形成了 1664 点的最低点，信达地产也走出了低点 2.57 元，2008 年 10 月 31 日成为上涨的起始点。根据斐波那

图 12.19　信达地产周线图（2008 年 9 月 5 日至 2009 年 10 月 9 日）

契神奇数字变盘规律，在 2009 年 7 月 3 日刚好达到 34 周，为变盘周，收大阳线，最高价达到 12.95 元。次周是变盘周的确定周，在次周的 7 月 7 日正好与日线上的每月同月同日变盘日产生了共振。在 7 月 6 日收中阴线，7 月 7 日变盘日收大阴线，下跌达 4.295%。在次周股价不再上涨，开始了 13 周的中期回调。现在我们回到日线。

案例解析

图 12.20 为信达地产 2009 年 6 月 11 日至 8 月 11 日日线图。周线上第 34 周结束时间为 7 月 3 日，在日线上马上面临 7 月 7 日同月同日变盘，正好碰上周线是高点转折，所以，7 月 7 日的变盘为向下变盘，应该全部卖出股票。

时空之间共振：时间和空间是描述股价的两个坐标，两者之间相互联系，相互影响，当时间和空间同时到达的时候，就很容易产生市场的变盘。正所谓：

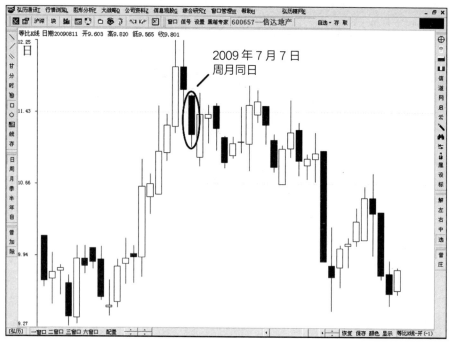

图 12.20　信达地产日线图（2009 年 6 月 11 日至 8 月 11 日）

时间到，空间到，不再回调低点到。

时间到，空间到，不再上涨高点到。

案例解析

图 12.21 为新南洋 2011 年 12 月 20 日至 2012 年 4 月 27 日日线图。新南洋 2012 年 1 月 6 日至 3 月 20 日为上涨的第 1 波行情，从 5.59 元涨到 8.19 元，之后 9 连阴，在 3 月 30 日股价最低价回到了 6.46 元。根据黄金分割比例计算，股价正好回调到了上涨的 0.382 的位置，回调的支撑价格已经出现，空间已经达到。从时间上来分析，4 月 4 日为下一个变盘日，因为清明节放假及周末，在 4 月 5 日新南洋才开始交易。在次日股价高开高走，涨幅达 3.354%。时间到了，空间到了，时空共振，股价不再下跌，收中阳线转折向上变盘。

指标与时间变盘之间的共振，也是一种常见的研判方式，主要

图 12.21　新南洋日线图（2011 年 12 月 20 日至 2012 年 4 月 27 日）

通过技术指标来判断变盘的方向。因为时间变盘是一个点，能在第一时间提示价格的变盘，所以，对指标灵敏度要求非常高，反应速度要快，准确率要相对较高，通常以摆动类、量能类指标为好，趋势类指标因反应较慢，不宜作为参考。

案例解析

图 12.22 为青岛海尔 2011 年 11 月 24 日至 2012 年 2 月 24 日日线图。青岛海尔从 2011 年 11 月 4 日开始新波段下跌，根据每月月中变盘规律，在 12 月 15 日结束了 4 连阴，最低价 7.32 元，当日收锤形线，反转 K 线出现。12 月 15 日前，股价连续创新低，而 KDJ 的 J 线没有创出新低，形成了底背离。在次日，股价高开高走，J 线转折向上，并且突破了 20 日均线，为短期的买入时机。因为出现背离，一路上涨。

图 12.22　青岛海尔日线图（2011 年 11 月 24 日至 2012 年 2 月 24 日）

六、K 线组合判断转折变盘

K 线图具有直观、立体感强、携带信息量大等特点，预测后市走向较准确，是现今应用较为广泛的技术分析手段。重点突出股价的四个价格：开盘价、最低价、最高价和收盘价。针对转折变盘意图非常明显的 K 线及 K 线组合研判变盘方向具体见第十一章，不再重复。

七、分形定位转折变盘

分形是市场走势的基本结构，分形的确定通常为最高价或最低价之后的两日，所以，反应速度也非常快。任何一个低点和高点的转折都会出现分形。针对时间变盘方向的确认，分形是一个不错的研判方式。特别是在周线上出现两个连续不创新的下分形，往往意味着中期行情机会的来临。

案例解析

图12.23为上证指数2004年12月31日至2006年4月14日周线图。上证指数从2005年下跌到2006年的转折上涨中，曾经出现过6次下分形，如图所示，在下分形最低点K线下用字母标明。A和B虽然是相邻的两个下分形，但是分形B的最低点比分形A的最低点要低，所以，上涨的时间和空间有限。下分形C同样创出了相邻相近分形B的新低，同样不符合。与下分形C相比，下分形D并没有走出新低，之后上涨了9周，其后，回调到低位，出现了下分形E和下分形F，下分形F未创新低，形成两个连续不创新低的分形，行情后期涨幅非常不错。这也是判断指数上涨的一个重要的方法。在形成历史大底时，通常会出现两个连续不创新低的下分形。

图12.23 上证指数周线图（2004年12月31日至2006年4月14日）

八、技术指标定位变盘

当变盘时间出现后，通过指标情况，可再次验证变盘日，从而判断变盘方向。指标也有不同种类，主要分为摆动指标、趋势指标、动力指标和预测指标四类。判断时间变盘要求指标的反应较快、灵敏度高。在趋势明确的情况下，摆动指标和动力指标对于变盘时间的方向研判更精准，速度也较快。

摆动指标：大部分摆动指标的曲线非常相像。可沿着价格图表的底部来做摆动指数的图形，把它局限于一个水平向的狭长区域里。无论价格是升、降，还是持平，摆动指数基本上总是水平向发展的。根据算法的不同，在摆动指标的上下边界之内，既可以标成从 0 到 100 的刻度，也可以标成从 −1 到 +1 的刻度。

摆动指数最重要的三种用途：

A. 当摆动指数的值达到上边界或下边界的极限值时，最有意义。如果它接近上边界，市场就处于超买状态；如果它接近下边界，市场就处于超卖状态。这两种情况都是警讯，表示市场开始有些脆弱起来。

B. 当摆动指数处于极限位置，并且摆动指数与价格变化之间出现了相互背离现象时，通常构成重要的预警信号。

C. 如果摆动指数顺着市场趋势的方向穿越零线，可能是重要的买卖信号。

动力指标：是摆动指标分析法的一种最基本的应用。动力指标显示的是价格变化的速度，而不是价格水平本身。其计算方法是按照一定的时间间隔，连续地采集价格变化的数值。

动力指标意在研究上升或下降的速度。如果价格处于上升之中，并且动力指数曲线居于零线上方且步步上扬，那么，这就意味着上升趋势正在加速。如果动力指数由上升转为持平发展，则意味着当前收市价格的上涨幅度与 10 天（参数）前的涨幅相当。如果当前价格的涨幅小于 10 天前的涨幅，那么，尽管价格依然上升，动力指数曲线却开始下跌了。动力指数就是这样测定当前价格趋势的加速或减速状态的。

所以，动力指标总要领先价格一步，它比价格的实际上升或下降要超前几天。当既存价格趋势仍在继续发展的时候，它却可能已经开始持平地伸展了；而当价格开始持平伸展时，它可能已经朝相反的方向变化了。

在应用动力指标图时，很多技术分析者把动力指数对零线的穿越看成买卖信号。

事实上，变盘时间加上反应快速的摆动指标或动力指标是确保变盘方向的保护伞。我们可以这样认为，当摆动指标或动力指标达到极限，或者是背离时，欲改变这种格局，往往出现变盘时间。或者说，有效的变盘时间出现时，往往易促使摆动指标和动力指标出现背离或达到极限值。

九、百分比定位变盘方向

何为百分比定位变盘方向？当变盘日出现之后，按照股价运行相反涨跌幅度（百分比）来确定是否转折。任何股价的大幅度下跌，都是从小幅度下跌开始的。任何股价的大幅度上涨，都是从小幅度上涨开始的。

当股价处于上升趋势的时候，在变盘日后股价从最高收盘价跌 8%，认为股价出现向下转折变盘。当股价处于下降趋势的时候，在变盘日后股价从最低收盘价涨 8%，认为股价出现向上转折变盘。8% 不是定数，可以随着投资者个人风险喜好进行修改。同样，根据股票的活跃度不同，百分比数值也将不同。创业板的个股涨幅波动空间更大，可以适当上调到 12.5%。对于不活跃的股票和大盘股，可以调低到 5%。

案例解析

图 12.24 为民丰特纸 2012 年 11 月 27 日至 2013 年 3 月 12 日日线图。民丰特纸在 12 月 3 日开始上涨，其后，股价出现了一波单边的上涨行情，最终股价在 2013 年 1 月 31 日停止了上涨。在这波行情中出现了两次整理，但是两次调整幅度都未下跌至 5%，说明股价没有回调的必要。2 月 4 日为变盘日，股价从最高收盘价 8.57 元连续下跌了 3 天，3 天下跌累计幅度达到了 9.33%，说明这个变盘将要向下转折，应该卖出股票。其后，股价出现了一波中期的调整，最终，股价跌幅达到 20.42%。通过百分比来判断变盘点有优点也有缺点，可以结合其他的方式来综合研判。

股市中存在两种情况：一种为必然，一种为未然。何为必然？就是达到了一种结果，股价一定会出现某种情况。何为未然？股价

图 12.24　民丰特纸日线图（2012 年 11 月 27 日至 2013 年 3 月 12 日）

出现了什么情况，不一定会达到某种结果。必然和未然在市场中的案例太多了。

如股价从高点下跌 20%，必然首先要跌破 5%，再次跌破 8%，才可能达到 20%，这就是股市中的必然。而股价跌破了 5%，不一定会跌破 20%。每一波大涨行情，在低位必然出现下分形，这是必然。反过来说，股价出现下分形就会出现一波大涨却是错误的。有些下分形出现后期出现了大涨，有些下分形出现股价反而下跌，这就是未然。正所谓股价要想下跌，首先要破 3 日均线，如果连 3 日均线都未破，说明行情还没有变坏。百分比定位变盘方向就是用的一种必然和未然的关系。不能完全确定的情况下，为了避免在低位错失良机，或在高位造成重大损失，可通过仓位的控制来实现。

本章小结：变盘方向的定位，是决定变盘来临时投资者能否执行买卖的一种依据。经验丰富、更加敏锐的投资者，对变盘方向的把握将更加精准。针对变盘方向的定位，本章讲述了九种方法，需要注意的是，不是每种方法都会用到，读者可以结合自己的偏好及特点，选择适合自己的研判方法。

第十三章　资金管理与风险控制

"昔之善战者，先为不可胜，以待敌之可胜。不可胜在己，可胜在敌。故善战者，能为不可胜，不能使敌之必可胜。"（《孙子兵法》）

孙子又称"兵家至圣"，是中国春秋时期著名的军事家、政治家，尊称兵圣或孙子（孙武子），被誉为"百世兵家之师""东方兵学的鼻祖"。

在股市投资中，我们首先要保证不被市场所战胜，再期待市场给出机会，实现利润。熊市中，我们要保证自己不被市场所击败，所以，最好的方式就是空仓。牛市中我们首先要保证自己立于不败之地，再抓住牛市机会获得利益。想要立于不败之地，资金管理是其核心内容之一。

资金管理

方法、心理因素、资金管理是成功交易最关键的三大要素。好的方法是成功的保证，良好的心理因素会避免投资中的贪婪和恐惧，资金管理能让投资者做到合理利用资金。

求得生存和取得巨大利润的秘密就在于资金管理。恰当的资金管理的本质其实非常简单：当在交易中可能遭受损失时，你应该减少你的仓位；反之，当在交易中可能取得利润时，你应该增加你的交易仓位。

合理的资金管理需要达到两个目标：

· 自由交易——避免爆仓风险和深度套牢，能自由地买入和卖出；

· 巨大利润——产生以几何级数增长的利润。

合理的资金管理方法将使你达成这些目标，但要求你在交易亏损的情况下减少交易，获利的时候增加交易。正确的交易方法能够为你提供优势，而良好的资金管理方法可以扩大这种优势。

非对称性比例

很有意思的是，如果今天涨停 10%，明天跌停 10%，最终两天不是不赚不赔，而是资金损失 1%。反过来，今天跌停，明天涨停，结果也是损失 1% 的资金。这就是资金的亏损与盈利之间的非对称比例。即在遭受损失时，弥补亏损的能力下降。如果遭受 50% 的资金损失，你将需要 100% 的收益来弥补。

收益率 $=[1/(1-$ 亏损率 $)]-1$

以亏损 20% 为例，后期回补亏损需要涨幅 25% 才能实现解套。

收益率 $=[1/(1-$ 亏损率 $)]-1$

$$=1/(1-0.2)-1$$
$$=0.25$$
$$=25\%$$

表 13.1　弥补不同亏损对应的收益率（%）

发生的损失	要求的收益
10	11
20	25
30	43
40	67
50	100

讲述到资金管理，我们必然要讲述著名的马丁格尔资金管理策略。

马丁格尔资金管理策略

马丁格尔资金管理策略是一种赌博策略，可用四个字简单概括：一次回本。每次输钱后，赌博者都会将其赌注翻倍，因此，只要赢一次，就可以将之前亏损的全部金额赢回来，还会赢得等同于初始本金的金额。

马丁格尔资金管理模式是根据这样一个理论：即在交易损失之后，出现盈利交易的概率会升高，所以交易者应该利用这个机会，在交易失败后开展更多的交易。

马丁格尔资金管理策略思路：

赌第 1 次，用 1 元押小，如果赢了就赚 1 元，如果输了继续第 2 把。

赌第 2 次，用 2 元押小，如果赢了就赚（2 元 −1 元＝）1 元，输了亏 3 元，然后，继续第 3 把。

赌第 3 次，用 4 元押小，如果赢了就赚（4 元 −2 元 −1 元)=1 元，输了亏 7 元，然后，继续第 4 把。

赌第 4 次，用 8 元押小，如果赢了就赚（8 元 −4 元 −2 元 −1 元)=1 元，如果输了就亏 15 元，然后继续第 5 把。

赌第 5 次，用 16 元押小，如果赢了就赚 1 元，输了就亏 31 元，继续第 6 把。

……

每次都押小，赢了就重新开始，输了加倍押小，这就是所谓的马丁格尔交易法。按照这种方式，你每次遇到赢的一把你总盈利只有 1 元。只要赢一次不但可以翻本，还可以赚 1 元。

核心点：总有一次会出现小，只要赢一次就可以把所有的亏损拿回来。

制约点：但是随着连续几次开大，你需要庞大的资金来继续下一盘赌注。

很多投资者虽然没有系统学习过马丁格尔资金管理法，但在他们的交易中或多或少有这些行为。例如说，买入赔钱了，然后补仓，经过摊低成本，在小幅度的反弹中快速解套。

马丁格尔管理策略在股市中的应用：

假设：张三第1把买入1万元，以10%为补仓点。如果不补仓的情况下，需要涨幅11%才能实现解套。如果补仓一次，并且翻倍补仓，补仓资金为2万元。此时，只需要涨幅3.33%即可解套。

值得注意的是，如果资金翻倍补仓买入，只需要上涨为下跌幅度的1/3就可以实现解套。

股价的反弹通常为下跌的1/2或1/3，我们以1/3反弹为例。

张三买入1万元，成本价位10元，亏损了10%，补仓摊低成本。

第1次补仓2万元，此时本金已经3万元。只需要反弹3.33%，就能解套。如果没有解套，准备进行第2次补仓。

第2次补仓6万元，经过第1次补仓后，本金达到了3万元，按照亏损本金的10%即3000元开启补仓，从最初的成本10元开始计算下跌幅度，应该为16%，而不是20%。补仓6万元之后，涨幅到16%的1/3就能实现解套，即反弹5.5%就能解套。如果没有反弹下跌的1/3，解套失败，就需要进行第4次补仓，此时本金已经为9万元。

第3次补仓18万元，如果还是未达成解套，就需要进行第5次补仓，此时本金已经为27万元。

第4次补仓需要54万元，总花费的资金是81万元。

第5次补仓需要162万元，总花费的资金是243万元。

到此时，我相信很多投资者的资金已难以为继。

所以，马丁格尔资金管理策略要想成功实现，有两个要点：

其一，资金足够多。保证资金足够多，一定能赚钱。事实上，投资者的资金通常无法实现无数次的补仓。头仓足够低，才能保证坚持次数更多。

其二，成功来得更早些。如果股价在第 1 次补仓能成功，我们不但能解套，而且还能盈利。

没人能保证你不会遭受长期连续的交易损失，从而导致你深套。马丁格尔资金管理模式会增加深套和大幅度亏损的可能性，通常当股指下跌到真正的低点的时候，投资者早就没有资金再坚持马丁格尔补仓了，因此在下降趋势中最好放弃这个策略。

马丁格尔资金管理策略有缺点也有优点，只要我们利用好了，便能帮助我们进行资金的管理。总结上述两点，最重要的核心点：补仓次数越少，越能解套。也即马丁格尔在上升趋势图中还是比较实用的，但是对转向下跌或者已经是下跌趋势的股票，这个策略是灾难的开始。

马丁格尔资金管理策略提出后，很多人开始研究其优点，也有人开始尝试反马丁格尔策略。

反马丁格尔交易思路：

赌第 1 次，用 1 元押小，如果输了就重新开始用 1 元押小，如果赢了继续第 2 把，加倍还押小。

赌第 2 次，用 2 元押小，如果输了就重新开始用 1 元押小，如果赢了继续第 3 把，加倍还押小。

赌第 3 次，用 4 元押小，如果输了就重新开始用 1 元押小，如果赢了继续第 4 把，加倍还押小。

赌第 4 次，用 8 元押小，如果输了就重新开始用 1 元押小，如果赢了继续第 5 把，加倍还押小。

反马丁格尔交易的盈利正好相反：

如果你一共押 4 次都是输，那你一共就输 4 元，因为你输了就重新下 1 元，所以一共就输 4 元。如果你连押 4 次都赢，那你一共盈利 1+2+4+8=15 元。

如果有一个人他手里有 31 元。我们来分析一下，如果用这 31 元，分别用马丁格尔思路和反马丁格尔思路来交易：

马丁格尔思路：31 元只能连续亏损，即 1+2+4+8+16=31，也就是说如果出现连输 5 次，那你 31 元就全部输完了。

反马丁格尔思路：31 元要想全部输完，需要连续输 31 次，因为输后还是从初始的 1 元开始押的。

从上面分析可以看出马丁格尔法只要连续输 5 次就输完，而反马丁格尔法需要连续输 31 次能才全部输完。

可见，反马丁格尔资金管理法更加适合我们进行资金管理。

风险管理

即使你具有最有效的方法，你也不可能影响市场走势。你可以稍加控制的一个因素，是你在交易中打算冒风险投入的资金数量。

风险管理有两种方式：一种是固定金额管理，一种是百分比管理。

» 固定金额管理

固定金额管理是以每次亏损的额度进行风险控制。很多投资者在进行风险控制的时候，不分买入资金是多少，都以亏损金额来定。比如说一个投资者亏损超过 2000 元就很难受。假设买入资金是 1 万元，风险可以控制在亏损 20%。买入资金是 20 万元，那么，他只能接受 1% 的亏损，就会止损出局。而股票波动 1% 在市场盘面太常见了，不太科学，这样一来很有可能一卖出就涨。

» 百分比资金管理

百分比资金管理是以每次亏损的百分比进行风险控制。不管买入资金的数量是多少，均按照百分比来计算风险，比如说买入资金是 10 万元，亏损 8000 元就要止损了。而买入 100 万元，风险控制为 8%，意味着亏损 8 万才卖出。百分比资金管理法是更能体现市场涨跌规律的风险控制法。

两种方法相比较，后者更胜一筹。而实际上，投资者用固定金额管理更多一些。为什么呢？

生活习惯对投资者的影响比较大。多数人习惯以金额数量来划分消费资金，例如说，午餐消费了 100 元，您会计算占总资金的百分比吗？今天买了一斤土豆，花了 3.9 元，会计算占总资金的百分比吗？答案是当然不会。这种习惯在投资时会被体现出来。

驾驭资金，自由交易

通常，人们每天的消费资金数额不大，而投入股市的资金可能是几十年的积累。而市场每一天的波动幅度非常大，一个跌停板（–10%），可能是好几年的积蓄，故一般人难以驾驭资金，一旦亏损超出了自己的承受范围，就会消极等待，不能执行卖出，自然就被资金绑架了。一旦行情不好，极容易深度套牢。

韩信点兵，多多益善。很明显，我们非韩信，资金不是越多越好，但如果交易时胆战心惊，自然不可能做好。

固定金额与百分比融合

首先，确定固定亏损的金额，找到自己的底线，在这个金额内，能自由地卖出。

其次，设置合理的止损比例。通常短线以 3% 至 5% 为主，中线以 8% 至 12% 为主。

最后，求出可买入份额数。

份额数 = 总资金 /（亏损金额 ÷ 止损比例）

　　　 =（总资金 × 止损比例）/ 亏损金额

比如一个投资者总资金是 10 万元，能接受的亏损额度为 1000 元，以 10% 为止损比例。那么，份额数计算如下：

份额数 =（总资金 × 止损比例）/ 亏损金额

　　　　=(100000×10%)/1000

　　　　=10 份

当计算出来份额以后，就知道了我们有几张能打的牌。怎么合理地细分份额，是我们要研讨的一个重要主题。给大家介绍 4 种划分份额的方式：单份单票、股票平分、投资类型细分份额、投资周期规划份额。

单份单票：以每一份额买入不同的个股，有多少份，买多少只个股，便于资金的管理。适合份额数量少的投资者，份额数在 5 份之内比较合适。

股票平分：用份额数除以个股数，为单股买入的份额。如果有 9 份，买入 3 只股票，平均一只股票买入 3 份。买入方式分为两种：单笔全份买入和分仓买入。单笔全份买入是指单笔一次性全部买入，分仓买入指通过多次分批买入。

投资类型细分份额：根据不同的投资类型划分份额，分为追涨停、抄底、低吸、跟随趋势、突破，等等。需要注意的是，当时的市场走势会决定你的投资类型。

投资周期规划份额：划分短线、中线、中长线和长线投资。上升趋势以中长线为主，可以适当激进。下降趋势以短线为主，投资需要稳健点。

稳定收益线

赚钱不难，稳定赚钱才是最难的，收益曲线越稳定，在选择和应用资金管理策略时才越有竞争力。

良好的资金管理结果是使收益曲线保持稳定。一个良好的资金管理策略可以在持续衰退中保护资金，避免深度套牢。总之，收益曲线越稳定越好。

预测和交易与资金管理进行结合，方能取胜。